新时代高校思想政治教育工作研究

夏 艳 吴 洁 著

山西出版传媒集团
山西经济出版社

图书在版编目（CIP）数据

新时代高校思想政治教育工作研究／夏艳，吴洁著
. —太原：山西经济出版社，2022.12
ISBN 978 - 7 - 5577 - 1103 - 0

Ⅰ. ①新… Ⅱ. ①夏… ②吴… Ⅲ. ①高等学校 – 思想政治教育 – 研究 – 中国 Ⅳ. ①G641

中国版本图书馆 CIP 数据核字（2022）第 245380 号

新时代高校思想政治教育工作研究

著　　者：夏　艳　吴　洁
责任编辑：李慧平
装帧设计：华胜文化

出　版　者：山西出版传媒集团·山西经济出版社
地　　址：太原市建设南路21号
邮　　编：030012
电　　话：0351—4922133（市场部）
　　　　　0351—4922085（总编室）
E - mail：scb@ sxjjcb. com（市场部）
　　　　　zbs@ sxjjcb. com（总编室）
网　　址：www. sxjjcb. com

经　销　者：山西经济出版社有限责任公司
承　印　者：山西新华印业有限公司

开　　本：787mm×1092mm　1/16
印　　张：11
字　　数：260 千字
版　　次：2022 年 12 月第 1 版
印　　次：2024 年 4 月第 2 次印刷
书　　号：ISBN 978 - 7 - 5577 - 1103 - 0
定　　价：68.00 元

前　言

　　当代中国的大学是党领导下的高校，是中国特色社会主义高校。培养政治立场坚定的大学生是高等学校的第一要务。中国高校必须坚持以马克思主义为指导，全面贯彻党的教育方针。要坚持不懈传播马克思主义科学理论，抓好马克思主义理论教育，为学生一生成长奠定科学的思想基础。要坚持不懈培育和弘扬社会主义核心价值观，引导广大师生做社会主义核心价值观的坚定信仰者、积极传播者、模范践行者。

　　当代大学生的主流政治意识如何，关系到能否巩固和发展社会主义制度，关系到能否始终高举中国特色社会主义伟大旗帜，关系到中国特色社会主义事业是否后继有人并能否持续发展下去。因此，准确把握大学生总体政治意识特点和主流政治意识特点，分析影响大学生政治意识形成的主要因素和大学生主流政治意识的形成机制，进而提出大学生主流政治意识优化途径，是大学生思想政治教育工作的一项核心任务。当前，适应我国从世界大国向世界强国的转变，我国高等教育正处在重要而深刻的历史转变之中，这种转变集中体现在三个方面，即由高等教育精英化向高等教育大众化转变，由注重规模扩张向注重质量提高转变，由世界人力资源大国向世界人力资源强国转变。高等教育的历史性转变，对提高大学生的综合素质和培养质量提出了新的更高要求，也对加强和改进大学生思想政治教育提出了新的更高要求。

　　本书从理论与实践结合上对当代大学生思想政治教育进行辛勤探索，但愿本书对服务和推进大学生思想政治教育的实践方面有所裨益。

　　由于笔者的学识及时间有限，疏漏之处在所难免，恳请诸位专家和广大读者指正。

目 录

第一章 新时代高校思想政治教育工作概述

第一节 高校思想政治教育的内容和目标

一、高校思想政治教育的内容

高校思想政治教育内容项目众多，但可从政治教育、思想教育、道德教育、法纪教育和心理教育五方面进行分项阐述，使各项内容德育规范，要素完整，层次清楚，互相依存，相互衔接，螺旋上升，循序渐进，互动一体，最终成为一个整体。

（一）政治教育的内容

1. 马克思主义基本原理的教育

马克思主义基本原理是高校思想政治教育内容中的主要理论支撑和必修课，是我国新时期加强对大学生进行马克思主义理论和思想政治教育的重要举措。它是马克思主义科学体系的基本理论、基本范畴，是马克思主义立场、观点和方法的理论表达。这些基本原理和范畴是人类社会的本质和发展规律的科学概括，是马克思主义的精髓。它是将马克思主义哲学、政治经济学和科学社会主义有机结合起来，揭示他们内在的逻辑关系，从总体上研究和掌握马克思主义，引导学生运用马克思主义立场、观点和方法分析现实社会问题、认识问题和科学发展中的问题。

大学阶段是理论学习和方法论形成的重要阶段，大学生通过学习马克思主义基本原理来塑造世界观和方法论意义非常重大。它可以引导学生站在 21 世纪的高度，更清晰地认识到辩证唯物主义和历史唯物主义是最基本的世界观和方法论；最鲜明的政治立场是实现最广大人民的根本利益；最重要的理论品质是坚持一切从实际出发，理论联系实际，实事求是，在实践中检验真理、发展真理；最崇高的社会理想是实现物质财富的极大丰富，人民精神境界的极大提高，每个人自由而全面发展的共产主义社会。

2. 中国化的马克思主义教育

中国化的马克思主义是马克思主义普遍原理与中国实际相结合的产物，是中国共产党在不断把马克思主义中国化的进程中形成和发展起来的。马克思主义中国化，就是创造性地运用马克思主义基本原理解决中国革命、建设、改革和发展的不同阶段的重大课题，从而形成中国化的马克思主义理论新形态的行为过程。以毛泽东、邓小平、江泽民、胡锦涛、习近平等为代表的中国共产党人，用科学的态度对待马克思主义，在实践中把马克思主义普遍原理与中国的具体实践相结合，与时俱进，不断进行理论创新，在实践中坚持和发展马克思主义，是中国共产党人集体智慧的结晶，是对马克思主义的继承和发展。

在当今条件下，用马克思主义中国化的最新理论对大学生加强思想政治教育，有利于造就更加坚定的马克思主义者，坚持和发展马克思主义，做马克思主义的促进派，使大学生系统掌握马克思主义中国化的历程和中国化马克思主义的基本内容，全面了解中国共产党的奋斗历程和理论创新，深刻理解中国特色社会主义事业的由来和前景，教育和影响青年一生，也有利于帮助大学生坚定对马克思主义的信仰和信念，为实现构建和谐社会的奋斗目标而努力。

（二）思想教育的内容

1. 世界观教育

世界观通常是指人们对整个世界的根本看法。世界观建立于一个人对自然、人生、社会和精神的科学。蔡元培先生主张世界观教育是关于理想与信仰的教育，是指向人的终极价值关怀，在信仰内容上主张用哲学主义的信仰取代宗教信仰以引领正确的世界观。当前，大学生世界观教育的主要内容还是要强调辩证唯物主义教育、马克思主义认识论和历史唯物主义教育，哲学是其理论的表现形式。其基本问题是精神和物质、思维与存在的问题。世界观是社会实践的产物和对社会存在的反映。

辩证唯物主义和历史唯物主义首先是科学的世界观和方法论，是无产阶级及政党的世界观，是指导人们实事求是、解放思想、正确认识客观世界，认识人与世界的关系。使人们认识到人不能脱离客观世界，不能脱离人与自然和社会的关系，不仅要对生活于其中的世界有一个正确的看法，而且要有正确处理人与自然矛盾、社会矛盾的思路和方法。人们认识世界和改造世界所持的态度和采用的方法最终是由世界观决定的，正确的、科学的世界观可以为人们认识世界和改造世界的活动提供正确的方法。

世界观是人生的总开关，没有正确的世界观，就不可能有正确的人生观和价值观，也不可能有崇高的信仰和精神境界。大学阶段是人们形成稳定科学的世界观的关键期，世界观教育是思想政治教育的核心和灵魂，对大学生成长起着根本性的作用。它需要通过对教育者的教育和大学生对生活世界的实践、体会和反思而实现。大学生在成长的过程中，既要具备马克思主义理论知识和共产主义理想，实际行动还要符合马克思主义的基本原理和适应客观世界的需要，才能树立科学的世界观，做到在实践的基础上，尊重客观规律，重民情国情社情，理论联系实际，坚持走群众路线，不断总结经验，将理论与实践、主观与客观唯物而辩证地统一起来。

2. 人生观教育

人生观，是人们对人生问题的根本看法。主要内容包括人生目的、人生态度和人生价值等三方面，具体包括公私观、义利观、苦乐观、荣辱观、幸福观和生死观等。它决定着一个人会追求什么样的人生目标、生活态度及生活方式。人生目的是人生观的核心，是人的生命存在和发展的总目标。关于人的本质的理论是人生观的理论基础，人的理想和信念是人生的精神支柱，人的价值理论是对人生意义的评价。由于人们的社会实践、生活境遇、文化素养和所受教育程度的不同，因而形成不同的人生观。正确的人生观是坚定的信念、远大的理想、高尚的情操、理智的行为的基石，是正确处理一切人生问题的前提，可以指引人走人生正道，用自己的劳动去创造人生业绩，成为一个有益于社会、有益于人民的高尚的人。

我们党和国家一直很重视大学生的人生观教育。大学生在校期间是形成人生追求方向的一个关键时期，高校引导大学生树立正确的人生观，让学生看到人生真实鲜活的形态和人与人之间心灵的对话，将会给学生带来力量，激发更加执著的热爱祖国、报效祖国的理想，为构建和谐社会的宏伟蓝图和中华民族的伟大复兴而奋斗。这就必须用马克思主义和社会主义意识形态进行系统指导，使大学生追求崇高的人生目的，确立进取的人生态度，正确认识人生价值的标准与评价，投入积极的人生实践，创造有价值的人生。

3. 价值观教育

价值是指客体对主体的某种有用性，即客体的属性、结构对主体的需要所具有的意义。马克思指出："价值"这个普遍概念，是从人们对待满足他们需要的外界物的关系中产生。即现实的人与满足其某种需要的客体的属性之间的一种关系，是客体的属性满足主体的需要所具有的积极意义和作用，即客体对主体的有用性。价值观是人们有关价值的观念系统，是人们关于什么是价值、怎样评判价值、如何创造价值等问题的根本观点。价值观的内容一方面表现为价值取向、价值追求、价值目标；另一方面表现为价值尺度和准则，成为人们判断事物有无价值及价值大小、是光荣还是可耻的评价标准。思考价值问题并形成一定的价值观，是人们使自己的认识和实践活动达到自觉的重要标志。每个人都是在各自的价值观引导下，形成不同的价值取向，追求着各自认为最有价值的东西。价值的内涵非常丰富，一般可以分为物质性和精神性的价值，还有综合性、复杂性的价值，如人生价值。能否树立正确的价值观和科学、合理的价值取向，对一个人的发展是至关重要的。人生价值是一种特殊的价值，是人的生活实践对于社会和个人所具有的作用和意义。

价值观教育一直是我国精神文明建设的一项基础工程和核心任务，高校的价值观教育是素质教育乃至思想政治教育的基础性工作。处于青年期的大学生开始在生活各方面面临如何处理个体和社会的关系问题、自我价值与社会价值关系问题。改革开放以来，大学生价值观一直处于分化和整合的状态，在社会价值和自我价值、精神价值与物质价值、义与利之间摇摆不定。当代大学生只有正确地理解价值观尤其是人生价值的内涵，明是非、辨善恶、知荣辱，才能在实践中最大限度地创造人生的价值，做一个有利于社会、有利于人民、有利于国家的人，成就人生的辉煌。

(二) 道德教育的内容

1. 为人民服务的教育

"为人民服务"是社会主义社会和全体人民的主导价值观的核心内容和最高原则。"全心全意为人民服务"的思想，就是为人民谋利益，为人民做好事、做实事，是我党的宗旨。

"为人民服务"是我党的优良传统和政治优势，具有丰富的内涵，并随历史的变迁和时代的发展而不断增添新的内容，但始终包含政治觉悟和道德境界等两方面的内容。毛泽东同志曾精辟地论述：为人民利益而死，比泰山还重。一切从人民的利益出发，一切向人民负责是全心全意为人民服务思想的精髓所在。经过多年的实践，为人民服务已成为整个社会中占统治地位的思想和道德。

大学生应积极主动地树立"为人民服务"的道德观，深刻理解为人民服务的马克思主义世界观、历史观和人生观的精神实质和价值取向。大学生只有在为人民服务理念的感召下，将社会价值和个人价值结合在一起，既学好专业文化知识，又全面发展，掌握好过硬的服务人民的本领和能力，向群众学习，向社会学习，才能为社会做更大的贡献。

2. 集体主义的教育

集体主义是高校思想政治教育的一项重要内容，是高校思想政治教育永恒的重要主题，是提高大学生思想道德素质的重要元素之一。集体主义作为社会主义道德的基本原理和价值导向，它强调的是集体利益和个人利益在集体利益基础上的辩证统一，既强调集体利益的至上性，又重视个人利益的正当性，以及集体利益和个人利益的不断完善。集体主义原则是调整个人利益和集体利益的关系时所遵循的最根本的准则，必须体现无产阶级和广大劳动人民的整体利益，正确处理集体利益和个人利益的关系以及在社会主义市场经济条件下发生的各种利益关系。

引导大学生加强集体主义教育是高校义不容辞的责任，是一个关系到用什么样的价值观来教育青年学生的问题。尤其在我国当前改革开放不断深化、社会生活发生巨大变化的紧要关头，价值观的变化尤其令人关注。在当前建设和发展中国特色社会主义事业中，实现国家富强和人民幸福，最终要体现为每个人的自由发展，使其自身价值和长远利益得到充分的展示，使大学生从大集体的不断进步中获得每个人的最大成功，大学生必须自觉培养集体主义的思想意识、荣誉感和义务责任感。在社会主义集体中，个人利益和集体利益虽然从根本上是一致的，但矛盾也时常发生，大学生应该懂得用集体主义原则来调节个人和集体的相互关系，诚实地履行集体主义的义务、责任。只有坚持和弘扬社会主义集体主义，才能促进大学生思想政治素质的提高，使其懂得集体为个人提供了更多的发展机会，国家和民族的利益是个人利益的基础，才能激发大学生的爱国热情，增强民族自豪感、向心力和凝聚力，造就新一代合格的共产主义事业的建设者和接班人。

（四）法纪教育的内容

1. 民主法制教育

民主法制教育是高校思想政治教育的重要内容。它既是和谐社会的标志、条件和构建和谐社会的推进器，也是消除社会不公平和社会矛盾、促进社会公平正义的根本保障。构建民主法治的社会主义和谐社会的关键，是要提升国民的民主法律素质，特别是要对大学生加强民主法制教育。他们的民主法律素质如何，将直接关系到我国社会主义法治国家建设的进程与和谐社会的构建。对大学生个人而言，具备良好的民主法律素质，是立足现代社会不可或缺的素质条件。

大学生是和谐社会的重要实施者和建设者，其民主法律素质直接关系到社会主义和谐社会建设的进程。对大学生进行民主法制教育，必须将两者结合起来。民主、法制是辩证统一的，民主是出发点，是法制的基础和价值体现，法制是民主的保障和手段，是民主的体现。同时，要以培养民主精神为主线，体现平等、和自由精神以及以法律信仰为核心，使自己懂法守法。在社会主义社会建设中，民主是实现社会和谐的重要条件，社会主义民主是社会主义和谐社会的制度之源，法制是社会和谐的基本保障。民主法制意识对大学生的政治观、价值观、行为模式的养成具有现实的指导作用。

2. 权利义务观念的教育

权利和义务是从法律规范到法律关系再到法律责任的逻辑关系的各个环节的构成要素。权利和义务是法律规范的核心内容。权利义务的规定性是法律内容的主要表现，它规定人们可以做什么，必须做什么，不能做什么。大学生是接受高等教育的公民，享有宪法和法律赋予的广泛的基本权利，并承担相应的义务和社会责任，这是权利义务的一致性决定的。在依法治国的环境下，学校与学生之间有多重的法律关系，并不再是一种简单的管理者与被管理者间的关系，而有一种对应的权利与义务的关系。加强大学生权利义务教育，可从通过理论说服教育和行为规范教育来进行，通过思想政治理论课的法律专题教学，有针对性地对大学生进行正确的权利义务教育，培养大学生理性的权利和责任意识，教育大学生履行遵守法律、法规、学校的管理制度、行为规范、社会公德及尊敬他人、努力学习、缴纳学费等义务。

大学生树立正确的权利义务观，有利于良好行为习惯的形成，从而推动文明学风和校风建设。正确地认识权利、义务可使大学生懂得自己与他人、集体与社会的关系，认识到自己享有权利的同时也承担着对他人、社会和国家的义务，而享受权利的前提是履行义务，只有尊重他人的权利，自己的权利才能得到尊重和实现，认识到社会稳定发展与自身发展的关系。

3. 人人平等观念的教育

法律面前人人平等是在近现代社会试图实现法治的过程中所提出来的一项前提性、关键性、基础性和根本性的社会原则。我国现行宪法第 33 条明确规定：中华人民共和国公民在法律面前人人平等。在法律视野下的公平只能是"法律面前人人平等"，或"规则面前人人平等"，人人都遵守同样的法律规则，任何人都没有超越法律的特权，创造公平的机会。在法律面前人人平等，一方面体现为机会平等，即一个人一生中的成就应主要取决于其本人的才能和努力，而不是被种族、性别、社会及家庭背景或国籍等因素所限制；另一方面体现为权利平等，即避免剥夺享受成果的权利，尤其是健康、教育、消费水平的权利。主要内容包括我国公民不分民族、种族、性别、职业、家庭出身、宗教信仰、教育程度、财产状况、居住期限一律平等地享有宪法和法律规定的权利，也要平等地履行宪法和法律规定的义务；公民的合法权益一律平等地受保护，对任何违法行为都要依法追究，司法机关在适用法律上一律平等；任何组织和个人都不得有超越宪法和法律的特权，公民在守法上一律平等。

（五）心理教育的内容

1. 心理健康维护的教育

心理健康教育是实施素质教育的目标之一。21 世纪是充满竞争的世纪，敢于冒险、敢于探索、善于竞争，勇于创新是 21 世纪对人才的基本要求，这些品质无一不与良好的心理素质密切相关。一个学生的心理状态是否正常、是否健康，对家庭关系、同学关系、学习工作等方面问题的认识和处理方式的正确与否都会影响其学习态度、生存状况和对前途的看法，关系到能否成才。因此，心理健康是发展良好的心理素质的前提和基础，有很好的心理素质，人的心理健康水平就会提高。心理健康教育是新形势下思想政治教育工作形式的延伸和补充。学校可通过校园文化建设、素质拓展培训活动来培养学生的自尊自爱、自强自律；通过理论课程和心理咨询与心理治疗来渗透心理健康教育。心理健康的维护包括他人帮助维护和个体自我维护。他人帮助维护的实质是他人凭借其所掌握的知识、经验和技术，帮助求助者激活其自我意识能动性的积极面，克服其消极面而进行的心理健康维护。如心理咨询、心理治疗、心理教育等。个人自我维护则是个体自己主动发挥其自我意识能动性的积极面，克服消极面而进行的心理健康的维护。

大学生是心理卫生问题的高发群体，各种心理不适和心理症状对大学生健康的危害越来越大，重视并加强大学生的心理健康维护已成为新形势下我国高等教育极为重要的一项内容，大学生维护心理健康的目标是要激活大学生自我意识能动性的积极性，使之能自己维护自己的心理健康。

2. 心理障碍矫正的教育

心理障碍通常是指由不良刺激引起的心理功能失调，主要反映为一个人在发展和适应上的困难，包括多种适应不良的心理与行为表现。心理障碍与一个人的消极生活态度、错误的认知方式、不良的个性特征、脆弱的心理素质、过强的心理压力等密切相关，是心理持久地处于紧张、焦虑、冲突或压抑状态的结果。它并不可怕，不仅可以矫正，还可以预防。大学时代是人生思维最活跃的年龄阶段，也是心理障碍易发的年龄阶段。心理障碍不仅影响学习，而且会给患者带来精神和肉体上的痛苦，特别是精神病一旦发作，给患者家庭及个人的学习、就业、婚姻带来困难，也给集体和社会造成负担。

高校与社会要高度重视矫正大学生在各年龄段中出现的心理障碍，以爱心消除学生的失落感，以咨询解除学生的烦恼，以激励树立学生的自信，以释放调节学生的情绪。如在竞争、情感、经济、学习和就业等方面碰到困难要予以扶助；高校还要及时建立心理档案，开设心理咨询门诊和多种形式的健康教育。大学一年级是心理保健的关键阶段，这时学生接触到的紧张刺激最多，应广泛开展心理健康教育专题课，使大学生懂得什么是心理健康，心理障碍的种类及形式，了解心理障碍矫正的重要性，特别是应该重点介绍如何对待挫折，怎样才能提高心理承受能力方面的知识。

3. 心理潜能和创造力开发的教育

心理潜能的开发和创造力的培养是大学生心理健康教育面向全体学生的重要内容，从卫生角度看，充分开发和利用人的潜能，追求自我实现，达到人的全面发展，是心理卫生最高的境界。心理潜能通常是指人的心理能量，大脑的潜力。它不仅包括受遗传影响较大的智力潜能，也包括人在发展中形成的各种非智力潜能和创造潜能。心理潜能是个体用之不竭的"矿藏"，犹如漂浮于人心理的一座冰山，开发出来的只是极小的一部分，而许多人大量的潜能则是久久地潜伏心中，一生都没有机会激发。

潜能和创造力的开发对大学生的个人成长及人生发展有重要意义。高校要通过心理健康教育，让学生发现并认识到自身所具备的潜力和创造力，同时提高不断开发自身潜能和创造力的意识和能力，让学生在实践中实现个体的潜能开发，进而推动人的全面发展。尤其在创新意识、创新思维和创新能力的培养与训练、情绪智力的培养上要综合开发，使情绪智力的开发为学生能自主地运用自己所处的环境，调动情感方面的积极因素，建立一个良好的利于个体发展的人际环境，使其能在自身所处的和谐环境中发挥自身的潜能。使创新能力的开发为学生在个体掌握有利条件下，充分发挥自身创造性才能，提高自己的竞争力。通过心理潜能的综合开发，可以提高学生的心理素质，进而提高学生的综合素质，为学生个体的发展创造更有利的条件。

二、高校思想政治教育的目标

高校思想政治教育的分项目标是高校思想政治教育过程中的一个基本要素，是高校思想政治教育总目标的具体化，直接关系到高校思想政治教育总目标的实现和总任务的完成。高校思想政治教育的分项目标分别对应着四维思想政治教育目标体系的横向思想政治教育目标群，即政治教育目标、思想教育目标、道德教育目标、法纪教育目标和心理教育目标。

（一）政治教育的目标

政治教育是对学生进行爱国主义教育、社会主义教育和党的路线、方针、政策教育，使学生确立为发展有中国特色社会主义而奋斗的政治方向。

通过高校思想政治教育，我们要将大学生培养成为热爱祖国，具有强烈民族自尊心和社会责任感，政治品格端正的人。简单地说，就是要让大学生做热爱祖国、政治合格的人。具体地，在认知目标和行为目标两方面，大学生应该达到以下的目标：

1. 认知目标

接受马克思主义政治理论的教育；接受社会主义教育、理想信念教育；接受政治观点、政治立场、政治方向的教育；接受爱国主义教育，国防教育，民族团结教育以及民族精神的教育，国家统一的教育等。

2. 行为目标

要了解中国的历史和国情，继承和发扬中华民族优秀文化传统和中国共产党领导下的革命斗争传统，具有民族自尊心和自信心；自觉维护祖国的荣誉、独立统一和各民族的大团结；把个人利益与国家利益紧密联系起来，视国家利益为最高利益，立志为实现我国社会主义现代化建设战略目标而奋斗，做一个忠诚的爱国主义者。

要正确理解和坚持党的基本路线，以经济建设为中心，坚持四项基本原则，坚持改革开放；学会识别和抵制各种背离党的基本路线的倾向，拥护中国共产党的领导，走发展有中国特色社会主义的道路。

要继承和发扬中华民族的优良传统，发挥艰苦奋斗、勤俭建国的创业精神，努力把自己培养成为社会主义事业的合格建设者和可靠接班人。

（二）思想教育的目标

思想教育是对学生进行辩证唯物主义和历史唯物主义的世界观和方法论的教育、为人民服务的人生观教育、集体主义的价值观教育，"五爱"教育，培养学生具有正确的思想观点。

通过高校思想政治教育，我们要将大学生培养成为勇于进取、思想进步、积极向上的人。具体地，在认知目标和行为目标两方面，大学生应该达到以下的目标：

1. 认知目标

接受辩证唯物主义和历史唯物主义世界观、马克思主义认识论的教育，学会运用辩证唯物主义和历史唯物主义的立场、观点、方法，分析现实社会生活中的政治、经济、文化、道德现象，识别各种社会、政治思潮，正确认识人类社会历史发展的客观规律；接受科学的人生观、价值观教育，主要包括人生目的教育、人生价值教育和人生态度教育，为人民服务和集体主义的思想观念教育，牢固树立集体主义的观念和为人民服务的思想；接受共产主义远大理想和中国特色社会主义的共同理想的教育；接受健康的生活方式教育等。

2. 行为目标

提高自己的认识世界和改造世界的能力，坚持实践第一的观点。崇尚真理、追求真理、能辨别科学与伪科学、唯物与唯心、有神论与无神论，能旗帜鲜明反对迷信和邪教，自觉坚持社会主义意识形态阵地。

正确处理国家、集体和个人三者的利益关系，积极投身于社会主义现代化建设的洪流中，对社会和人民尽到自己的社会责任；明确在社会主义初级阶段建立社会主义市场经济仍需要提倡集体主义，正确对待社会上的各种消极现象，提高辨别是非、善恶、美丑的能力，反对拜金主义、享乐主义和个人主义，明确权利与义务、奉献与索取的关系以及自己的人生社会责任等，具备健康、高雅的审美情趣和正确的审美观点，自觉创造美的生活。

树立群众观点，尊重群众，相信群众，依靠群众，永远和人民群众紧密联系在一起，走与群众相结合、与社会实践相结合的道路，经得起苦乐、成败、荣辱以至生死的考验，全心全意为人民服务。

树立正确的学习目的，养成良好的学风，努力攀登科学文化高峰，创造性地学习和实践；树立科学的人生奋斗目标，树立科学、乐观、务实的人生态度，选择文明、健康、科学的生活方式，勤奋学习，立志成材。

（三）道德教育的目标

道德教育是对学生进行社会主义道德原则和道德规范的教育，进行个人品德、家庭美德、社会公德、环境道德的教育，培养他们具有正确的道德认识、高尚的道德情感、坚强的道德意志和良好的道德行为习惯。

通过高校思想政治教育，我们要将大学生培养成为文明礼貌、诚实守信、道德高尚的人。具体地，在认知目标和行为目标两方面，大学生应该达到以下的目标：

1. 认知目标

接受有关伦理道德的理论知识教育，深刻认识道德的本质、内容和意义；接受个人品德教育，了解社会道德原则和规范，了解中华民族的传统美德和文明社会应具备的品德；接受职业道德教育，引导他们爱岗敬业、忠于职守、热爱本职工作，树立职业平等意思；接受社会公德教育，发扬社会主义人道主义精神，人与人之间相互尊重、相互理解，尊老爱幼，见义勇为；接受家庭美德教育，教育学生爱自己的家，爱自己的家人，尊敬、孝敬父母，听从他们的教导和指点，教育他们勤俭朴素，不攀比，不追求高消费，在生活上互相谦让，互相照顾；接受环境道德教育，使大学生了解、认识环境，掌握一定环境知识，产生热爱环境情感，学会保护环境的技能，恪守保护环境的规范、准则，以使人类共同生存发展。

2. 行为目标

自觉遵守社会主义道德原则和规范，培养正直、善良、诚实、宽容等优良品质，尤其是要热爱集体、关心集体，个人服从集体，以集体利益为重，协调好个人与集体的关系。

形成关于社会公德、职业道德、家庭美德、环境道德等领域的道德情感、道德意志和道德行为，培养相应的道德能力。

遵纪守法，廉洁奉公，努力提高为人民服务的过硬本领，敬业爱岗，乐于奉献，在自己的岗位上充分发挥积极性和创造性。

养成文明礼貌、诚实守信的生活习惯和脚踏实地、实事求是的生活作风，严于律己、宽以待人，努力培养高尚的情操和健全的人格，为形成良好的社会道德氛围贡献自己的力量。

（四）法纪教育的目标

法纪教育就是对学生进行社会主义民主、法制和纪律的教育，培养他们正确行使民主权利，自觉遵守国家的法律和纪律，明确自己的权利义务，懂得用法律武器保护自己。

通过高校思想政治教育，我们要将大学生培养成为知法懂法、遵规守纪的人。具体地，在认知目标和行为目标两方面，大学生应该达到以下的目标：

1. 认知目标

接受法治国家理论与实践的教育，认同依法治国的治国方略；接受法理知识的教育，理解法律的本质与功能、法律与道德的关系等知识；接受社会主义民主教育，了解社会主义民主与资本主义民主的关系，认识民主与集中的关系，认识民主与法制的关系；接受社会主义法制教育，要知法、懂法，全面学习和理解包括宪法、行政法、民商法、经济法、社会法、刑法、诉讼与非诉讼程序法等在内的中国特色社会主义法律体系的基本内容；正确认识纪律与自由的关系，自觉遵守各项纪律，用纪律约束自己的行为。

2. 行为目标

树立社会主义民主法制观念，自觉学纪、学法，守纪、守法，用纪、用法，护纪、护法，包括自觉学习的主动性和积极性，自觉遵守的情感、意志和言行一致的行为。

正确理解权利和义务的关系，正确行使法律所赋予的民主权利和公民权利，自觉履行法定义务，形成依法治国、依法办事的观念意识和行为习惯。

要提高自己守纪守法的意志力和控制力，自觉养成遵纪守法的良好习惯，并自觉维护法纪尊严，敢于和善于同一切违法犯罪行为作斗争。

（五）心理教育的目标、

心理教育是对学生进行有关心理健康方面的知识性教育、咨询性教育和良好行为训练。其目的在于培养学生良好的心理素质，提高他们的身心健康水平，培养学生坚忍不拔的意志、艰苦奋斗的精神，增强青少年适应社会生活的能力，促进他们全面而和谐的发展。

通过高校思想政治教育，我们要将大学生培养成为乐观自信、开拓创新、不畏艰难的人格健全的人。具体地，在认知目标和行为目标两方面，大学生应该达到以下的目标：

1. 认知目标

接受心理学的基本理论教育，深刻认识身心健康和谐的重要意义；接受交往心理教育，了解良好的人际关系有助于精神文明建设，有助于团结，有助于提高学习效率，教育学生保持和谐的人际关系；接受学习心理教育，了解兴趣激发、自信培养和动机激励在学习中的重要性，理解学习方法，包括感知策略，记忆策略及思维策略，认识心理卫生方面的知识，教育学生科学用脑、理解脑、喂好脑、善用脑、保护脑；接受个性心理教育，教育他们保持客观正确的自我认识，既不妄自尊大，也不妄自菲薄，情绪稳定，心境开朗，认识心理健康与成才、心理素质与健康人格等问题；接受心理健康维护教育，形成健康积极的心理品质；接受心理行为问题矫正教育，及时发现自己可能存在的心理问题进行自我矫正，或者寻求专业人士给予心理咨询和行为矫正。

2. 行为目标

提高自己人际交往与合作的能力，建立人与人之间平等和相互依存的观念，以尊重、信任、友爱、宽容和谅解的积极态度与他人相处共事。

端正学习态度，掌握如何有效地学习和思考的知识和技能，培养自己的创造性思维，学会在学习中自我调节，养成良好的学习习惯，独立完成作业，考试不作弊，刻苦认真学习，一丝不苟，守时惜时，学习有序、有计划，勤于思考，不拘泥于定式。

做到自尊自爱、自立自强、开拓进取，培养广泛的兴趣、健康的情趣、高尚的志趣、健全的人格。

锻炼顽强的意志品质和承受困难挫折的能力；训练科学的思维方法，提高自我调适心理的能力。

培养良好的个性心理品质和自尊、自爱、自律、自强的优良品格，具有较强的心理调适能力，善于适应环境。

第二节　高校思想政治教育的地位和作用

一、高校思想政治教育是我党思想政治教育的重要组成部分

（一）党和国家领导人对思想政治教育工作的重视

中国共产党是在科学的马克思列宁主义的指导下建立起来的。作为人类先进的、科学的社会主义意识是不能自发产生的，必须通过系统地学习教育才能把握。无产阶级政党应该有计划地向人们传授社会主义意识，以革命的、科学的意识形态占领思想阵地，武装人们头脑，使之树立正确的世界观。坚持以马克思主义为指导思想，加强思想政治教育工作，使马克思主义能深入人心、代代相传。

思想政治教育工作对于中国这样一个社会主义大国十分必需，正因为中国共产党重视

这一工作，才保证了中国革命和社会主义建设的各项工作顺利进行。在曲折的革命过程中，中国共产党不断将马克思主义基本原理。中国革命的实际相结合，用科学的马列主义、毛泽东思想教育党员，启蒙民众，确保了革命队伍的先进性，最终赢得了革命的胜利。中国共产党一成立，就十分注重对工人和农民进行思想政治教育。中国共产党更重视对党员和干部的思想教育，毛泽东提出："掌握思想政治教育是我们的第一项业务。"新中国成立后，尤其是社会主义改造完成后，中国共产党更加重视思想政治教育工作，大力进行马克思主义理论教育和社会主义教育。

（二）党和国家领导人对高校思想政治教育的重视

习近平在全国高校思想政治工作会议上指出：教育强则国家强。高等教育发展水平是一个国家发展水平和发展潜力的重要标志。实现中华民族伟大复兴，教育的地位和作用不可忽视。我们对高等教育的需要比以往任何时候都更加迫切，对科学知识和卓越人才的渴求比以往任何时候都更加强烈。党中央作出加快建设世界一流大学和一流学科的战略决策，就是要提高我国高等教育发展水平，增强国家核心竞争力。习近平强调，我国有独特的历史、独特的文化、独特的国情，决定了我国必须走自己的高等教育发展道路，扎实办好中国特色社会主义高校。我国高等教育发展方向要同我国发展的现实目标和未来方向紧密联系在一起，为人民服务，为中国共产党治国理政服务，为巩固和发展中国特色社会主义制度服务，为改革开放和社会主义现代化建设服务。

二、高校思想政治教育是社会主义现代化建设的必然要求

社会主义现代化的进程在很大程度上取决于国民素质的提高和人才资源的开发。加强和改进高校思想政治教育工作是实现社会主义现代化建设的必然要求。

（一）人才是建设中国特色社会主义事业的保障

当今时代，知识经济方兴未艾，科技竞争日趋激烈，人才在社会发展中的作用越来越重要。人才成为我国经济社会发展的第一资源。在知识经济时代，知识将成为占主导地位的重要资源和生产要素，知识对经济的发展比以往任何时候都具有更大的推动作用。掌握知识的人才必然成为一种重要资源。人才作为先进生产力和先进文化的重要创造者，是生产力中最活跃的因素。只有重视人才资源这个经济社会发展的第一资源，才能更好地推动经济社会发展。当今世界，国家之间的竞争从根本上说是人才的竞争。立足我国的基本国情，要实现跨越式发展，必须走人才强国之路。坚持发展依靠人才，可以缓解自然资源过度消耗的压力，发挥我国人力资源丰富的优势，为中国特色社会主义事业提供强有力的人才保证。青年人才是人才资源中的重要组成部分，代表未来人才发展的方向。青年人才是我国人才发展的后续力量，要大力培育和开发青年人才，不断充实到我国人才队伍中，为建设中国特色社会主义事业提供人才保障。

（二）高校是培育高素质人才的重要基地

高等学校是培养高等人才和高素质劳动者的地方，是科技创新的源泉。青年人才队伍的发展壮大为中国特色社会主义事业提供源源不断的人才动力。大学生是我国青年人才队

伍的重要组成部分，是高素质人才的重要力量。中国社会主义建设的合格人才是有理想、有道德、有文化、有纪律，面向世界、面向未来、面向现代化的，因而除了给学生以知识教育外，还必须对学生进行思想政治教育。在大学生的成长过程中，思想政治教育对大学生健康成长成才起着主导性作用。思想政治教育是启迪人的思想、塑造人的灵魂的工作，是保证人才良好思想道德素质的有效途径。要让大学生认识并深刻理解自己所肩负的实现中华民族伟大复兴的历史使命。这对于确保实现全面建设小康社会，进而实现现代化的宏伟目标和中华民族的伟大复兴，具有重大而深远的战略意义。

思想政治教育能促使大学生精神需求的满足和精神生活质量的不断提升，思想道德素质和科学文化素质的不断提高，实现大学生的全面发展。高校思想政治教育工作就是用建设中国特色社会主义理论武装学生头脑，用爱国主义、集体主义、社会主义的精神培养大学生，使之具有民族自豪感和时代使命感。只有切实加强和改进高校思想政治教育工作，才能培养造就千千万万具有高尚思想品质和良好道德修养、掌握现代化建设需要的丰富知识和扎实本领的优秀人才，使大学生能够认识到自己所肩负的历史使命，并能够把它内化为自己的内心信念，成为为祖国的现代化事业奋斗的不断动力。

三、高校思想政治教育是大学生健康成长成才的内在需要

（一）高校思想政治教育是大学生健康成长的内在需要

改革开放以来，中国社会主义现代化建设取得了举世瞩目的巨大成就，但也面临着不少发展问题，并不同程度上影响着大学生的思想状况。社会主义市场经济是同社会主义基本制度结合在一起的，是同社会主义精神文明结合在一起的，它要体现社会主义基本制度的要求，充分发挥社会主义的优越性。实践证明，发展社会主义市场经济有利于解放和发展社会主义社会的生产力，增强社会主义国家的综合国力，提高人民的生活水平，也有利于增强人们的自立意识、竞争意识、效率意识、民主法制意识和开拓创新意识，调动人们的积极性和创造性，推动社会的道德进步。但也要看到，市场自身的弱点和消极方面，如趋利性、自发性等也会反映到道德生活中来，反映到人与人的关系上，容易诱发拜金主义、享乐主义、极端个人主义等消极现象，这些因素都会干扰社会主义的道德建设，阻碍社会主义市场经济的健康发展。

国家大力发展高等教育，全国普通高校大学生招收数量成倍增长，这种量的快速增长带来了不少问题。当前，大学生的就业问题比较突出，学生把专业课学习以及将来的就业看作重要的目标，弱化了对思想政治教育的重视。学生数量的快速增加和专业设置以及教学改革不能很好地随着时代的要求而变化，直接影响了在校学生的思想情绪。同时，高校学生数量的增多加大了高校思想政治教育的工作任务，负责思想政治教育工作的人员相对较少，以致难以将工作做细。高校思想政治教育工作的主要任务，是要通过思想政治教育工作，改变大学生对就业期望值过高的思想，使学生踏踏实实地安心学习，积极参与各种活动来提高自身的理论素质和专业知识。

（二）高校思想政治教育是大学生成才的内在需要

大学生处在获取知识、发展智力的最佳时期，也是他们思想觉悟、道德情感发展最积

极的时期。在大学生成长成才的关键时期，必须有健康的思想、高尚的精神、良好的情操和在此基础上形成的克服种种困难的毅力等。这一切有赖于有效的高校思想政治教育。思想政治教育帮助大学生形成正确的世界观、人生观和价值观。思想政治教育可以使大学生正确处理德与才的关系，自觉坚持加强思想道德素质修养与学习科学文化知识的统一，把思想道德素质修养与学习科学文化知识结合起来，进而促使综合素质的全面提高。

思想政治教育能促进大学生早日确立成才目标。个人发展应该与社会进步相一致，正确的成才目标应该符合所处时代的条件、尊重社会发展规律、顺应时代潮流。思想政治教育引导大学生思考上大学与人生理想的关系，帮助大学生正确认识自身肩负的责任和使命，促使大学生立志成才。大学生有了方向和要求，就有了对自己的明确要求，就能集中时间和精力学习、提高和发展自己。选择正确的成才目标对大学生成才具有举足轻重的作用。因此大学生成才目标的选择一定要坚持服务社会、奉献祖国和人民的正确方向。识别人才要坚持德才兼备原则，而品德、知识、能力和业绩则是衡量人才的主要标准。所以，正确的成才目标应该定位在符合德才兼备的要求之上。思想政治教育能帮助大学生用科学理论武装头脑，引导大学生树立正确的世界观、人生观、价值观、道德观及成才观，培养大学生的爱国情怀和优良道德品质。思想政治教育帮助人们树立正确的目标，把个人的选择建立在社会需求的基础上，把个人的才智兴趣充分地发挥在崇高的远大的目标上，从而实现自我价值，为国家民族创造出更多的价值。他们的思想道德素质、科学文化素养和身心素质如何，直接关系到人才强国战略的落实，关系到党和国家现代化事业。

第三节　高校思想政治教育的特点与原则

一、高校思想政治教育的特点

高校思想政治教育的目的就是要使大学生树立正确的世界观、人生观和价值观，成为有理想、有道德、有文化、有纪律的一代新人。高校思想政治教育具有时代性、民族性和综合性的特征。

（一）高校思想政治教育的时代性特征

高校思想政治教育要紧跟社会发展要求，赋予鲜明的时代性特点。这一特点主要体现在高校思想政治教育的内容上。教育内容中包括当前党的路线、方针、政策等这些现实的教育内容，以及这些内容的理论来源和现实依据，这些构成一个具有内在联系的系统。思想政治教育也只有融入现时代的理论内容，理论教育才具有生命力，才更容易被大学生掌握。时代性特征体现在思想政治教育内容中，就是要使理论联系实际。这就要求思想政治教育者有高度驾驭理论与解决实际问题的能力，才能处理好实践中的热点与难点，使思想政治教育更具有说服力。

（二）高校思想政治教育的民族性特征

民族是一种自然的历史存在，是人类社会性存在的一种形式。中华民族在几千年的历史发展中形成了稳定的民族情感和丰富的民族文化，进而成为思想政治教育的重要内容。

中华民族精神博大精深、源远流长，是中华民族生命力、凝聚力、创造力的不竭源泉，是高校思想政治教育的重要组成部分。

（三）高校思想政治教育的综合性特征

高校思想政治教育内容是一个综合性的教育内容。综合运用马克思主义理论，对大学生进行理论教育。马克思主义是对社会发展和人的发展进行综合性研究的理论成果，其研究领域覆盖政治、经济、文化、社会和人的思维等多个层面。思想政治教育是做人的工作，要运用包括哲学、政治学、教育学、社会学、历史学和伦理学等多学科的教育内容，开展丰富多样的教育。

二、高校思想政治教育的基本原则

（一）坚持教书与育人相结合

学校教育要坚持育人为本、德育为先，把人才培养作为根本任务，把思想政治教育摆在首要位置。充分发挥课堂教学在高校思想政治教育中的主导作用。高等学校思想政治理论课是高校思想政治教育的主渠道，是帮助大学生树立正确的世界观、人生观、价值观的重要途径，体现了社会主义大学的本质要求。形势政策教育是思想政治教育的重要内容和途径。高等学校哲学社会科学课程负有思想政治教育的重要职责。高等学校各门课程都具有育人功能，要把思想政治教育融入到大学生专业学习的各个环节。

教师要以高度负责的态度，率先垂范、言传身教，以良好的思想、道德、品质和人格给大学生以潜移默化的影响。在教的过程中，教师是主体，只有教师这个主体把义不容辞的责任担当起来，充分发挥其主动性、积极性、创造性，才能把教育工作做好。德育要坚持正面灌输，教师和其他教育工作者必须是社会上的先进力量，要充分依靠他们对学生进行共产主义理想和道德观念的灌输。如果孤立地、片面地强调学生的主体性而忽视教师的主体性，就会削弱教育者的使命感和责任感，对德育的有效进行是不利的。学校把人才培养作为根本任务，就要把思想政治教育摆在首要位置，贯穿于教育教学的全过程，所有教师都负有育人职责。

要深入发掘各类课程的思想政治教育资源，在传授专业知识过程中加强思想政治教育，使学生在学习科学文化知识过程中，自觉加强思想道德修养，提高政治觉悟。

（二）坚持教育与自我教育相结合

在高校思想政治教育过程中，既要充分发挥学校教师、党团组织的教育引导作用，又要充分调动大学生的积极性和主动性，引导他们自我教育、自我管理、自我服务。教育是一种社会实践过程。它是由两个相互交织的并行过程所组成的：一个是教师（包括各种教育工作者）的教书育人（传道、授业、解惑）过程；另一个是学生的学习、成才过程。在教的过程中要充分发挥教师教的主观能动性，而在学的过程中则要充分发挥学生学的主观能动性，二者缺一不可。因此，教育不是一个单一的社会实践过程，而是由上述两个子过程交织而成的复合过程。

（三）坚持政治理论教育与社会实践相结合

高校思想政治教育既要重现课堂教育，又要注重引导大学生深入社会、了解社会、服务社会。这条原则是要求理论与实际相结合，既注重马克思主义理论教育，又重视理论联系实际，在社会实践中提高大学生思想政治素质，促进知行统一。

高校思想政治教育坚持政治理论教育与社会实践相结合，应注意以下几点。首先，要重视政治理论教育。政治理论教育是高校思想政治教育的基础。其次，高校应开展形式多样的社会实践活动。社会实践是高校思想政治教育的重要环节，对于促进大学生了解社会、了解国情，增长才干、奉献社会，锻炼毅力、培养品格，增强社会责任感具有不可替代的作用。高等学校要重视大学生社会实践，积极探索和建立社会实践与专业学习相结合、与服务社会相结合、与勤工助学相结合、与择业就业相结合、与创新创业相结合的管理体制。利用好寒暑假，积极组织大学生参加社会调查、生产劳动、志愿服务、公益活动、科技发明和勤工助学等社会实践活动。要重视社会实践基地建设，大学生在实践中能学到书本上认识不到的知识，实践中会遇到许多新情况、新问题，能进一步引导大学生思考，激发大学生研究的兴趣。社会实践基地的建立为大学生的成长提供了一个接触社会的窗口，使大学生在社会实践活动中受教育、长才干、作贡献，增强社会责任感。最后，要真正做到政治理论教育与社会实践的有机结合。理论与实践结合是中国共产党的思想政治教育的优良传统，高校思想政治教育也要做到二者的有机结合。这就要求高校思想政治教育要引导大学生掌握科学的理论，正确地认识世界，认识社会，同时，又要从实际出发，针对大学生的思想实际，结合时代背景和现实国情，开展思想政治教育。

（四）坚持解决思想问题与解决实际问题相结合

解决思想问题与解决实际问题相结合就是要求既讲道理又办实事，既以理服人又以情感人，增强思想政治育的实际效果。高校思想政治教育只有关心大学生的实际生活，从解决大学生面临的实际问题入手，才能收到思想政治教育的实际效果。同时，教育工作者要带着情感进行交流。真挚的情感是开启学生心智的钥匙。教育工作者有了这种情感，就会自然而然的在工作中体现出来，这样才能更好地打动学生，赢得学生的尊重和信赖。

思想政治教育既要育人、引导人，又要关心人、帮助人。大学阶段，是人生发展的重要时期，面临许多诸如学习成才、择业交友、健康生活、求职就业等方面的具体问题。这些现实问题往往反映到大学生思想问题上来，要及时正确的帮助大学生解决实际问题，才能真正做到思想工作的实效性。加强对经济困难大学生的资助工作，高校通过国家助学贷款为主体，包括助学奖学金、勤工助学基金和学费减免在内的助学体系，帮助经济困难大学生完成学业。要帮助大学生树立正确的就业观念，建立健全大学生就业指导机构和就业信息服务系统。要重视大学生心理健康教育，大学生如果没有健康的心理，纵使才高八斗，学贯中西，也不会有发挥自己才能的勇气，也不会有实现自己价值的魄力，相反，可能在现实中到处碰壁。现实生活中大学生的心理问题不容忽视，一些极端的案件引发人们对大学生心理健康的关注。根据大学生的身心发展特点和教育规律，注重培养大学生良好的心理品质，增强大学生克服困难、经受考验、承受挫折的能力。积极开展大学生心理健康教育和心理咨询辅导，引导大学生健康成长。通过对大学生实际问题的解决，能够有效地化解他们的思想问题，真正做到解决思想问题与解决实际问题的有机结合。

（五）坚持教育与管理相结合

教育与管理相结合是指把思想政治教育融于学校管理之中，建立长效工作机制，使自律与他律、激励与约束有机地结合起来，有效地引导大学生的思想和行为。教育与管理是高校思想政治教育的两个重要方面，二者是相通的，是相互促进的，从某种意义上说，管理是一种有形的教育，教育是一种无形的管理。

坚持教育与管理相结合，要做好以下两点。第一，重视高校思想政治教育人员的素质。高校思想政治教育工作队伍主体是学校党政干部和共青团干部，思想政治理论课和哲学社会科学课教师，辅导员和班主任。学校干部和共青团干部负责学生思想政治教育的组织、协调、实施。思想政治理论和哲学社会科学课教师结合课程的内容、特点，侧重对大学生进行思想政治教育。辅导员和班主任按照党委的部署有针对性地开展思想政治教育活动，班主任负有在思想、学习和生活等方面指导学生的职责。辅导员、班主任与大学生朝夕相处，工作在教育的第一线，对大学生成长影响很大，作用不可替代。高校思想政治教育工作者要率先垂范，为人师表，树立"身教重于言教"的理念，发挥榜样作用，提高自身素质。学生的成长是覆盖全校园的，广大教职员工都负有对大学生进行思想政治教育的重要责任。第二，建立科学的规章制度，实现教育与管理相结合。高校学生管理是指对大学生从入学到毕业这一期间学生学习、生活、行为规范的管理过程。学生的思想教育离不开具体的学习、工作、生活的管理，要做好学生思想教育工作，就必须制定相关的规章制度。同时，管理工作只有与思想教育紧密结合，才能取得最佳效果。在对学生实施管理的过程中，一方面要加强管理，另一方面要加强教育，才能不断提高管理水平。

（六）坚持继承优良传统与改进创新相结合

在继承党的思想政治工作优良传统的基础上，积极探索新形势下高校思想政治教育的新途径、新办法，努力体现时代性，把握规律性，富于创造性，增强实效性。我们党在长期的思想政治教育工作中形成了一整套工作机制，积累了丰富的宝贵经验，比如理论联系实际，密切联系群众，批评与自我批评、先进性和广泛性相结合等方法和原则。这些内容反映了思想政治教育规律，在新时期新阶段仍然具有现实的意义。我国处在中国特色社会主义现代化建设的新时期，社会主义市场经济的深入发展，我国社会经济成分、组织形式、就业方式、利益关系和分配方式日益多样化，给大学生的思想观念、价值观念也带来一些影响。因此，我们要在继承和发扬党的思想政治教育优良传统和宝贵经验的基础上，认真研究当代大学生的思想行为特点，积极探索新形势下高校思想政治教育的新途径和新方法，探索充实思想政治教育的新内容。

第四节　高校思想政治教育的现状与对策

一、高校思想政治教育的现状

（一）大学生的思想状况

当代大学生的思想状况、思维方式以及行为举止等均深深地烙上了时代的印记。一方面，互联网成为当代大学生社会交往、学习、生活的主要方式已是不容争辩的事实。由此而带来的各种积极的、消极的各种因素也在时刻影响着大学生的思想状况及行为举止；另一方面，新媒体时代信息传播迅速，大学生接收信息的途径多种多样，而缺乏足够辨别是非能力、不能正确树立价值观的大学生极易受到当今社会上各类信息的影响，从而左右个人的思想和行为。

1. 追求自由个性

当代的大学生是个性张扬的一代，也是自由意识较为突出的一代，而新媒体拥有海量信息，大学生可以不受时空限制，根据自我喜好自由选择想要的信息。此外，大学生不仅是信息的输入者，而且是信息的输出者。在新媒体的虚拟平台上，他们自由参与信息的传播，收获了在现实世界中无法获得的言论自由表达机会，得到了在现实世界中所无法获得的所谓的"理解"与"信任"，促使他们十分依赖于新媒体。特别是随着网络聊天及移动互联网通讯的普及，新媒体或显性或隐性地影响着当代大学生自由个性的形成与发展已是一个显著的现实。另一方面，由于对新媒体的依赖逐渐转变为信任，这反而更加刺激了当代大学生对自己自由个性的认可与追求，最终造成了当代大学生追求自由个性这样一个明显的思想状况。

2. 重视虚拟沟通

随着时代的发展，论坛、邮箱、QQ、微博、微信等新媒体形式为当前大学生人际交往主要的手段和途径。在新媒体的虚拟媒体空间中，多方的交流往往是匿名的，因此便有效减少了其他社会或个体的干扰，对个人言论自由及隐私的保护起到了一定作用，在一定程度上打消了人们的思想顾虑，从而也有利于更好地传递思想交流情感。因此，网络成为大学生表达所思所想和倾诉自我心声的理想平台，他们渴望通过即时的交流来充分表达自己的意愿和想法，获得他人的认可和尊重，同时希望与思想政治教育者尤其是辅导员老师和学校管理层平等对话，解决自身面临的实际问题。因此，重视虚拟沟通已经是新媒体时代的一个现状。价值观念趋于多元化。

校园信息化在一定程度上处于一种时间空间无屏障的状态，信息的发布和运用较之以往更加自由，存在较大的不确定性和不可控性，一些腐朽落后乃至违背社会公德的信息大肆传播。由于大学生的价值观体系尚未完全成熟，缺乏理性判断能力，一旦有来自外界消极信息的干扰乃至渗透，一部分大学生便容易出现主流价值观混乱、价值观主体自由化、理想信念倒退等问题，从而使得高校思想政治教育的前期效果无功而返。大学时期正值人生观、价值观形成的关键时期，其思想的可塑性很强，信息来源的多元化，打破了传统媒体时代大多由老师、家长以及主导媒体的话语权威，形成了大学生价值选择的多元化特征。

（1）自我意识增强

改革开放后，尤其是随着社会主义市场经济体制的建立和完善，当代大学生的自我意识逐渐增强。对自我需要的尊重，对自我价值实现的关注与追求，对自我价值主体地位的确定等，成为当代大学生价值取向的重要因素。尽管从主流看，大学生并没有忘记自己是社会的主体，他们追求社会价值与自我价值的统一，个人与社会的统一，认同自己的发展与社会的繁荣富强是分不开的。但自我意识的增强，在少数人身上以自我为中心的倾向不可忽视。

（2）竞争意识和效益意识增强

当代大学生受市场经济的冲击，他们的生活中无处不体现着竞争二字。例如，学生会干部的评选、奖学金的评选、各种比赛的优胜者评选以及社会工作岗位的竞争。他们不"知足常乐"，不墨守成规，有充分的表现意识，展现自身价值，不断提升自身价值。

（3）民主法制意识增强

大学生崇尚民主、法治社会，并逐渐学会利用法律的武器来保卫自身的合法权利。他们希望国家的制度能够进一步完善，但又不希望自身的自由受到限制。民主意识的增强是当代大学生价值取向积极的表现，但也有少数学生不能处理好权利与义务、民主与法制的关系。另外，我们还应注意到当代大学生主流价值取向与社会主导价值观的背离现象，不能回避这种现象带来的消极影响。主要表现在以下几个方面：

一是功利观念。一方面传统文化倡导青年人应该具有无私奉献的精神，重利轻义的道德风尚，另一方面，社会主义市场经济承认经济杠杆的作用，认同个人利益的合理地位，由此带来人们对功利的追逐，因而传统价值观受到功利主义的强烈碰撞。

二是信仰危机。当代大学生越来越关切现实和自身利益，他们在日常学习生活实践中，更加注重学科专业选择的实用性，注重今后的社会地位、爱情婚姻和生活质量。他们在理想和信仰的选择上，更多的是采取实用主义态度，就业时往高收入单位挤，一段时间，"孔雀东南飞"成为当代大学生择业时价值取向的集中表现。

三是诚信和爱心的缺失。诚信和爱心是生存之本，当代大学生在诚信和爱心方面的缺失也是令人担忧的。考试抄袭之风在校园蔓延，假文凭、假证书屡见不鲜，对同学、对社会的冷漠，这些问题，暴露出他们价值取向出现了偏失。

四是责任意识淡薄。责任意识淡薄反映在部分大学生身上已经到了比较严重的地步，一些人我行我素，唯我独尊，今朝有酒今朝醉。在生活上，不珍惜父母的辛勤劳动，超现实消费，贪图享受，没有家庭责任；胸无大志，得过且过，不关心国家大事和社会的发展，没有社会责任；在个人感情问题上，不图天长地久，只图曾经拥有，缺乏自己对他人的道义责任等。

（二）高校思想政治教育存在的问题

当今社会环境因素与新媒体技术的双重影响，引发了当代高校思想政治教育存在一些问题，主要体现在教育内容不具备针对性、教育载体滞后以及教育主体的优势地位受到挑战等方面。

1. 教育内容缺乏针对性

传统的高校思想政治教育与大学生思想实际不贴近，在紧扣大学生学习生活方面尚有欠缺，实效性及针对性匮乏，感召力和吸引力也不强。长期以来，思想政治教育工作习惯于提要求和讲灌输，但从学生思想状况和学习生活实际出发解决问题却比较欠缺。当代大学生面临学习、心理、权益、就业等诸多问题，相当多的学生承受着来自学习、就业、经济、人际交往等方面的压力，许多社会问题在他们身上也都有所反映，一些学生感到迷茫、压抑、焦虑，进而产生许多心理问题。所以仅仅从思想方面提要求往往无助于解决一些具体问题，这使得学生感到思想政治教育工作不能适应当今社会的实际和大学生自身的实际。

在传统高校思想政治教育中，由于教育对象的思想动态与新媒体时代具有显著的同步性，因此教育内容的单一性已经完全不适应当代大学生追求自由与多样的时代需要。此外，面对虚拟空间中层出不穷的大学生新的心理问题，传统思想政治教育只是简单地搬用以往的教育内容和教育方式，并未能设计出更有针对性的新举措。由于当代的大学生是生活在新媒体时代这个大社会环境之中的，其所受到的教育自然要针对现实环境，顺应时代的需要，从而使学生具有明辨是非的能力，进而能适应现实社会的能力。而事实上由于种种原因，目前高校思想政治教育的现状却并非如此。主要原因可归结于，传统思想政治教育在内容方面缺乏针对性，作为当代的思想政治教育者，理应在思想理念及教育水平两方面做到与时俱进，根据新媒体时代大学生新出现的思想状况及时调整教育内容，以提升教育的针对性和实效性。

2. 教育载体状况分析

传统的高校思想政治教育载体主要包括课堂教学、班级活动、社会实践、校园文化等活动，虽然这些教育载体在一定的时代背景下显现出了其实用性，但其中还存在不少弊端。

（1）载体功能的僵化

课堂是学生学习知识、提高思想政治觉悟的主阵地。各高校中应充分利用课堂载体，坚持传授知识与提高学生思想政治素质相统一，帮助学生形成完善的人格。

首先，教学内容的滞后性。伴随新媒体技术的进步及广泛应用，许多思想政治教育者已尝试开始采用新媒体形式开展高校思想政治教育工作，例如开设思想政治教育主题论坛，设立思想政治教育网络社区主页，开发移动互联网平台等，这些载体形式对促进高校思想政治教育的发展起到了一定作用。然而，许多高校思想政治教育的教育者、管理者的教育理念还偏于保守，偏爱的仍是思想政治教育的传统载体形式，他们习惯于使用传统教育手段，对新媒体技术发展的益处与前景认识不清，改革教育形式的自身动力不足，这便直接导致思想政治教育的载体选择实际上并不能充分满足当代大学生的需求，教育载体存在明显的滞后性。理论脱离现实，就会失去根基，没有说服力，这也是学生容易对政治心理课产生逆反心理、不愿接受的主要原因。

其次，教学方法的单一性。高校政治理论课教师的教学方法仍是以课堂讲授为主，一味突出教师的主导作用，仅以学生被动接受，缺乏激发学生思考、主动积极参与的方法和手段。

最后，不能与专业课课堂形成合力。学生思想政治教育工作，不应该只是思想政治理论课教师、辅导员、学生工作管理者的"独唱"，而应是全体任课教师与全体学生的"合唱"。在高校校园中存在这样的现象：一些专业课教师，随便对社会现象进行不负责任的评价，课堂上宣泄自己的情绪。这会对学生产生长久的不良影响，甚至毁掉政治课教师长期努力的成果。

（2）管理载体功能的弱化

现在大部分学生缺乏主动学习意愿，经常三分钟热情，不能够保持持久学习的状态。因此必须切实落实管理载体的作用，督促学生养成学习习惯。目前部分高校管理部门和管理者缺乏思想政治教育理论知识和自觉对学生进行思想教育的意识，把管理与思想政治教育分割开来。部分管理者认为，只要学生不出现安全事故、不违反学校规定，安心上课，顺利拿到毕业证就万事大吉了，把学生的思想问题、心理包袱完全交给辅导员与政治理论课老师。管理功能的弱化，直接影响了高校思想政治教育的时效性的发挥。

（3）活动载体的形式化

高校的学生多数在高中阶段成绩是班级的中等学生，并非各类学霸，他们往往是班级中的活跃分子，具有多种多样的才华。因此他们喜欢参加各种活动，渴望通过活动施展自己的才华并得到大家的认可。故此，活动载体是高校思想政治教育载体中最具吸引力的形式。目前，部分高校在运用活动载体时片面追求形式而非内容，使活动成为与思想政治教育无关的"装饰"或"表演"。例如：一些思想政治教育工作者在组织活动时单纯追求流行和时尚，最终起到的作用只是以乐代教而不是寓教于乐；还有些思想政治教育工作者把组织活动总体数量作为考核业绩的标准，忽略了活动的实际效果；此外一些活动存在严重的短期性、暂时性等问题，活动大张旗鼓地开始，但随后又悄无声息地结束。活动载体的形式化，严重束缚了高校思想政治教育功能的发挥。

（4）教育主体优势地位出现动摇

对于教育对象而言，传统的思想政治教育主体不仅具有其特色的理论优势，而且还富有历史、人文、社会等底蕴优势，教育者在多年知识信息积累的基础上，可以在教育过程中充分展现自我的教育魅力，也就是对于受教育者而言，他们是处于优势地位的。由于教育者对传统媒体占有量较多，他们可以及时准确地把握社会经济、政治和文化动态，并结合思想政治理论教育，从而丰富教育形式，充实教育内容，提升思想政治教育的凝聚力和向心力。因此，传统思想政治教育是在教育主体和教育客体的知识信息不对称的基础上建立起来的。不过，新媒体打破了这种传统格局，在新媒体时代，海量的知识信息传播快捷，具有大众性特征，而大学生作为新媒体运用的主要力量，可以借助新媒体快速获得各类社会信息，甚至在某些方面的了解比老师还要多，从而改变了自身在传统教育中知识信息劣势的格局。导致教师在学生心目中的形象变得不再高大无比，其在学生心目中的优势地位也开始下滑，这便对传统思想政治教育者的主体地位带来了挑战，从而使教育主体的优势地位出现动摇。

二、高校思想政治教育现状的原因分析

（一）新媒体时代的影响

新媒体时代对高校思想政治教育的冲击力很强。事实上，每一次大众传播媒介的深刻

变革，都会给人们的社会生活带来巨大的影响。而新媒体对思想政治教育的影响也不例外。在各种新媒体包罗万象的信息影响下，人们也潜移默化地改变着自己的生活方式、思维方式和价值观念。新媒体以其独特的传播方式和丰富的传播内容，对人们的思想、学习和生活方式产生着深远影响。大学生思想活跃、思维敏捷、易于接受新生事物，是时尚的永远追随者。新媒体以其信息资源的丰富和交流的便捷，必然成为大学生获取和交流信息的重要渠道，受到大学生的广泛关注和喜爱，使他们成为接触和使用新媒体最早最直接的群体之一。高校思想政治教育工作者应充分关注网络新媒体的影响，主动、积极地利用新媒体为思想政治教育工作服务，不断丰富工作的新手段，开拓育人的新空间，从而影响现代教育的载体形式、影响教育主体的优势地位、影响新媒体时代的思想政治教育的内容。

新媒体具有互动性、多媒介、数字化、及时性等特点，对大学生发展有着重要的影响，其中有积极的影响也有消极的影响。积极的方面包括大学生能有平等交流与主动参与的机会，大学生思想的集中表达和意见的传播，社会道德、价值与法律的探讨与促进等。首先，新媒体拓宽了个人接受信息的渠道。迅捷方便的平台、海量的信息让世界变大了，距离变小了。新媒体拓宽了个人接受信息的渠道，改变了人们单单依靠传统媒体造成的信息不即时的弊端。其次，新媒体由于信息的透明公开，使传播主题大众化，大学生可以就自己身边发生的或者自己关心的事情发表意见。个人观点态度的叠加就会造成舆论的压力，对决策者的行为产生影响。

同时新媒体时代下的网络环境对大学生也有负面的影响，如信息过量的负担、自由主义和自我意识的泛滥、人际关系冷漠和情感迷失、网络舆论暴力、核心价值文化的冲突等。

（二）新媒体技术的冲击

新媒体作为一种新兴的传播媒介，正在经历着一个从起步到日趋成熟的阶段。而新媒体技术的快速发展则改变了人们的生活方式，改变了人们的思维方式，改变了人们获取信息的渠道，从而在一定程度上促成了新媒体时代的思想政治教育的现状。换句话说，新媒体技术对高校思想政治教育带来了强烈的冲击。媒体是教育进步、人类文化传播的必要手段，其进步与应用也不断地改变着、影响着思想政治教育的现状。而媒体技术本身也构成了一种新的教育内容、教育形式，它既是重要的社会惯例构成，也是工业体系的延伸。传媒加强人们新近形成的日常礼节和习俗，为人们重建认同感和记忆提供新的素材。

在全媒体时代，新的媒体技术一方面迅速刷新人们的传统认知结构，另一方面也在塑造一种崭新的文化形态。从现实来看，新媒体赋予人们话语权、生产效率、传播力，增强了公开性、透明度和创造性。教育内容与形式与信息的传播途径从来没有像今天这样丰富、多元、及时和生动，同时新媒体也从来没有像今天这样被人们与社会所关注。这样导致的结果便是新媒体技术冲击着原有的教育载体，使当今高校思想政治教育载体严重滞后，不适应于新媒体时代教育载体的需求。因此，新媒体技术的冲击在一定程度上影响了现代思想政治教育的现状。

（三）新媒体社会发展的刺激

新媒体发展到今天，和它所处的社会环境是密不可分的。新媒体环境是随着在信息技术日新月异变化的新形势下，互联网的互动、手机与互联网的互动，以及互联网络、手机网络、电视网络三网融合等形成的。随着科学技术和经济社会的发展，由网络与手机等新媒体形成的新媒体环境迅速实现了阅读、书写、运算和传播方式的重大改革，从而使教育从时间、空间和实践结果上也都引发了一场大革命。而这场革命同时也会为新媒体社会的发展带来一定的影响；同时，社会发展的刺激作用也十分明显。比如，它使现代教育主体的优势地位变得不那么明显。作为受教育者的大学生可能在互联网、微博、论坛等方面得到的知识比作为教育主体的老师还要多，就直接导致学生对老师的尊敬程度下降，甚至怀疑老师的能力，造成老师在学生面前的优势地位产生动摇。

在目前这样一个充分多元化的利用新媒体技术而传播信息的大市场上，大一统的受众群体则越来越被分割为众多小型的、社区化的、多方向的传播交流小群体；而数字化生存、信息资源的丰富性和传播手段的多样化，将是众多纸质媒体在网络时代追求的目标。由于技术革命与技术创新所推动的发展是不可抗拒的，技术落后和生产方式的陈旧而导致的被淘汰，也是不可避免的。因此，新兴媒体的出现是对传统媒介权力的威胁。新媒体会导致新的权利中心的出现，从而在现存的主导性的威权内部引发日渐激化的紧张状态；另一方面，新媒体有时候会绕开已经建立起来的媒体传输机构，发布遭到禁止或限制的信息，通过这种方式来破坏控制社会知识的等级制度。然而，媒体被视为承担了广泛的社会利益的社会机构，其基本职能就是满足社会公众的各种精神文化需要，即"社会公器"的"公共利益"诉求。为此，媒体的内容呈现也必须符合有形或无形的社会规范，其结构组成和社会活动必须受到一定程度的限制。因此，从这个角度来理解，新媒体社会发展到今天，它对思想政治教育的刺激作用在一定程度上造成了当前的教育现状。

综上所述，新媒体时代高校思想政治教育现状错综复杂。一方面，大学生群体是互联网使用的主力军，其思想、行为以及心理状况均受到互联网不同程度的影响；另一方面，受新媒体技术、新媒体时代以及社会环境等因素的综合影响，高校思想政治教育本身在教育内容、教育载体、教育主体等方面存在一些问题，影响了高校思想政治教育的实效性及其发展。为了解决这些问题，对当前的高校思想政治教育现状分析其成因，并根据原因实施针对性的创新策略，势在必行。

第二章 新时代高校思想政治教育的新任务与特点

第一节 高校思想政治教育的新任务

一、以理想信念教育为核心

理想是人们在实践中形成的、有可能实现的对未来社会和自身发展的向往与追求，是人们的世界观、人生观和价值观在奋斗目标上的集中体现。信念是人们在一定的认识基础上确立的对某种思想或事物坚信不疑并身体力行的心理态度和精神状态。

理想信念是人类所特有的精神现象。人是自然属性、社会属性、精神属性的统一体。"动物和自己的生命活动是统一的，动物不把自己同自己的生命活动区别开来，它就是自己的生命活动，人则使自己的生命活动本身变成自己意志的和自己意识的对象，他具有有意识的生命活动。"理想信念为人提供了生活愿景、人生动力、精神支柱，改变了人的生存和发展的自然状态，使人远离了动物的本能性适应方式。

理想信念是一定社会意识的反映。社会存在不同，产生了不同的理想信念。在人类历史上，由于生产力发展水平不同、社会性质和人们所处的经济政治文化地位不同、所处的阶级关系与阶级地位不同、对社会发展规律认识和把握的深度与广度不同，所形成的理想信念也必然不同。理想信念不仅受时代条件的制约，而且随时代的发展而发展。

理想信念显示了个体发展上的差异性。人的发展不仅面对着现实世界，同时也面对着未来世界。现实世界是人存在与发展的基础，未来世界是人生存与发展的取向。从理想信念层面而言，不同的理想信念形成了不同的人生态度，导致了不同的人生境遇。

从不同的角度审视，可以把理想信念划分为不同类型：从理想的性质和层次上划分，有科学理想和非科学理想、崇高理想和一般理想；从理想的时序上划分，有长远理想和近期理想；从理想的对象上划分，有个人理想和社会理想；从理想的内容上划分，有社会政治理想、道德理想、职业理想和生活理想。由于社会环境、思想观念、利益需要、人生经历和性格特征等方面的差异，会形成不同的乃至截然相反的信念。即使是同一个人，也会形成关于社会生活不同方面的信念。信仰是信念最集中、最高的表现形式。一般来说，信仰可分为两种类型：一种是对虚幻的世界、不切实际的观念、荒谬理论的盲目相信与崇拜；另一种是在社会实践活动中，对以事物发展规律的正确认识为基础的思想见解或理论主张的坚信不疑、身体力行。

理想信念的特征主要表现在以下两个方面：

第一，现实性与超越性的统一。理想信念的形式是主观的，而内容则是客观的。理想信念不仅面向现实世界，同时也面向未来世界；不仅是对现实的反映，也是对社会发展前景的追求。因此，从时间上来看，理想信念具有对当下的超越，指向未来；从对象来看，具有对自我的超越，指向他人和社会。科学的理想信念不同于人们头脑中的空想和盲目的信仰，是对客观现实合规律性、合目的性的反映，是现实性和超越性的统一。

第二，个性与共性的统一。理想信念建立在需要的基础上，反映了人与人的差别，具有鲜明的个性特征。不同的家庭背景、教育环境和时代特性产生了不同的理想信念。理想信念的个性特征反映了人与人在目标选择、价值取向等方面的不同。这种不同也构成了社会丰富多彩的基础。另外，人类社会发展的规律性决定了理想信念存在着共性。在前工业社会，由于生产力不发达，人与人的依赖关系成为社会关系的主要表现形式。因而，道德理想和道德人格居于主导地位。工业社会，人与物的关系上升为主要关系，人们创造越来越多的物质财富，"经济人"理想在资本主义社会居于主导地位。我国革命战争年代和社会主义现代化建设时期的理想信念也不同。前者是由民族独立和无产阶级的解放构成的革命理想；后者是由发展生产力和民族复兴构成的建设理想。理想信念的共性和个性相互影响、相互作用，统一于人与社会发展的关系之中。

理想信念的功能可以概括为如下四个方面：

第一，导向功能。人生是一个在实践中奋斗的过程。要使生命富有意义，就必须在有意义的奋斗目标的指引下，沿着正确的人生道路前进。理想信念对人生历程起着导向的作用，是人的思想和行为的定向器。理想信念一旦确立，就可以使人方向明确、精神振奋，不论前进的道路如何曲折、人生的境遇如何复杂，都可以使人透过乌云和阴霾，看到未来的希望和曙光，永不迷失前进的方向。

第二，动力功能。理想信念是激励人们向着既定目标前进的动力，是人生力量的源泉。一个人有了坚定正确的理想信念。就会以惊人的毅力和不懈的努力，成就事业、创造奇迹。与此相反，一个人如果没有崇高的理想信念，就有可能浑浑噩噩、庸庸碌碌、虚度一生，甚至腐化堕落，走上邪路。理想高远的程度与动力是正比关系。

第三，凝聚功能。科学的共同理想和信念，能够形成共同的奋斗目标和信仰，起到凝聚人心的作用。在相对分化、竞争日益激烈的当代社会，发挥理想信念的凝聚功能更加重要。

第四，人格完善功能。人生是物质生活与精神生活相辅相成的统一过程。理想信念作为人的精神生活的核心内容，一方面能使人的精神生活的各个方面统一起来，使人的内心世界成为一个健康有序的系统，保持心灵的充实和安宁，避免内心世界的空虚和迷茫；另一方面又引导着人们不断地追求更高的人生目标，提升精神境界，塑造高尚人格。一个人的理想信念越崇高、越坚定，精神境界和人格就会越高尚。在当代大学生中，多数大学生的理想信念是明确的、坚定的，但也有一些大学生只重视个人理想、生活理想、职业理想、近期理想，而忽略社会理想、共同理想、道德理想、长远理想。有些学生甚至主张"理想理想有利就想，前途前途有钱就图"；还有学生在信念上强调自我奋斗和依赖时尚的盲从主义。这些现象是高校思想政治教育要重点面对的问题。通过理想信念教育引导大学生正确认识个人理想与社会理想的关系，认识远大理想是与民族、国家的社会理想相联系的，个人的生活目标如果脱离了民族、国家的发展实际是难以实现的。

马克思主义信仰和中国特色社会主义共同理想是当代大学生理想信念教育的主要内容。马克思主义作为我们党和国家的根本指导思想，是由马克思主义严密的科学体系、鲜明的阶级立场和巨大的实践指导作用决定的，是中国人民长期探索、实践的历史选择。马克思主义具有与时俱进的理论品格和持久的生命力。马克思主义作为一个以指导革命与建设为己任的开放的理论体系，不断总结社会主义革命、建设和改革的经验教训，吸收、借鉴和融合各种优秀的思想文化成果，在继承中发展，在创新中前进，始终与时代同行、与实践共进。

马克思主义信仰的确立，不可能自发完成，需要通过系统的思想政治教育与实践才能形成。历史证明，在工人运动早期，自发的工人运动所导致的是工联主义。实践也表明，在错综复杂的社会环境影响下，没有科学信念支撑，容易导致盲从和混乱。高校思想政治理论课是对大学生进行马克思主义理论教育的主渠道，承担着帮助大学生确立科学信念的重任。

中国特色社会主义共同理想，是在中国共产党的领导下，走中国特色社会主义道路，把我国建设成为富强、民主、文明、和谐的社会主义现代化国家。这个共同理想，把党在社会主义初级阶段的目标、国家的发展、民族的振兴与个人的幸福紧密联系在一起，集中代表了我国各族人民的共同利益和愿望，是保证全体人民团结一致，克服困难，争取胜利的强大精神武器。把这一共同理想，转化为全社会各族人民的理想与行为，就必须大力加强中国特色社会主义共同理想教育。

目前，随着我国社会主义市场经济的深入发展，我国经济成分、组织形式、就业方式、利益关系和分配方式日益多样化，不可避免地出现这样那样的差异和矛盾，这就要求用共同的理想来凝聚各方面的智慧和力量，引导学生正确认识改革发展中存在的问题和矛盾，正确认识改革发展的艰巨性和复杂性，把远大理想和现实努力紧密结合起来。只要我们牢固树立中国特色社会主义的共同理想，坚定不移走中国特色社会主义道路，不管遇到多大的困难，我们都万众一心、众志成城、无往不胜。

二、以爱国主义教育为重点

爱国主义体现了人民群众对自己祖国的深厚感情，反映了个人对祖国的依存关系，是人们对自己故土家园、种族和文化的归属感、认同感、尊严感与荣誉感的统一。它是调节个人与祖国之间关系的道德要求、政治原则和法律规范，也是民族精神的核心。爱国主义的基本要求是：爱祖国的大好河山，爱自己的骨肉同胞，爱祖国的灿烂文化，爱自己的国家与制度。爱国主义是历史的、具体的，在不同的历史时代和文化背景下所产生的爱国主义，具有不同的内涵。在现阶段，爱国主义主要表现在献身于建设和保卫社会主义现代化事业，献身于促进祖国统一大业。

爱国主义历来是动员和鼓舞中国人民团结奋斗的一面旗帜，是推动我国社会历史前进的巨大力量，是全国各族人民共同的精神支柱。在新的历史条件下，加强爱国主义教育，继承和发扬爱国主义传统，对于振奋民族精神，增强民族凝聚力，团结全国各族人民自力更生，艰苦创业，为建设中国特色社会主义的宏伟事业而奋斗，具有重要的现实意义和深远的历史意义。

其一，爱国主义是中华民族继往开来的精神支柱。在历史发展过程中，中华民族表现出了强大的生命力。中华文明一脉相承的延续发展，成为人类文明史上的一道奇观。这有着非常深刻的原因，其中无可置疑的是，千百年来深深融入民族意识之中的爱国主义优良传统，成为鼓舞中华民族艰苦奋斗、继往开来的重要精神支柱。在新的历史条件下，致力于中华民族的伟大复兴，必须在爱国主义的伟大旗帜下，建立最广泛的爱国统一战线，集中整个民族的智慧和力量来谋求国家的发展和民族的振兴。

其二，爱国主义是维护祖国统一和民族团结的纽带。在中华民族的发展史上，爱国主义精神对于维护祖国统一和民族团结起到了十分重要的作用。团结统一始终代表了中国社会历史的发展方向，代表了中国各族人民的共同心愿。维护国家主权和领土完整，是国家的核心利益。

其三，爱国主义是实现中华民族伟大复兴的动力，新的世纪，各国之间综合国力的竞争日趋激烈。在激烈的国际竞争中，中华民族立于不败之地的一个重要保障，就是高扬爱国主义旗帜，最大限度地团结全国各族人民和港澳台以及广大海外同胞，激发起爱我中华、建我中华、强我中华的爱国热情。

其四，爱国主义是个人实现人生价值的力量源泉。爱国主义体现了每一个中华儿女对祖国的责任，这种责任是社会发展的客观要求，也是每个人自身发展的客观需要。一个人能够成为什么人，应该成为什么人，在很大程度上要依赖于社会，依赖于生于斯、长于斯的祖国。

以爱国主义教育为重点，深入进行弘扬和培育民族精神教育。深入开展中华民族优良传统和中国革命传统教育，开展各民族平等团结教育，培养团结统一、爱好和平、勤劳勇敢、自强不息的精神，树立民族自尊心、自信心和自豪感。要把民族精神教育和以改革创新为核心的时代精神教育结合起来，引导大学生在中国特色社会主义事业的伟大实践中，在时代和社会的发展进步中汲取营养，培养爱国情怀、改革精神和创新能力，始终保持艰苦奋斗的作风和昂扬向上的精神状态。

爱国主义教育的内容主要是：中华民族悠久历史和文化传统教育，党的基本路线和中国国情教育，社会主义民主和法制教育，国防教育和国家安全教育，特别是民族文化安全教育，社会主义意识形态安全教育和民族团结教育等。

在新的历史时期，面对经济全球化、社会信息化的影响，爱国主义教育面临着许多新情况、新问题，提出了爱国主义教育的新要求。

首先，要坚持爱国主义与爱社会主义的一致性。中国的历史和现实充分证明，只有社会主义才能救中国，只有社会主义才能发展中国。社会主义制度是中国救亡图存、寻求民族独立、民族富强的历史选择，是经过比较鉴别，经历了各种教训后确定的社会发展路径。中国特色社会主义制度实现了马克思主义基本原理与中国实际的紧密结合，反映了中国社会发展的一般规律，体现了最广大人民群众的利益要求，为祖国的繁荣发展提供了可靠的保障。经过社会主义建设，我国已经不再是一个任人宰割、民生凋敝、满目疮痍的半殖民地半封建的旧中国，而是充满了生机和活力、为世界所瞩目的繁荣昌盛的社会主义国家。因此，在当代中国，爱国主义首先体现在对社会主义中国的热爱上。

其次，坚持爱国主义与维护祖国统一的一致性。在中华民族的爱国主义发展史上，维护祖国统一、反对祖国分裂是中华儿女爱国情怀的重要体现，也是对国家主权、领土完整及民族感情的认同。任何旨在制造国家分裂、损害国家主权和领土完整的言行，都会遭到海内外中华儿女的坚决反对。如果说，爱国主义与爱社会主义的一致性，主要是对生活在祖国大陆的公民的基本要求，那么，爱国主义与维护祖国统一的一致性，不仅是对生活在中国大陆的公民的要求，而且是对全体中华儿女包括港澳与台湾同胞以及海外侨胞的基本要求。

再次，坚持爱国主义与面向世界的一致性。在经济全球化背景下，科学技术的发展和利用是跨国界的，商品在全世界销售，资本跨国界流动，信息得以共享，各国经济交往中需要遵循共同规则，跨国公司本土化的程度不断提高，不仅利用当地的自然资源，而且还充分利用当地的人力资源。各国的公民在世界范围内流动。这种情况使有的学生对自己的归宿感产生了困惑，甚至认为爱国主义在今天已经过时。事实上，爱国主义并没有也不会过时。在经济全球化的条件下，国家仍然是民族存在的最高组织形式，是国际社会活动中的独立主体。只要国家继续存在，爱国主义就有其坚实的基础。我们在参与经济全球化的过程中，必须坚定地捍卫自己国家的利益，这就更需要爱国主义的支撑，经济全球化是一把双刃剑，既是机遇，更是挑战。

最后，坚持以爱国主义为核心的民族精神教育和以改革创新为核心的时代精神教育。所谓民族精神，是指一个民族在长期共同生活和社会实践中形成的，为本民族大多数成员所认同的价值取向、思维方式、道德规范、精神气质的总和。在中华民族的悠久历史中，爱国主义始终是民族精神的核心。正是出于对自己故土家园、骨肉同胞和灿烂文化的眷恋与热爱，中华各民族才能够求同存异，维护整体，在自己的国土上繁衍生息、相互学习、相互帮助，共同劳动、共同生活、共同发展，创造了灿烂的中华文明。为了维护国家的主权和领土完整，捍卫民族的尊严和利益，中华民族同侵略者展开了殊死的斗争，对出卖国家和民族利益的卖国败类极端鄙视，对为国家和民族做出贡献的民族英雄无比崇敬。热爱祖国是贯穿中国历史发展的一条主线，也是中华民族精神的核心。大学生是祖国的未来，也是培育民族精神的重要群体。当代大学生应具有的民族精神主要包括：树立对中华民族的自尊心和自豪感；形成对外交往中的民族气节；确立社会责任感和历史责任感；树立为中华民族和平崛起贡献力量的自觉意识等。

时代精神的内涵十分丰富，其中改革创新居于核心地位。改革创新是我国兴旺发达的不竭动力，是中国共产党永葆生机的源泉。改革创新充分体现和吸纳了时代要求，为实践的发展注入了鲜活力量。改革创新包括理论创新、制度创新、科技创新、文化创新以及其他方面的创新。改革创新是进一步解放和发展生产力的必然要求，是建设社会主义创新型国家的迫切需要，是落实科学发展观、构建社会主义和谐社会的重要条件。只有通过改革创新，才能实现我国富强、民主、文明、和谐的理想目标。因而，在当代社会条件下，改革创新是爱国主义的实践方略。

三、以基本道德规范教育为基础

道德规范是人判别善与恶、道德与不道德的基本尺度，也是人在行为选择中应当怎样做和不应当怎样做的基本标准。历史和现实表明，道德在一个社会中的作用大小，往往取决于基本道德规范在社会成员中的知晓度、信奉度和践行度。

公民基本道德规范的提出和完善，体现了历史传统与时代精神的有机结合。公民基本道德规范，既是对中国优良道德传统和中国革命道德传统的继承与弘扬，又具有新形势、新时代条件下的新的道德规定。公民基本道德规范的提出和完善，体现了对社会主义道德体系内容的丰富和拓展。公民基本道德规范是从最基础、最重要的道德规范方面，对已有的社会主义道德体系的具体化，与已有的社会主义道德体系形成了一个有机的整体。实现了"依法治国"和"以德治国"的有机结合，反映了提高中华民族整体素质的根本要求。

以基本道德规范为基础，深入进行公民道德教育。要认真贯彻《公民道德建设实施纲要》，以为人民服务为核心、以集体主义为原则、以诚实守信为重点，广泛开展社会公德、职业道德和家庭美德教育，引导大学生自觉遵守爱国守法、明礼诚信、团结友善、勤俭自强、敬业奉献的基本道德规范。坚持知行统一，积极开展道德实践活动，把道德实践活动融入大学生学习生活之中。修订完善大学生行为准则，引导大学生从身边的事情做起，从具体的事情做起，着力培养良好的道德品质和文明行为。

大学生是公民中文化素质较高的一个群体，应该做自觉遵守公民基本道德规范的模范。其基本要求是：一是在思想上对公民基本道德规范有高度认知和认同，全面掌握其内容和要求；二是把公民基本道德规范作为行为标准，正确进行道德判断和作出道德选择；三是积极践行公民基本道德规范，使自己的思想感情得到陶冶，精神生活得到充实，道德境界得到提高。

诚实守信是大学生道德教育的重点。诚实就是真实无欺，既不自欺，也不欺人；守信就是重诺言，讲信誉，守信用。诚实和守信是统一的。就个人而言，诚实守信是高尚的人格力量；就单位而言，诚实守信是宝贵的无形资产；就社会而言，诚实守信是正常秩序的基本保证；就国家而言，诚实守信是良好的国际形象。大学生的诚信意识、诚信行为、诚信品质，关系良好社会风尚的形成，关系社会主义和谐社会的构建，在一定意义上关系中华民族的未来。从总体上看，当代大学生的诚信状况是好的，但在少数大学生身上也出现了诚信缺失的现象。如浮躁心态，对他人、对社会的责任意识淡薄，辨别是非能力较差等。有些大学生对诚实、正直、守信、履约等诚信道德的基本范畴在内心是认同的，在考试、评奖、毕业、求职等涉及自我切身利益的关键时刻，往往放松对自己的要求，使知与行相背离，坚守诚信的道德意志力不强。加强对大学生的诚实守信教育迫在眉睫。通过高校思想政治理论课对大学生进行诚实守信的文化传统和现实价值教育；通过诚信教育、生活教育培养大学生形成言必信、行必果，诚心做事、诚实做人，言行一致、表里如一的行为方式；通过制度规范，引导大学生树立诚信为本、操守为重的信用意识和道德观念。

四、以大学生全面发展为目标进行素质教育

前面讲的理想信念教育、爱国主义教育、公民道德教育，其目的都是为了提高大学生的思想政治素质，促进其全面发展。除了这些基本的教育任务之外，高校还要根据社会发展与学生成长的需要，进行社会主义民主法制教育、人文素质和科学精神教育、集体主义和团结合作精神教育。

以大学生全面发展为目标，深入进行素质教育。加强民主法制教育，增强遵纪守法观念。加强人文素质和科学精神教育，加强集体主义和团结合作精神教育，促进大学生思想道德素质、科学文化素质和健康素质协调发展，引导大学生勤于学习、善于创造、甘于奉献，成为有理想、有道德、有文化、有纪律的社会主义新人。

其一，社会主义民主法制教育。社会主义民主与法制是人类历史上最高类型的民主与法制。我国社会主义民主与法制不仅包含丰富的内容，而且具有鲜明的社会主义性质。当代大学生要正确理解社会主义民主与法制的性质和特征，形成社会主义民主与法制观念，

养成自觉遵纪守法，严格依法办事的习惯。社会主义民主与社会主义法制是不可分割的，一方面，社会主义民主是社会主义法制的前提和基础，决定着社会主义法制的性质和内容。即只有人民掌握国家政权，才能将保障和实现人民的民主权利作为制定社会主义法律的出发点与归宿，才能使社会主义法制得到广大人民群众的支持和拥护。另一方面，社会主义法制是社会主义民主的体现和保障，是社会主义民主的实现途径。社会主义民主只有制度化、法律化，才能持续、稳定、有序地推进，人民当家做主才有切实的法律和制度保障。社会主义民主法制教育的内容，主要是法律权利与义务观念教育。正确的法律权利与义务观念，包括正确理解法律权利与法律义务的性质，把握法律权利与法律义务的关系，懂得如何适当行使法律权利，正确履行法律义务。

其二，人文素质和科学精神教育。人文素质教育是相对于科技素质教育而言的，是将人类的优秀文化成果转化为人的内在品质的过程。其中，包括人与自然的关系、人与社会的关系和人与自我的关系等。科学精神是在科学实践活动中形成的一种唯实求真、开拓创新、无私奉献的崇高精神，它体现于科学知识、科学思想、科学方法中，遵循科学精神要求人们有基本的科学知识，能运用科学方法，但科学精神不是具体的科学知识、科学思想和科学方法，它是更带根本性和基础性的信念、意识和品格，属于更高层次的精神境界。科学精神包含了求实、实证、怀疑、创新等精神。其中，求实、创新是科学精神的核心。人文精神是整个人类文化所体现的最根本的精神，是整个人类文化生活的内在灵魂。它以追求真善美等崇高的价值理想为核心，以人的自由和全面发展为终极目的。所以，无论是科学活动所体现的精神，还是人文活动所体现的精神，都是人文精神不可分割的重要组成部分。"以人为本"是人文精神的价值基础、核心内容和出发点；人与人、人与社会、人与自然三位一体和谐共处、协调发展是人文精神的理想追求和达到终极目标的理想道路；符合客观真理、经得起实践检验的科学性、真理性内涵，是人文精神的深厚底蕴和大力弘扬人文精神的价值所在。

其三，集体主义和团结合作精神教育。在社会主义道德体系中，集体主义原则是指导人们行为选择的主导性原则。生产资料公有制和按劳分配占主体地位是集体主义的经济基础；以工人阶级为领导阶级、以共产党为执政党的人民当家做主的国体、政体，是集体主义的政治保证；以马克思列宁主义、毛泽东思想、邓小平理论和"三个代表"重要思想以及科学发展观为指导是集体主义的思想基础。社会主义集体主义原则的根本思想，就是正确处理集体利益和个人利益的关系。在社会主义社会中，国家利益、社会利益体现着个人根本的、长远的利益，是集体所有成员的共同利益。同时，每个人的正当利益，又都是集体利益不可分割的组成部分。集体利益的兴衰成败与个人利益的大小得失息息相关。集体利益的发展，本身就包含着集体中每个人利益的增加；而集体中每个人利益的增加，同样有利于集体利益的扩大。

第二节　高校思想政治教育的特点

一、时代性与民族性相结合

大学生群体，是一个富有朝气与活力的群体，他们追新求异，紧跟时代步伐，是历史的弄潮儿。因而，高校思想政治教育要追随社会发展，赋予鲜明的时代性。同时，高校思想政治教育受民族文化影响，必须体现民族性。

市场经济体制、经济全球化、政治民主和社会信息化，是影响高校思想政治教育的现实因素。市场经济改变了人与人之间的关系，利益关系从各种社会关系中凸显出来，成为影响社会导向和个体选择的重要因素。经济全球化条件下加强了国家和区域间经济利益关系的联系，人们从相对封闭的环境走进了日益开放的空间，思想观念的互动更加直接。政治民主化增强了学生的公正意识和平等意识，也增强了学生的政治参与意识。社会信息化形成了以国际互联网为平台的信息生产、交流与共享，人的活动从物理空间拓展到网络空间，从现实领域延伸到虚拟领域。人与人的交往超越了空间距离而实现了近距离接触；在网络交往中主体间的平等性增强，视野开阔，主体性提高。这些正在不断发展的现实条件，以实际与理论相结合的方式直接影响大学生的思想与行为，是思想政治教育必须正视和运用的时代内容与实际内容。

民族是一种自然的历史存在，是人类社会性存在的一种形式。各民族由地域和血缘关系的不同而形成，并在长期的生存和发展中，不同民族内部形成了诸如共同语言、宗教、生产和生活习惯等凝聚性因素，这些因素以民族感情和民族意识等精神文化的形式影响着民族的发展与民族成员。中华民族在几千年的历史发展中形成了稳定的民族情感和丰富的民族文化。一方面，多民族的文化传统个性鲜明，在语言、风俗习惯和交往方式等方面呈现出差异性，并长期保持着各自的文化特色；另一方面，不同民族之间经过长时期的历史融合，在对中华民族的认同上是一致的。

我国的民族特性集中表现为民族文化性质与社会主义性质。这一特性主要是从以下五个方面来体现的：

一是重德的伦理文化传统；

二是重整体主义、集体主义的价值取向；

三是重世俗的社会理想、民族信念；

四是重和平和谐的发展追求；

五是重以民为本、以人为本。

以上这些特性，是由传统文化与社会主义文化来体现的。

体现时代性与民族性的结合是高校思想政治教育的重要特征。一方面，高校思想政治教育的内容是与时俱进的。马克思主义的生命力和说服力就在于它与中国革命和建设实际相结合而不断发展。高校思想政治教育的内容也体现了民族性。中国优秀文化传统一方面是高校思想政治教育的内容，内在于中国历史教育和世界观、价值观教育之中。另一方面也体现在马克思主义理论教育之中。马克思主义中国化的进程也就是不断与中国传统文化结合的过程。在这个过程中，马克思主义通过中国传统文化实现了本土化。因此，离开了时代性与民族性的统一，高校思想政治教育的内容就容易偏离现实与历史，进而偏离受教育者的需要。

二、综合性与生动性相结合

综合性与生动性是共性与个性、整合与分化在高校思想政治教育中的表现。共性与个性是社会发展呈现出的两个基本的表现形式。共性表现为众多现象的一般本质和规律；个性表现为现象的差别和特殊性。在人类历史上，随着生产力的进步，社会结构也从简单走向了复杂。分化与综合的交互作用是社会复杂化的表现，也是导致社会复杂化的影响因素。

高校思想政治教育的综合性主要表现如下：

第一，综合运用马克思主义理论，对大学生进行理论教育。马克思主义是对社会发展和人的发展进行综合性研究的理论成果，其研究领域覆盖政治、经济、文化、社会和人的思维等多个层面。在当代社会，社会领域从分化走向统合，社会和人的问题也从单一视角的研究走向了综合视角的关照，同样的问题需要从政治、经济、文化等多个向度作出回答。

第二，综合运用多学科知识，研究高校思想政治教育。思想政治教育是做人的工作。对于人的研究已经成为哲学、教育学、社会学、生命科学等众多学科研究的聚焦点，并且已经取得了丰硕的成果。高校思想政治教育吸收、借鉴这些学科的成果，更加丰富多样地开展教育。

第三，综合协调各方面力量，实施思想政治教育。高校思想政治教育是一项系统工程，需要在党的领导下，动员各行各业共同来做，需要党、政、工、团以及新闻媒体各方面齐抓共管，需要学校、家庭、社区协调一致、互相配合。

第四，综合利用各种教育途径和方法，实施立体性教育。影响因素的复杂化和多样性决定了只有实施多样化的立体性教育才能保证教育的实效性。立体性的思想政治教育包括课堂教育与课外指导相结合、理论学习与实践体验相结合、教育和自我教育相结合、网上与网下相结合。

生动性是当代高校思想政治教育的另一个特征。高校思想政治教育的生动性主要表现为具体性、典型性、新颖性。大学生是以青年为主的知识群体，存在着特殊的发展需要和成长问题，如专业与职业生涯问题，恋爱、婚姻与家庭问题，政治、道德、心理等方面的社会化问题，等等。这些事关学生切身利益的问题在不同类型、不同专业、不同表现的学生身上，有着不同的体现与侧重，表现为多样性与具体性，思想政治教育贴近实际、贴近学生，就是要根据学生的实际需要，针对具体问题，选择相关的理论与方法，生动活泼地开展教育。只有这样，才能满足学生的需要，实现教育价值。否则，教育就会脱离实际、脱离学生，成为形式化的活动。同时，赋予思想政治教育生动性，也是为了适应大学生的特点。大学生虽然具备了较强的理性认知和理性思维能力，对科学理论的理解较深。但是，当代大学生思维活跃，追求新颖，对典型事件敏感，对现实生活体验欲望强烈。尤其是在大众传媒和国际互联网的环境中，许多学生长期受到各种具体信息、事件的影响，习惯于信息浏览、感性思维，有的甚至习惯于通过读图来认识世界。这些变化，也要求开展生动有效的思想政治教育活动，既以理服人又以情感人；既重视课堂教育，又注重引导大学生深入社会、了解社会、服务社会；把思想政治教育融入大学生专业学习的各个环节，渗透到教学、科研和社会服务的各个方面。

三、历史性、现实性与理想性相结合

新时期高校思想政治教育要在历史性、现实性与理想性相结合的统一过程中进行，这是因为：首先，大学生由于年轻，往往缺乏社会实践经历与历史文化积淀。他们渴望了解自己所处社会的来龙去脉，使自己植根于深厚的民族文化之中。因而，中华民族历史文化教育，既是大学生所必需的，也是大学生感兴趣的。除了进行古代优秀文化传统教育外，更要进行党的优良传统教育。党的优良传统是我们党在我国特定历史时期，经历几十年艰苦卓绝的革命和建设所创造的精神资源和政治优势。这些传统包括解放思想、实事求是的精神，紧跟时代、勇于创新的精神，知难而进、一往无前的精神，艰苦奋斗、务求实效的精神，淡泊名利、无私奉献的精神等。这些精神是高校思想政治教育的宝贵资源，需要一代代地继承下来。

其次，大学生处在迅速成长过程中，其强烈求知欲望不仅表现为对书本知识的大量获取，而且表现为对现实社会各种现象、事件的关注、敏感与探究。他们在学习过程中，受阅历与经验有限的局限，会经常提出现实社会中的许多问题、矛盾，希望得到解答与引导。如果教育者忽视他们提出的问题，或者对他们提出的问题不能作出令他们信服的回答，他们往往会感到迷茫困惑，甚至影响思想情绪与精神状态。因此，思想政治教育必须紧密联系实际，特别是要联系学生的思想实际与生活实际，及时帮助他们释疑解惑，解除成长过程中的障碍，引导他们顺利成长。

再次，大学生由于具有年龄优势，他们拥有美好的前途与广阔的发展空间，憧憬未来、富有理想、渴望成才既是他们的突出特点，也是他们的发展需要。因此，思想政治教育必须根据他们的特点，结合学生的实际，引导他们进行正确方向和价值选择，特别要帮助他们逐步确立远大的理想信念，避免方向与价值选择的犹豫不决，克服满足眼前利益、忽视长远目标的自发发展倾向。

高校思想政治教育的历史性、现实性与理想性，是相互贯通、相互转化的，是把一个尚不成熟的年轻人培养成为一个成熟的成年人所必需的教育，也是学生成长成才所需要的教育。

第三节 高校思想政治教育的新变化

一、经济全球化

经济全球化是指世界经济活动超越国界，通过对外贸易、资本流动、技术转移、提供服务等而形成的各国经济在全球范围的相互依赖性增强。从本质看，经济全球化是指以市场经济为基础，以先进科技和生产力为手段，以民族国家为主体，以最大利润和经济效益为目标，通过分工、贸易、投资和要素流动等，实现各国市场分工与协作，相互融合的过程。

经济全球化主要有以下六个特点：

一是经济全球化表现为高度的流动性和高度的开放性。这主要体现为人才流、物流、信息流、资本流和知识流等生产要素在世界范围内的流动日益广泛和频繁。如目前世界上每天大约有60 000亿美元资金在不停地流动。许多国家大学生中兴起了"留学热"，中国的高端人才也纷纷在国际人才市场上崭露头角。高科技和信息网络化，也支持和推动了经济全球化的这种高度流动性。世界上越来越多的国家和地区，改变了闭关自守的状态，逐步融入经济全球化的洪流。发达国家、发展中国家乃至最落后的国家，都不同程度地被经济全球化的浪潮所卷入。

二是经济全球化表现为高度的渗透性和高度的互补性。这主要体现为人才流、物流、信息流、资本流和知识流的时空约束减少、成本降低及资源互补，发达国家的资本、技术、管理、文化等迅速向发展中国家渗透，发展中国家的能源资源和劳动力等也向发达国家渗透，资本、知识、资源等在全球市场流动并趋向合理配置，使世界经济呈现出一体化特征。经济全球化使世界各国经济的相互依赖性更加强化，这有助于不同国家和地区在资本、知识、资源等方面的互补，也有助于全球经济的发展。

三是经济全球化表现为高度的集约性和高度的垄断性。这主要体现为经济全球化的基本单元和行为主体——跨国公司及国际金融机构对全球经济所产生的巨大而广泛的影响，有时一个跨国公司的销售额大约相当于一个中等发达国家的国内生产总值。跨国公司及国际金融机构的经营活动几乎涉及世界经济生产活动的所有领域，而且大约控制了世界上80%的新技术、新工艺专利，70%的国际直接投资，60%的世界贸易，30%的国际技术转移。中国加入WTO后，世界500强中的大部分跨国公司纷纷进入中国，既带来大量的资金、先进的管理技术，又为解决我国劳动力就业特别是大学生就业问题提供了机会。

四是经济全球化表现为高度的依赖性和高度的异步性。这主要体现为世界上不同国家和地区之间的经济、技术、资源的依赖性增强。发达国家通过控制核心技术，可以有选择地输出先进技术、先进管理和先进设备，甚至直接将纯物质生产外壳转移到发展中国家，进一步强化对输出资本的控制，从而形成不对称的依赖性。发达国家资本、技术的流向首先是工业化基础条件、资源条件、环境条件、市场条件较好的国家及地区，尤其是流入国的沿海地区和中心城市，从而在一定时期内出现发展的严重不平衡；同时，不平衡也表现为资本、技术流入国家及地区首先进行经济响应，而在政治、文化诸方面的响应和变革相对滞后。经济全球化的高度异步性，使世界在一定时期内会出现后工业社会、工业社会、农业社会乃至原始社会并存的现象。因此，许多发展中国家呼吁在经济全球化进程中建立公正、合理的国际经济新秩序，反对发达国家利用经济全球化获取单方面的利益。

五是经济全球化表现为高度的风险性。这主要体现为资本、技术、管理的快速流动和思想、文化的渗透给发展中国家带来程度不一的经济安全、信息安全、科技安全、政治安全等问题。

六是经济全球化表现为科技、服务、生产的全球化。这种科技的全球化主要表现为科技活动的全球化、科技传播的全球化、科技成果的全球化和科技影响的全球化。

总之，经济全球化是现代经济、科技高速发展的必然产物，也是不以人们意志为转移的客观趋势。对世界而言，经济全球化已不是一种选择问题，而是一种现实问题；不是如何游离在经济全球化以外的问题，而是如何实现平等、公正、互惠、共赢、共存、共同繁荣的问题。对中国而言，加入WTO后，在我国对外开放和对外依存度日益增强的情况下，我们更要正视经济全球化这一现实，主动参与其进程，充分利用经济全球化带来的巨大机遇，促进中国经济的发展。尤其要看到，经济全球化导致国际思想文化交流交融交锋，并呈现出新特点，对大学生思想行为变化带来双重影响，既要因势利导增强大学生的国际意识和世界眼光，又要避免其可能带来的消极影响。

二、社会信息化

现代社会科学技术获得了迅猛的发展，其重要标志之一是现代信息科学技术，特别是互联网技术的发展。社会信息化是通过现代信息技术和网络设施把社会最基础的资源——信息资源充分应用到社会各个领域的过程。它是与工业化相对应的一个概念，工业化是信息化的物质基础，而信息化是工业化向更高层次发展的技术环境。工业化的最大目标是最大限度地开发利用物质和能源资源，向社会提供丰富的物质产品；而信息化的主要目标是最大限度地开发利用信息资源，提高社会各领域信息技术应用和信息资源开发利用的水平，为社会提供更高质量的产品和服务，促进全社会信息化。

进入 21 世纪以来，以多媒体技术和网络技术为核心的信息技术正在以超出人们想象的速度向前发展，并进入社会的各个领域和环节。整个社会正处在由工业化社会向信息化社会过渡的关键时期，各行各业正在加快从资本、体力密集型向知识、智力和技术密集型转变。科技已成为经济增长的决定性因素，信息化已成为世界经济和社会发展的共同趋势。

信息化是从有形的物质产品创造价值的社会向无形的信息创造价值的新阶段的转化，也就是从以物质生产和物质消费为主，向以精神生产和精神消费为主阶段的转变。信息化主要有以下特征，首先是"四化"。

一是智能化。知识的生产成为主要的生产形式，知识成了创造财富的主要资源。知识取代资本，人力资源比货币资本更为重要。信息化推动了知识经济的兴起和发展。知识经济是指区别于以前的，以传统工业为产业支柱，以稀缺自然资源为重要依托的经济的新型经济，它以高技术产业为第一产业支柱，以智力资源为首要依托，是可持续发展的经济。知识经济的兴起，将人类社会带入了一个以智力为本、以科教为主导、以创新为灵魂的社会。

二是电子化。光电和网络代替工业时代的机械化生产，人类创造财富的方式不再是工厂化的机器作业，有人称之为"柔性生产"。

三是全球化。信息技术正在消除时间和距离的隔阂，信息技术的发展大大加速了全球化进程。随着互联网的发展和全球通信卫星网的建立，国家信息主导权将受到冲击，各网络之间可以超越地理上的联系而结合在一起。

四是非群体化。在信息时代，信息和信息交换遍及各个地方，人们的活动更加个性化。信息交换除了在社会之间、群体之间进行外，个人之间的点对点信息交换日益增加，甚至将成为主流。

其次，信息化还具有"四性"：

一是综合性。信息化在技术层面上是多种技术综合的产物，它整合了半导体技术、信息传输技术、多媒体技术、数据库技术和数据压缩技术等。在更高的层次上，它是政治、经济、社会、文化等诸多领域的整合。

二是竞争性。信息化进程的一个突出特点是，信息化是通过市场和竞争推动的。政府引导、企业投资、市场竞争是信息化发展的基本路径。

三是渗透性。信息化使社会各个领域发生全面深刻的变革，它同时深刻影响物质文明和精神文明，并成为经济发展的主要牵引力。信息化使经济和文化的相互交流与渗透日益广泛和加强。

四是开放性。创新是高新技术产业的灵魂，是企业竞争取胜的法宝。企业要参与竞争，在竞争中创新，在创新中取胜。开放是创新的源泉，开放不仅是指社会开放，更重要的是指信息的公开和开放。

总之，社会信息化彻底地改变了人们信息获取、处理、生产、加工的方式和社会生活的方式。大学生是一个对信息异常敏感和渴求的群体，他们既有对信息的强烈需求，又掌握了现代信息技术，是社会信息化的主动参与者和有力推动者。因此，社会信息化对大学生的思维方式和行为方式产生着深刻的影响，对传统的思想政治教育模式也提出了严峻的挑战。

三、体制市场化

从计划经济向市场经济转变，建立和完善社会主义市场经济，是我国经济体制改革和社会发展的重要内容和显著趋势，也构成了我们考察当代中国一切社会变动的重要参照系。长期以来，我国实行的是高度集中的计划经济体制。随着社会的发展，这种高度集中的计划经济体制逐渐成为制约我国经济和社会发展的体制性障碍，束缚了生产力的发展。市场化是解放和发展生产力，实现经济体制转变，建立社会主义市场经济体制的重要途径。社会主义市场经济就是使市场在社会主义宏观调控下对资源配置起基础性作用，使经济活动遵循价值规律的要求，适应供求关系的变化；通过价格杠杆和竞争机制，实现资源的优化配置和优胜劣汰；促进社会生产的发展和社会需求的满足。

中国经济的市场化进程给社会带来的主要变化如下。

一是中国经济市场化成果丰硕。我国经济市场化改革取得的重大成果体现在各个方面。市场在资源配置中发挥了基础性作用。多种所有制经济共同发展的格局基本形成。国有企业市场化程度大大提高，规范化改制力度不断加大，垄断行业改革与重组已取得阶段性成果。非国有经济发展迅速，成为国民经济的重要力量。我国市场经济的法律体系已基本建立。

二是经济管理体制和方式有了重大改革。政府逐步取消了生产方面的指令性计划，让市场导向生产，让企业决定产量。全面放开了对价格的管制，市场价格成为基本价格形式。中介组织的发展弱化或取代了政府的行政干预。

三是促进了社会结构的多样化。市场化导致了经济成分和经济利益的多样化。经济成分和经济利益的多样化导致了社会阶层的多样化。社会阶层的多样化带来了生活方式、行为方式和思想观念的多样化。

21世纪，我国社会主义市场经济发展处于关键时期，在基本建立社会主义市场经济体系的基础上进一步深化改革，完善社会主义市场经济体制，是我国经济发展和经济体制改革不可动摇的方向。社会主义市场经济的发展，一方面，极大地解放和发展了生产力，给经济领域注入了活力和动力，使竞争、效率、平等、开放等这些现代意识深入人心；另一方面，由于市场经济自身的缺陷和我国经济体制改革中所存在的问题，又出现了一些与市场经济相伴而生的不良现象，如权钱交易、贪污腐化、拜金主义、享乐主义盛行，给市场经济条件下的高校思想政治教育工作带来了挑战。

四、文化多样化

文化是在社会历史发展过程和社会交往中，人们集体创造、共同享有、后天习得的生产方式、生活方式，特别是精神生产方式和精神生活方式的总和。文化现象本身就是丰富多彩、千姿百态的，是一种多样化的存在。不同民族、不同时代、不同国家、不同族群都有各自迥异的文化在人类生产力不发达、不同民族相互隔绝的时代，各民族的文化相对独立地发展，奠定了文化多样化的基础。伴随着工业化、现代化的发展，特别是伴随着当今世界经济全球化、社会信息化的迅猛发展，不同国家、不同地区、不同民族之间的交往日益密切，不同文化之间的交流、碰撞也表现得更加频繁，世界范围内多种文化相互激荡的特征逐渐强化。随着经济交往在全球范围内形成生产要素流动和资源配置，相应地，文化交往和文化多样化便成为各民族文化发展的重要条件，经济全球化的物质成果必然引出文化交往全球化的华彩乐章。21世纪，人类文化交往的空间将更进一步扩大，速度也将空前加快，文化交往全球化将成为人类历史的必然趋势。现代文化交流如留学、出国进修、讲学、考察、访问、采访、参加国际会议等形式的高度发展，推动了各个国家和民族的文化大融合的趋势。在全球化时代，尊重各民族的文化权利，加强不同文化之间的相互尊重、相互理解、相互学习，求同存异，形成一种世界范围内的文化多样性格局，正成为当今世界各国人民的共同心声。

随着中国对外开放程度的日益加深，我国社会文化领域的多样化发展趋势也日益明显。生产力的发展，以及伴随着生产力发展的文化产业的发展，成为文化多样化发展的重要推动力。科技的迅速发展，尤其是现代信息技术和大众传媒的发展，为多样文化的发展提供了强大而先进的载体。而社会经济成分、组织形式、就业方式、利益关系和分配方式日趋多样化，直接导致和引起了社会精神生活和文化的多样化。

可以说，文化的多样化是改革开放的必然产物，也是我们党顺应时代发展、主动变革社会、创造历史的结果。文化的多样化，反映了最广大人民多方面的文化需求，反映了人民精神世界和个性特点的多样性，体现了社会历史的本来面目和生机活力，是文化繁荣的重要标志。随着经济的进步和社会的发展，我国的文化风格打破了原先那种单一模式，出现了一种"多样文化共存"的局面。这主要表现在以下两方面。

第一，主文化、亚文化、负面文化共存。主文化，即在社会中占统治地位或主导地位的文化，在我国就是以马克思主义为指导的社会主义先进文化，这是我们国家的根本价值观之所在。亚文化，是相对于主文化而言的，只为某些特定的人群、群体所接受的独特文化，如各种流行文化、民间文化、宗教文化等。亚文化的发展反映了社会转型加速期社会价值观日益分化的特点。亚文化的发展如果引导得当，会对主文化的发展起到很好的补充作用；但如果不进行有效引导，就有可能模糊甚至湮没主文化。近年来，伴随着大众媒体特别是电视、网络而兴起的电视文化、网络文化，其所存在的内容庸俗、格调低下等现象就反映了亚文化发展中所暴露出来的问题。负面文化就是否定、背离主流文化的文化，并且试图取代主流文化。

第二，传统文化、西方文化和当代马克思主义文化的共同发展。当代中国的先进文化，是以马克思主义为指导的，代表最广大人民群众的根本利益，反映先进生产力发展要求的文化。同时，这种文化又是继承和发扬中华民族优良文化传统，借鉴和学习世界其他国家和民族的优秀文化，在此基础上，结合新的时代内容和要求，进行综合创新的结果。中华民族的传统文化是中华文明的瑰宝，是中华民族共同的宝贵精神财富。继承和发扬中华民族的优良传统文化是每一个中国人的历史责任，也是中国共产党人所担负的文化使命。世界其他国家特别是西方发达资本主义国家反映时代发展要求和现代科技发展趋势的文化成果，也是我们借鉴的重要内容。在继承和学习的过程中，传统文化中反映封建主义腐朽没落的文化、西方文化中反映资产阶级消极颓废的文化难免会沉渣泛起，对主流文化产生冲击。这就需要我们进行甄别、取舍和引导。

总之，文化多样化是经济全球化、社会信息化、体制市场化带来的必然结果。在当今日益开放、日益复杂、日益多变的环境下，反映不同政治集团、社会阶层和利益群体的各种思想理论观点、社会思潮、文化样态、价值观念得到了充分的表达和传播，既丰富了社会主义文化的内容，满足了人们精神生活的多样化需求，又给人们的思想观念和价值取向带来了巨大的冲击，给人们形成正确的思想观念和价值观带来了一定的困难，给高校思想政治教育带来了严峻的挑战。

第四节　社会环境给高校思想政治教育带来的机遇与挑战

一、新境遇给新时期高校思想政治教育带来的机遇

第一，新境遇更加凸显新时期高校思想政治教育的极端重要性。

当今世界，伴随着经济全球化和社会信息化浪潮的兴起，世界范围内综合国力的竞争更加激烈，而人才的竞争在综合国力的竞争中又居于主导地位。中国是一个人力资源大国，如何在经济科技水平落后于西方发达国家的情况下，将人力资源转化为科技资源，将科技资源转化为经济资源，成为一个人力资源强国，是我们不得不思考的问题。在人力资源的开发过程中，我们要处理好科学文化素质和思想道德素质两者之间的关系。知识经济和信息技术的发展必然会更加凸显出社会道德及人的情感等精神因素构建的重要性。"在一个科学技术日益深入个人生活和社会生活的世界里，教育不仅在传播科学技术知识方面，而且在发展使人类掌握和利用这些知识的行为方面发挥重大作用。教育还应该承担的任务是：在作为方法的科学技术与作为人类生活及行动目的的价值观之间建立平衡。"经济一体化的发展和知识经济的勃兴，当然需要能站在世界前列的高科技人才和经济管理人才，但这并不意味着我们的教育只需要注重对人的科学文化素质的培养而可以忽视人的思想道德素质方面的要求。相反，在世界范围内综合国力竞争日益激烈的条件下，塑造一大批德才兼备、具有高度社会责任感、爱国主义精神和创新精神的高科技人才显得更加迫切和更加重要。如果忽视了这一点，我们就会丧失经济和社会发展的强大精神动力，我们就会在人才高度流动的国际经济竞争中流失大量的人力资源。因此，必须从科教兴国的战略高度、从人的素质全面发展的高度来认识思想政治教育在培养新时期具有国际视野、思想道德素质过硬的高素质人才中的重要作用，切实加强高校思想政治教育。

第二，新境遇拓展了新时期高校思想政治教育的国际视野。

经济全球化、社会信息化的发展使高校思想政治教育的时空得到了前所未有的拓展，客观上要求我们具备一种宏大、开放的国际视野来重新审视高校思想政治教育的理论和实

践。在经济全球化的大背景下，大学生处于一个空前开放的世界，视野更加开阔，思想更加活跃、自由和开放，他们比任何时候都更加关心国际形势的变化和发展。经济全球化唤醒了他们的国际意识、竞争意识和进取意识。经济全球化缩小了不同国家、不同民族之间的差距，同时也加深了不同国家、不同民族之间的联系和理解。这些都对大学生产生了深刻的影响。伴随着经济全球化的发展进程，西方国家的一些势力既要从中国获利，又要尽量抑制中国发展，以便长期保持自己的经济优势，延缓中国上升为世界强国的步伐，并企图利用经济全球化实现其"西化""分化"中国的政治图谋，这些现象都强烈地影响着大学生的思想，激发了他们的国家主权意识、民族认同意识和历史使命感。这也为新时期加强对大学生的国际意识教育和爱国主义教育提供了很好的契机。

高校思想政治教育时空视阈的世界性拓展，不仅拓展了大学生的国际视野，激发了大学生的爱国意识，而且为我们充分利用这种新境遇做好高校思想政治教育提供了新的思维方式和理念。这就意味着，我们再也不能仅仅从本国的文化视野出发来对大学生进行思想政治教育，而要以开放的文化心态，在继承和弘扬中华民族优秀传统文化和党的优良传统的基础上，坚持正确的政治方向，自觉地摒弃不能适应全球化发展趋势的观念、做法，积极借鉴和吸收其他国家高校思想政治教育的有益做法和宝贵资源。经济发展要面向世界，精神文明建设同样也不能关起门来进行。这就要求在全球化背景下，高校思想政治教育必须以宽阔的视野和开放的胸怀，吸取人类文明的一切优秀成果和先进经验，在世界视野中推进高校思想政治教育的改革与发展。高校思想政治教育应从过去那种带有一定封闭性、强制性、排他性的教育模式中走出，在坚持正确价值导向的前提下，在思维方式、信息交换、内容拓展等方面更多地体现其开放性和兼容性。唯其如此，才能在建设社会主义精神文明的过程中，将全人类创造的优秀文化成果为我所用，使高校思想政治教育不仅面向现实，面向现代化，也面向世界并走向世界。

第三，新境遇为加强和改进新时期高校思想政治教育提供了良好的载体。

随着现代信息技术的高速发展特别是互联网的日益普及，现代社会逐渐进入"网络时代"，社会信息化的趋势愈加明显。以网络技术为核心的现代信息技术的迅速普及，不仅成为全球化的重要推动力和表现之一，而且给高校思想政治教育创造了新的载体。互联网是 20 世纪末以来资讯传播技术发展的结晶，也是继报纸、广播、电视之外，最近兴起的"第四媒体"。网络作为大众媒介，与传统的报纸、广播、电视相比，显示了自己的许多特点和优势。

一是传播方式的交互性。在网络上，传播者和受众可以通过电子邮件和公告板、聊天室等方式即时沟通，使信息的反馈得以即时实现，从而在全新的意义上实现了受众对信息传播过程的参与。

二是传播手段多媒体化。网络作为一种新的传播方式，同时具备文字、图像、视频、音频等人类现有的一切传播手段，也就是说，报纸、广播、电视等传统媒介的功能在网络上实现了整合。网络可以发挥多媒体技术手段的优势，使传播效果最优化。如交互性多媒体包括计算机软件、硬件和外部设备，可以提供文字、声音、影像、数据和其他信息，融多种传媒的功能于一体，可为大学生提供图文并茂的人机交互方式和演示、游戏、协商讨论等多种教育方式以便激发大学生的学习兴趣和主动性。大学生可以根据自己的兴趣、爱好、知识经验、学习任务有选择地确定学习路径和内容，使学习方式、进度和过程变得相当个性化，并易于接受。利用这种先进的载体，除了可以充分调动教育对象的自觉主动性、增强他们努力探索的兴趣和动力外，还可以最优化地配置教育资源，如可以选聘德高望重、学有专长的专家学者做专题辅导报告、沟通引导、开发专家系统及相应的学习软件，可以将富有教育意义的典型人物、事实材料在最广泛的时空内作为教育资源进行应用等。这一载体的运用，还可以增强教育过程的娱乐性，使之成为一种"娱乐性教学"，增强说服力和感染力等。

三是传播空间全球化。信息在任何角落进入网络，瞬间就可以传遍整个世界。网络消除了有形和无形的国家边界，使信息传播达到了全球的规模。由于网络没有地域上的限制，交互式远程教育为思想政治教育提供了广泛的传播途径，不同地点的高校学生，可通过网络共享思想教育资源。网络使家庭与学校对学生的思想教育连为一体。通过网络，家长可随时查询子女在学校的政治思想、学习生活等状况，学校也可随时与学生家长保持联系，做到家校结合，共同做好学生的思想政治教育。这样就使狭隘的教育空间变成了全社会、开放性、立体化的教育空间。

四是信息传播的高效性。在现代信息化条件下，信息能随时更新，甚至实时传播。传统思想政治教育的方式和手段不仅在承载思想政治教育的信息量、速度方面远远无法同网络相比，而且缺乏网络媒体的交互性、形象性和对思想政治教育对象的吸引力。

五是开辟了高校思想政治教育的新阵地。各高校纷纷建立校园网、局域网站，利用网站发布学校的重要信息，学生利用网络来了解国内外、校内外发生的事件，网络为人们创造的虚拟世界日益成为大学生们信息传输、情感交流的领地，也成为高校思想政治教育的新阵地。许多高校还创建了思想政治教育主题网站。这些主题网站集成了各门学科、各种媒体、各位专家的知识，受教育者能依据自身实际情况有选择地向网上的网点进行咨询，获取所需的知识，并及时主动反馈意见。教育者与受教育者在这个网络平台上进行平等的双向交流，这种教育模式使受教育者主体受到尊重，发挥了他们教学相长和自主学习的积极性、主动性、创造性。

总之，伴随社会信息化所出现的网络技术给高校思想政治教育创造了迄今最为先进强大的信息载体，如何充分利用和开发网络载体，使网络成为传播思想政治教育信息的新渠道和新阵地，是当前推动高校思想政治教育方法和载体创新的突出课题。

第四，新境遇为新时期高校思想政治教育资源开发和内容拓展提供了良好契机。

新境遇为高校思想政治教育资源的开发提供了良好契机。随着信息技术的发展，大学生面临着一个开放的信息世界，他们可以在丰富多彩的信息世界尽情地漫游。与此同时，思想政治教育者也获得了更加便利地调用各种教育资源的条件，他们可以通过各种现代化的信息技术，在世界范围内去发现、收集相关的教育信息、教育材料，收集现实生活中富有教育意义的最新教育资源，运用到思想政治教育过程中，增强思想政治教育的信息含量、科学含量，提高思想政治教育内容的有效性。思想政治教育者还可以在网络上进行互动，如在 BBS、QQ 的对话沟通中，更为准确地把握教育对象的心理状态、思想动向等。教育者对这些情况的掌握，其实也是对教育资源的掌握。教育者对这些资源的掌握与开发越多，高校思想政治教育就越有针对性，越富有成效。

新境遇为高校思想政治教育内容的拓展也提供了良好契机。在全球化的条件下，思想政治教育被赋予了更多新的时代内容，要求体现更加鲜明的开放性特征和国际化特征。全球化的现实语境对思想政治教育的内容体系提出了新的课题。比如，在世界政治、经济格局发生重大变化，社会主义运动处于低潮，西方发达资本主义国家主导全球化进程的条件下，如何引导人们认识社会主义的历史进程，坚定社会主义信念，树立崇高理想；在国际竞争日益激烈，国内改革进入攻坚阶段的关键时刻，如何增强中华民族的自信心与凝聚力，保持社会的发展与稳定；在中外文化交流日益频繁、不同价值观冲突加剧的情况下，如何坚持社会主义文化的主导地位，坚持正确的价值导向；在人类相互依存、相互合作日益增多的"地球村"时代，如何培养与其他国家、其他民族之间的相互依存与合作意识，形成对不同文化的相互尊重与宽容态度，增强国际理解与国际竞争意识等。同时，关注人的社会生存环境、生活质量以及人类的尊严、道德完善和全面发展问题，尊重人类的共同规范，保护生态环境，维护世界和平，促进人类发展，也是高校思想政治教育需要解决的新课题。总之，如何在确保我国的文化安全和以马克思主义为指导的意识形态的主导地位的同时，增强人们的全球意识、开放意识、合作意识、生态意识，"学会共同生活"，这些都是全球化背景下高校思想政治教育内容新的生长点。在社会信息化条件下，培养大学生的信息素养，增强大学生的信息意识和信息观念，提高大学生对信息的收集、甄别、分析、处理和消化能力，强化在知识经济条件下对大学生的创新意识和创新能力的培养，也成为当前社会信息化条件下高校思想政治教育的新内容。在文化多样化的条件下，不仅要进一步加强和改进以马克思主义为指导的主流文化的教育，而且要在大学生的通识教育中，将中华民族传统文化中的精华和世界其他国家和民族文化中的有益成分结合起来，加强大学生对传统文化和西方文化以及人类历史上所创造的一切优秀文化的了解，全面提高大学生的人文素养和综合素质。要注重进行全方位的教育，克服过去教育内容中的单面性、片面性，注重对大学生呈现不同性质、不同类型的文化形态，提高大学生对各种文化的鉴别、分析和选择能力。在社会主义市场经济条件下，要将市场意识、竞争意识、效率意识、平等意识、民主意识、规则意识等这些适应市场经济发展的观念和素质纳入高校思想政治教育的内容体系中，增强其时代感和现实性。

二、新境遇给新时期高校思想政治教育带来的挑战

第一，经济全球化给新时期高校思想政治教育带来的挑战。

无论从客观现实的层面，还是这一客观现实所含纳的主观意图的层面，经济全球化进程都对我国的高校思想政治教育构成了严峻的挑战。在经济全球化背景下，西方的意识形态渗透获得了新的表现形式，手法不断翻新，而且越来越隐蔽，越来越具有欺骗性。西方国家借助与我国扩大文化艺术交流的机会，通过各种方式大力传播其价值观和生活方式。一些意志薄弱者或涉世未深者往往会深受其消极影响，甚至对西方价值观念产生盲目的崇拜，对中国特色社会主义信念产生动摇。从我国的高等教育来看，高校不仅面临着西方发达国家先进的科学技术和现代化教育水平的挑战，而且也面临着西方文化意识形态渗透的挑战，所谓的"普世伦理""全球伦理"对大学生的思想产生了不容忽视的影响。因此，在经济全球化进程中，我们在引导学生充分认识、吸纳一切有益的人类文明成果的同时，要高扬主旋律，注重理想信念教育，帮助大学生增强对各种西方社会思潮辨析、甄别和抵御的能力。

第二，社会信息化给新时期高校思想政治教育带来的挑战。

社会信息化使人们获取信息的条件发生了根本的变化，但由于西方发达国家在信息技术和信息传播制定方面处于主导地位，它们总是企图把这种信息优势同意识形态图谋结合起来，打着"信息自由"的幌子，对信息技术相对落后的国家尤其是发展中国家传播有害信息，力图使网络成为其实现政治图谋的新工具。加上英语是电子文本的最主要语言，互联网上大量的信息出自西方国家的英文信息，西方的一些发达国家正是利用这一优势，在传播文化信息和控制舆论导向的同时，也源源不断地将它们的价值观念和生活方式倾销给别的国家和地区。

信息化的进程，是人们获取信息的手段愈益先进、信源愈益广泛、信源愈益多样的进程，同时也是总体上愈益打破不同个体之间存在的信息获取级差的过程。如果说，在信息技术不甚发达的条件下，高校思想政治教育作为贯彻国家意志的一种有组织、有计划的系统教育活动，具有权威信源特点的话，那么，信息化的发展则已无情地打破了高校思想政治教育原有的权威信源的地位。信息传播愈益多元多样，教育对象接触不同倾向思想意识的机会越来越多，其信息摄取行为也愈益个体化、隐蔽化。信息化的进程缩减着思想政治教育者与教育对象之间的信息级差，促成二者之间在信息获取方面平等关系的形成，从而也促进教育对象平等观念、民主观念的形成和强化，当前，各种信息媒体特别是网络空前普及，那种由专门的思想政治教育者掌握话语权进行信息垂直传递的情况已成为历史。思维活跃、目光敏锐、善于独立思考、富有创新精神的大学生网民，在信息占有的数量、质量、速度等方面，甚至已经远远超过了思想政治教育者。这无疑大大影响了思想政治教育者的话语权和主导权。在这种情况下，思想政治教育者如何发挥自己在开放的网络环境中和整个教育过程中的主导作用，无疑是一个巨大的挑战。

第三，体制市场化给新时期高校思想政治教育带来的挑战。

改革开放以来，随着社会主义市场经济体制的建立和完善，一些反映时代特征和社会发展要求的价值观念对广大青年学生的思想和行为方式产生了积极而广泛的影响，但是市场经济的发展同时也给大学生的思想发展和高校思想政治教育提出了一些新的挑战。

一是随着社会主义市场经济体制的进一步确立和完善，国内社会的政治、经济领域发生了广泛而深刻的变革，出现了经济成分、社会阶层、利益诉求、生活方式的多样化，而这"四个多样化"又直接导致了社会阶层分化和人们价值观的多样化，从而对大学生及其思想政治教育产生了一定的冲击。当前，各种社会思潮应时而生，正确与错误相互交织，积极与消极相互激荡。我国意识形态领域呈现出多元化。

既有占统治地位的马克思主义，也有各种非马克思主义思想意识，还有反马克思主义的错误思想；既有社会主义的主流思想，也有资本主义的腐朽观念，还有封建主义的思想残余。社会思想的多样化反映了变化着的社会生活。但它们对社会理想、信仰、信念建设，对坚持马克思主义在意识形态领域的一元化指导地位提出了挑战。如何处理好价值观念多样化与马克思主义意识形态主导地位的相互关系，帮助大学生树立正确的价值观，这是市场经济条件下高校思想政治教育所必须解决的问题。

二是在市场经济发展过程中所暴露出来的一些弊端，对大学生的思想发展产生了消极影响。市场经济自身的弱点诱发的自由主义、拜金主义、享乐主义、利己主义不同程度地存在；国外资产阶级腐朽思想文化乘虚而入，我国长期存在的封建迷信和愚昧落后思想观念也会沉渣泛起。这就为高校思想政治教育带来了一系列新问题。比如，在以市场交换原则为主导的经济价值观成为一种强势价值观时，当金钱至上、享乐主义等价值观在社会思想领域发生深刻影响时，当转型时期部分党员干部进行权力寻租的腐败行为时，当市场力量逐渐冲击思想政治教育赖以存在和发展的原有经济基础、社会土壤和思想观念时，思想政治教育能否担负起激发大学生的精神动力、培养集体主义精神和高尚的道德情操的传统职能？思想政治教育的地位是否被市场经济所否定和消解了？思想政治教育是否在市场经济条件下完全失效了？如何重新定位思想政治教育的地位和作用？思想政治教育如何应对市场经济所带来的挑战？我们必须客观地评估和思考这些新变化给大学生的思想发展和高校思想政治教育所带来的影响，从理论上解答这些问题。市场经济自身的自发性、趋利性、盲目性，也诱发了一部分大学生的投机心理、功利主义倾向。如南方某高校大学生在校期间将主要精力放在炒股、做生意上，学习相对成了"副业"。在一部分大学生中存在着注重个人利益、轻视社会责任，追逐物质享受、忽视精神追求，讲求现实体验、轻视长远责任，崇尚个性解放自由、忽视社会规范等现象。在行为方式上，一小部分大学生也出现了诚信缺失、恶性竞争等现象。这些新的动向，也需要加以重视并进行正确引导。

三是市场经济的发展给传统的思想政治教育模式带来了挑战。随着市场经济体制的建立，这种僵化而单一的思想政治教育运行方式已经无法满足社会发展的需要了。特别是对于思维活跃、独立自主精神逐渐增强的大学生群体来说，这种思想政治教育模式必然会强化他们的逆反心理，在实践中归于无效。市场经济作为一种全新的经济运行方式，对思想政治教育运行模式提出了新的要求。思想政治教育的领导体制和运行机制必须进行改革。随着中国共产党在新时期执政形势、执政任务的新变化，党也必须根据市场经济体制下思想政治教育形势的新变化，改革思想政治教育的运行机制，建立一套与市场经济体制相适应的高校思想政治教育运行机制，整合社会各方面的教育力量和资源，形成思想政治教育的社会合力。

第四，文化多样化给新时期高校思想政治教育带来的挑战。

在 21 世纪，高校思想政治教育所面临的新境遇的突出特点之一就在于它的开放性、多元复杂性，各种不同性质的思想文化的相互激荡构成了高校思想政治教育所必须面对的思想文化大背景。

第三章　新时代高校思想政治教育的现代化转型

第一节　社会转型与思想政治教育现代转型

一、思想政治教育社会结构的改变

依据社会学社会转型理论，社会转型本质上是社会结构的转变。思想政治教育现代转型不仅仅是发展变化，而是结构性的转变。改革开放以来思想政治教育得到很大发展，取得十分可喜的成果，同时这种转变远远跟不上社会对思想政治教育的需要，远远跟不上思想政治教育面临的巨大挑战。

（一）时代变化

这里所说的时代，是指时代的主要特征。中国社会正在由传统向现代转变，同时出现后现代现象。中国的现实社会，是传统性、现代性和后现代性叠加存在的社会，但现代性处于主导地位。城市化、工业化以及科技、教育、知识、文化、理性、消费，以及人的因素、环境、生态、知识社会、信息社会、消费社会、风险社会、全球化或世界社会等因素成为社会的基本因素。

（二）社会变化

核心是社会结构的分化与转型。社会结构发生分化，大量社会要素本来具有内隐性特征，在社会上并没有占据位置，现在已成为显性因素，这些社会因素不仅在社会系统中凸显出来，而且占据重要位置，发挥重要作用。这是造成社会多样化的基础原因。

（三）力量变化

这是"权力的转移"。由体力到机器、由资本到智力，知识在现代社会的地位越来越重要，越来越成为重要的力量。这是社会和人对文化提出了更高要求，是知识因素对社会、人的影响，进而人和社会对思想政治教育提出要求。这些构成思想政治教育的客观环境。从社会视角看，思想政治教育由传统到现代的转型，是由中国社会向现代转型所致。

二、思想政治教育现代转型的提出

改革开放以来，随着社会条件的变化，思想政治教育不断进行改革创新，努力适应社会环境、对象需要和自身工作的需要，得到创新、发展和加强。特别是在高校系统，采取一系列措施，从学科建设到队伍建设，从课程建设到师资培训，从制度建设到机构设置，高校思想政治教育得到了明显加强和改进。但就社会环境而言，思想政治教育面临新的挑战，有些情况甚至比以往更加严峻，使工作变得更加困难。社会上存在否定思想政治教育的思潮，思想政治教育机构数量也在萎缩。高校有思想政治工作，因为高校的组织还是传统的，还组织政治学习。有的县市领导说，我们讲话，起草讲话，都是有依据的，任何一种提法要从上级领导人讲话、文件中找到依据。上级不讲的话，下级怎么能讲。

高校及各行各业在开展思想政治教育，实际效果受到很大的减损，这与缺乏必要的社会舆论与社会文化心理的支持有很大的关系。显然，思想政治教育需要相应的社会文化生态，只有社会子系统领域开展思想政治教育，与社会大系统领域思想政治教育文化做到相互呼应，才可能实现思想政治教育取得良好效果。改革开放前思想政治教育之所以有较好的效果，其重要原因就在于单位思想政治教育活动与社会政治文化形成一体，内外相互增益。在开放的社会环境中开展思想政治教育，这种增益更加必要，而事实是这种增益在弱化。

事实上，我们全社会在做思想政治教育，做了大量的思想政治教育。考察全社会，存在两种思想政治教育：①以思想政治教育名义开展的思想政治教育，②不以思想政治教育名义开展的思想政治教育。我们经常说，思想政治教育学科、专业、专职人员是中国特有的，具有中国特色；但是，思想政治教育事实上又是世界各国都在做。国外有思想政治教育，但不用思想政治教育的概念，使用了其他诸如政治社会化、政治教育、公民教育、道德教育等概念。与此相应，我国正在形成一种态势。思想政治教育事实上在做，各种各样的思想政治教育也做得很多，但许多人回避使用思想政治教育概念。社会上正在形成不用思想政治教育名义来做思想政治教育的某种文化。

三、思想政治教育结构转变

（一）思想政治教育现代转型

现代转型同样是思想政治教育结构的转变。思想政治教育结构本身是一个需要探讨的课题。本书认为，思想政治教育结构包括外部结构和内部结构两部分。思想政治教育是做人的工作，做人的思想的工作。这类工作不只是思想政治教育在做，其他社会活动，至少与人有关的社会活动都在做。有人的地方就有思想政治教育，人人都是思想政治教育对象，人人都是思想政治教育者，全社会共同来做思想政治教育，思想政治教育分为专职人员和兼职人员等，这些观点都是这种情况的体现。这表明，思想政治教育并不是思想政治教育一家在做，除此之外，还有许多社会主体在做思想政治教育。众多社会主体做思想政治教育所形成的关系，我们称为思想政治教育的外部结构，形成了思想政治教育的外部格局。在计划经济体制条件下，思想政治教育由党委来做，而党委宣传部门又是思想政治教育专门管理部门，全社会思想政治教育具有主体单一性和活动统一性的特征，构成思想政治教育单一格局。

改革开放以来，社会现代化造成社会多样化，这种多样化造成思想政治教育多样化。各种社会主体在社会中的活动，名义上并不称为思想政治教育，实际上具有思想政治教育功能，有些实际上就是思想政治教育。新出现的社会组织和活动（精神文明办公室及其精神文明创建活动、志愿者组织及其志愿活动、民间社会组织及其公益活动等），政府的思想文化功能也在新社会条件下突出出来，它们与原有组织及其活动（党委系统、工会、共青团、妇联等）共同构成新社会条件下思想政治教育新格局。显然，全社会的思想政治教育格局已经突破了过去宣传部门专门管理的局面，形成了多样化格局。

（二）思想政治教育内在转变

思想政治教育是一个系统，是由多种因素共同构成的整体。思想政治教育系统在社会现代化过程中发生变化，包括要素发育、要素之间关系的调整、整体形态的变化。例如，思想政治教育工作者要素，思想政治教育专职人员群体过去只有专职政工人员，主要是思想政治教育实际工作者，现在已经由专职政工人员、教师、研究工作者三类人员所组成。又如，思想政治教育科学化获得长足发展，设立了思想政治教育学科，建立了思想政治教育人才培养体系，形成了思想政治教育专家，发表出版了一批思想政治教育学术论著。思想政治教育要素之间的关系也在调整。首先是分化，整体性结构（要素）分化为功能分工明显的结构（要素），如对象、内容、机构；不同领域、不同层次、不同对象、不同内容的思想政治教育有了区分，不同层次、范围、对象、目的、任务，以及不同的地域、机构、社会组织的思想政治教育有了明显的区别。其次是调整关系，思想政治教育要素在思想政治教育系统中的地位和作用发生了变化。从思想政治教育整体形态来看，思想政治教育知识已经由经验形态向科学形态转变，思想政治教育的学术性、科学性、现代性初步呈现，思想政治教育科学性更加彰显，思想政治教育正在由传统形态向现代形态转变。

上述情况表明，思想政治教育必然要发生转变，而这种转变不是简单的变化和发展，而是转型。思想政治教育现代转型，①从思想政治教育与社会的关系来看，思想政治教育是社会的一部分，思想政治教育系统是社会系统的一个子系统，社会结构改变，思想政治教育必然会发生改变。反之，思想政治教育不改变，就会受到来自社会其他方面的压力，甚至被社会所淘汰。②思想政治教育自身也是一个系统，是结构性的组成。思想政治教育在社会转型影响下改变，必然促使思想政治教育结构的改变；而且也必须是思想政治教育结构的改变，若没有达到结构的改变，思想政治教育仍然不能适应社会，思想政治教育所受到的挑战或压力就得不到解除。思想政治教育应主动认识和推进现代转型，用现代思想政治教育发挥思想政治教育的作用，为社会提供智力支持、精神动力、思想保证和文化条件。

思想政治教育现代转型随着社会现代化而产生，社会现代化属于社会变迁。社会变迁有两种类型：一种是发展性变迁，另一种是转型性变迁。在发展性变迁情况下，社会变化基本上是由于社会变革所带来的显著、巨大的经济增长与发展所引发和促成的，是伴随着人们物质生活的不断充裕与富足而得以实现的，表现在生产要素的更新和生活方式的转变方面，诸如技术的更新与传播、贸易与市场的扩展、人口的自主流动以及社会的不断开放，它更多的是一种自在自为的社会过程。在转型性变迁情况下，社会变迁的根本成因在于社会结构和制度的转变与更新，在于各种社会关系和社会规则的转变与整合，表现在社会资源的占有与分配、身份地位和权力声望的社会构成的变化，尤其体现为价值意识即人的意识参与社会转变的社会过程。转型社会的变迁不仅要改造社会原有的社会组织格局，更是重新构建起新的社会组织格局，从而实现从旧秩序社会通过转型走向新秩序社会的变迁。这种社会变迁将是深刻的具有根本性的变革，它所带来的影响也是广泛和深刻的。思想政治教育现代转型属于转型性变迁，会带来非常深刻的变化。对此，我们应有预见和准备。

第二节　思想政治教育现代转型的思想冲突

一、政治主义倾向

思想政治教育是以政治为本质规定的活动，而政治是以人民利益为根本的政治活动。思想政治教育是政治性的活动，但不是仅仅在政治领域开展活动，在非政治领域也有思想政治教育活动；它有政治性的活动，但不仅仅是政治活动，更多的是结合其他活动开展活动。如果把思想政治教育理解为纯粹的政治活动，只在政治领域开展思想政治教育，那就成为政治主义。这种思想是对思想政治教育不正确认识的突出表现。有人僵化地理解思想政治教育中的政治，把这里的政治理解为政治领域、政治活动，把思想政治教育局限在政治之内、排除在其他工作之外。这样，把思想政治教育与经济等非政治领域隔离开来。

第一，思想政治教育中的政治是指思想政治教育的政治本质和政治主导，是指思想政治教育的核心价值观，思想政治教育为政治服务，说明思想政治教育有其自身的特殊规定性。"政治"是思想政治教育的本质规定，但不等于思想政治教育的活动领域和服务对象。

第二，这里的"政治"是指"政治性"。这里的"政治性"，主要指教育内容的政治性以及人们言行中的政治立场，它源于政治。

第三，这里的"政治"也指思想政治教育在社会实践活动的类型上是一种政治动员，具有很强的政治性、组织性和全局性。

二、纯粹主义倾向

这种观点把思想政治教育归之为纯粹的思想活动或精神活动。在这种观念支配下，把人的思想与人的活动、精神与物质割裂开来，把思想政治教育与制度安排、经济基础、文化建设、社会保障等隔离开来，把思想政治教育与其他业务活动分离开来。思想是思想，活动是活动；思想政治教育是思想政治教育，其他活动是其他活动。这些观点都是思想政治教育纯粹主义的表现。

思想不能离开人和人的活动独立地运动。思想政治教育的生命在于结合，贵在结合。结合其他工作开展思想政治教育是思想政治教育学的基本原理，体现唯物辩证法的基本思想，是理论联系实际的基本要求。精神不能离开物质，思想以物质为载体。结合其他工作"一道去做"是毛泽东思想政治教育的基本原理和基本经验，也是被实践证明必须遵循的思想政治教育基本原则。如果思想政治教育不能结合正在做的工作，只知道自己孤立地进行，思想政治教育实践活动就犹如无本之木、无源之水，这样的思想政治教育注定缺乏活力。

三、全能主义倾向

这种观点追求思想政治教育一呼百应的效果。人们有思想情绪，思想政治教育马上就能化解；举行理论报告会，要像文艺晚会那样有轰动效应；开展理论教育活动，企求人人参加和支持等。这些是追求思想政治教育一呼百应效果的体现，反映了思想政治教育全能主义倾向。由于社会变迁，情况变化复杂；文化丰富多彩，人们的选择更加自主多样；利益格局深刻调整，人们的利益实现方式呈现出层次性，冲突也不断增加等，思想政治教育再也无法出现曾经有过的辉煌景象。于是，人们对思想政治教育失去了耐心，出现否定思想政治教育作用的现象。这是思想政治教育领域全能主义倾向的另一种表现。现代社会是多样的社会，全能主义政治已不再可能，全能主义思想政治教育也不再可能，没有包医百病的医院和大夫。思想政治教育追求普遍认同，人人说好，这是做不到的。思想政治教育在很多场合应当结合其他工作去做，但并不是包办代替，企图发挥它不能发挥的作用。否则，就是全能主义，或者称为"万能论"。在思想政治教育问题上，要改变全能主义的观点。人们对思想政治教育形成有差异的看法实属正常。有人赞成，有人保留，有人甚至反对，都是正常现象。现代社会是分工日益精细的社会，每一个行业或职业都有自己特定的职能，有其发挥作用的界限。思想政治教育追求千篇一律，要求思想认识完全统一是不现实的。一种主张，大部分人积极认同，一些人等待观望，有些人反对，即多数人认同意义上的"统一思想"则是可能的，也是正常的。万能主义的倾向，不仅是那些贬低思想政治教育者要改变的，也是从事思想政治教育者要防止的。不要指望思想政治教育在前呼后拥的环境中进行，也不要以为思想政治教育能够代替物质、法律、制度、规范、文化、道德等因素的作用，思想政治教育只能做自己能做的事，只能做好自己能够做好的事，只能发挥自己能够发挥的作用。

四、形式主义倾向

这种观点把思想政治教育停留在形式上。现阶段思想政治教育的形式主义有新的特点，表现为用会议落实会议，用文件落实文件，用活动落实活动，用口号落实口号；从计划到总结，从总结到计划，思想政治教育存在难落实、不落实的情况。说是思想政治教育重在基层，贵在落实，实际上，"上层发号召，中层照转抄，基层不去搞"，思想政治教育停在口头上、文件上，悬在半空中，停在概念推论中。"说起来重要，做起来次要，忙起来不要"，成为某些区域、某些部门思想政治教育的现实写照。用社会管理、物质激励、花样翻新等代替思想政治教育；用新口号、新说法代替深入细致的说服教育；不注重讲实话，说有用的话；话说得很好听，但不实用不管用。看上去，思想政治教育从语言到形式年年有新花样，语言具有时代性，形式具有时尚性，甚至还具有文艺性，但实际上脱离思想政治教育最具有本性意义的属性。这些形式主义严重影响了思想政治教育的声誉。

中国出现形式主义，还有文化的因素。谈到北京奥运会期间到中国旅游，英国媒体曾这样介绍中国推行微笑服务，警察也要求微笑执勤。在中国，微笑并不意味着高兴，疑惑、紧张时也微笑。这大概反映了中国的现实，也说明中国文化中有形式主义因素。所以，谈到形式主义，中国文化本身就有这种因子。在这种情况下，要通过制度、文化等方面去调整。思想政治教育是全方位的社会实践活动，是一种社会建制，是嵌入社会体制中的活动。思想政治教育真正要做到"进入"，必须从领导体制到组织管理体制，从体制化建构到机制运行，从法规到政策，从内容到形式，从理念到思路，从专门到结合等，"全覆盖""全进入""全结合"，否则，无法改变形式主义。

第三节 高校思想政治教育现代化转型的机遇与挑战

一、高校思想政治教育现代化转型的机遇

思想政治教育具有全局性、时代性、开放性和交互性的特点，它必然随着经济全球化的发展同国际国内经济、政治、文化的发展紧密相连。全球化对我国高校思想政治教育提供了前所未有的机遇。

（一）全球化为思想政治教育营造了优越的环境

1. 优越的物质环境

全球化推动了新技术的快速发展，为各国之间的沟通交往建立了很好的平台；随着国家经济的快速发展和综合国力的提高，党和政府用于思想政治教育的资金逐年增加，教育设施得到很大改善，提高了教育者的工作效率。全球化的开放性，为思想政治教育者提供了先进的教育手段，理论资源得到了有效补充，开拓了思想政治教育的视野和思维，使中国思想政治教育者的效果更加显著。

2. 优越的政治环境

在全球化的趋势下，国际社会越来越成为一个不可分割的整体。各个国家都充分意识到自己的快速发展离不开其他国家的帮助，经济之间相互依存，共同发展，再次彰显了和平与发展的时代主题。中国的快速崛起，很快占据了世界一席之地，为思想政治教育提供了很好的国际环境，增强了说服力。法制建设的完善和政治制度的全面发展，也为思想政治教育的发展提供了优越的政治背景。

3. 优越的教育环境

全球化给思想政治教育的发展带来了丰富的资源和优越的环境，有利于思想政治教育的快速发展。资源的丰富充实了思想政治教育的内容，方法的多样弥补了教育措施的短板。面对新形势下的新问题，教育者要重新定位自己，在教育内容和方法上大力革新，采取多变的方法以不变应万变。同时要求教育者要以一种开放、平等的对话精神和学生进行沟通交流。

（二）全球化促进大学生思想政治观念不断更新

在经济全球化背景下，大学生处于一个空前开放的世界里，其视野得到进一步拓宽，封闭狭隘的旧观念逐渐被打破。他们思想更加活跃、自由和开放。他们比任何时候都关心国际国内形势的发展。国际竞争、全球问题、自主择业等唤醒了他们的全球意识、竞争意识、自我意识和进取意识。因此，他们的政治主体意识、平等权意识和人权意识进一步提高，对腐败的不满和对民主政治的渴求日益增加？这些变化无疑将推动高校思想政治教育工作朝着良性的方向发展。

（三）全球化为高校思想政治教育创新提供了条件

全球化是以科技全球化趋势为先导的，并且进一步促进了科学技术在全球范围内的发展。科学技术特别是信息网络技术，为全球化的迅速发展提供了必要的媒介和手段，也为思想政治教育工作提供了新的媒介和手段，思想政治教育工作的科技含量将越来越大。①信息技术特别是网络技术的发展，为思想政治工作的方式、方法的创新提供了现代化的手段，拓展了思想政治工作的空间和渠道。②全球化的发展为高校思想政治工作法律化、制度化奠定了基础。③全球化的发展促进了人们的参与意识，在这种意识的影响下，高校思想政治工作主体的自我参与意识也不断加强，传统思想政治工作中强制灌输和被动接受的教育方式正在弱化。④由于全球化所带来的开放环境，使各国文化交流空前频繁。这些都为思想政治教育打破封闭状态、探索新的方式方法提供了条件。

二、高校思想政治教育现代化转型的挑战

全球化是一柄"双刃剑"，就我国高校大学生的思想政治教育而言，全球化和科学技术的迅猛发展，不仅折射出高校思想政治教育存在许多问题和弊端，同时也给高校思想政治教育带来了前所未有的难题和挑战。

（一）全球化对高校思想政治教育环境的影响

1. 社会环境复杂化

从国际环境的变化来看，经济全球化以不可阻挡之势席卷世界的每个角落，中国也在其影响范围之内，它在带给中国经济巨大发展的同时，也带来了世界各国各式各样的思潮，给中国主流的意识形态和价值观念带来了严重的冲击，同时给思想政治教育的实施增添了难度。

从国内环境的变化来看，随着改革开放的不断深入，在社会生产力大幅提高，人民的生活水平得到很好改善的同时，市场经济下催生的利己主义、政治观念淡化、理想信念动摇、对建设有中国特色社会主义缺乏信心等因素给思想政治教育制造了新的困境。

2. 学校环境复杂化

中国在应对全球化趋势过程中，经历着四个挑战，"多元开放的挑战""多元经济的挑战""多元结构的挑战"以及"多元文化的挑战"。这些挑战在给中国加速发展的道路上起到帮助的同时，也给社会带来了弊病，致使学校教育环境复杂多样化，严重影响了思想政治教育的成效。

（二）全球化对高校大学生的影响

1. 马克思意识遭到削弱

在经济全球化中，意识形态的渗透和影响正在加剧。西方发达资本主义国家的一些政要在"全人类的共同利益"的幌子下，极力鼓噪经济全球化使意识形态的作用下降了，其目的是为了淡化社会主义意识形态，以便他们向社会主义国家进行意识形态渗透。在经济全球化的冲击下，西方发达国家的各种意识形态不断地渗透到我国高校大学生的头脑中，

马克思主义的意识形态在一些大学生头脑中被淡化，无视马克思主义意识形态的主导地位，甚至否认和敌视马克思主义指导思想，接受西方思潮的影响和左右，政治多元化意识、经济私有化意识和思想自由化意识在大学生头脑中滋生蔓延。所有这些都对高校思想政治教育提出严峻挑战。

2. 爱国主义情感淡化

西方意识形态影响的增强，将会对大学生的爱国主义情感的培养产生负面影响。经济全球化像洪水一样冲决了一切民族、国家和地区的樊篱，使国家疆界变得模糊，民族意识弱化，人们的理性逐渐被淡化。同时在经济全球化的程度不断深化的过程中，特别是网络信息和通信技术的发展，西方的各种价值观念无法避免，而其中的重视商业、追求感官享乐、个人主义等价值观的涌现，将会淡化一些青年学生的理性关怀和集体观念，从而弱化他们的民族意识和国家意识。在这种情况下，一些传统的爱国主义情感逐渐消逝，国家利益观念逐渐模糊，爱国情感逐渐淡化，对中华民族悠久历史和灿烂文化的情感冷漠，其民族自尊心和自豪感也会逐渐消退，这对高校思想政治教育提出了严峻挑战。

3. 信念教育被冲击

在全球化的今天，由于我国融入国际经济大潮中所带来的经济结构、利益分配、组织形式和就业方式等重大调整，以及各种非马克思主义学说和思潮的影响，使高校大学生的理想信念教育受到冲击，理想是精神的支柱，信念是奋斗的动力。一些大学生对社会主义信念和共产主义理想产生动摇，表现出对共产主义理想的极大茫然和悲观，而对西方社会的意识形态和社会制度却顶礼膜拜，甚至丧失社会主义和共产主义的真理信仰，相信愚昧落后的邪教，到封建迷信中寻找精神寄托等。

4. 思想道德被侵蚀

经济全球化带来了大学生思想的进一步开放。但是，由于大学生缺乏社会经验，其批判鉴别力不强，面对西方发达国家经济成功、大众文化和消费主义等扩张的强力诱惑，他们往往迷失其中，盲目效仿，削弱了爱国意识，淡忘了脚踏实地、勤劳简朴等传统美德。随着个人主体意识的觉醒，在处理个人与社会关系上，一些人更加看重现实的个人利益与发展，而忽视了国家利益和民族需要，从而失去了对群体、国家和社会的责任感，极易诱发极端个人主义面对形形色色的世界，许多大学生陷入困惑与迷茫，社会道德失控现象日益严重，大学生的道德滑坡并由此走向犯罪已成为突出的社会问题。

第四节　高校思想政治教育现代化转型的发展方略

一、高校思想政治教育现代化转型的理念创新

理念的现代化是思想政治教育现代化实现的前提，那就是，理念决定实践的方向和性质。因此，思想政治教育现代化首要的任务就是对思想政治教育理念进行全面反思，去除那些在思想政治教育理念中存在的过时和保守的思想，从僵化的观念束缚中解放出来，建立多维度的、开放的和创新的思想政治教育理念。

（一）树立开放性教育理念

全球化加速了各国文化之间的碰撞，世界上每一天都有不同的文化被其他的文化所影响、所同化。在中国，有很大一部分的人，特别是辨别是非能力较差的青少年群体，很容易受到西方资产阶级腐朽思想的毒害，西方国家通过电视、网络等多种手段，悄悄地实行自己的价值理念渗透计划，意图成为文化霸主。同时，网络的发展也使各种良莠不齐的信息充斥其间，给国民带来了很多负面影响。而社会主义市场经济的发展，也使得思想政治教育工作日益暴露于一个开放的环境之中，开放的社会环境固然有着广阔的发展前景，但也需要我们好好利用，不然必将给思想政治教育现代化的实现带来诸多障碍。

1. 创新教育形式

树立开放性理念，要求我们一方面要对传统的文化进行批判继承，保留其中优秀的部分，去除其中不符合时代的落后内容，其中最重要的就是保留思想政治教育课堂。然后，应当创新性地通过一系列的德育实践活动来增强受教育者的思想道德水平，活化思想政治教育课堂的教育形式，同时，要有目的性地寻找受教育者存在的问题，针对在思想政治教育课堂上新出现的问题和情况，尝试运用创新的理念和方法去解决，以开放性的理念看待问题、解决问题。

2. 坚持理念统一

思想政治教育受教育者的思想态势由于社会不断增强的开放性在发生着相应的变化，思想政治教育工作者应当摒弃自己的陈旧观念，学习新内容，掌握新方法，同时，要在树立自身开放性理念的同时，坚持主流文化主导性和鼓励受教育者多样化发展相统一的理念，不应当也不能限制受教育者的个性化发展，如果只允许存在主导性否认多样化，就会使受教育者由于个性使然产生强烈的抵触情绪，或者造成受教育者发展方向单一化的后果；同样，如果只注重多样化而否认统一性，那么思想政治教育就容易走上歪路，导致受教育者最终遭受挫折，削弱思想政治教育的实效。

（二）树立以人为本的教育理念

思想政治教育是关于人的社会实践活动，既然是实践，那就一定要讲究科学的方法，以人为本的教育理念是时代发展的产物，它主张将受教育者放在第一位，以受教育者作为教育教学的出发点，顺应受教育者的天赋，提升受教育者的潜能，完整而全面地促进受教育者的全面发展，尊重、理解、关心和信任的教育是必不可少的。

1. 确立主导地位

一直以来，理想信念教育都是党的思想政治工作的核心内容。一个人的理想信念教育，对他来说是非常重要的，我们提倡的坚持以人为本，并不会弱化思想政治教育，而是应当更加强化，要更加强化受教育者进行理想信念教育，要努力坚定理想信念和人生观、世界观、价值观教育的统领地位，培养受教育者的高尚品德。

2. 思想问题与实际问题有机结合

思想政治教育应当把解决思想问题与实际问题有机结合起来，才能体现思想政治教育的人本性。为何受教育者总是有思想问题产生，究其原因，是因为他的某些问题没有得到真正的解决。"思想政治教育者要为受教育者解决实际问题，以此来增强思想政治教育的说服力和感染力，激发受教育者接受思想政治教育的自觉性和主动性。既要有管理意识，更要有服务意识。"应该从提高管理水平和工作效率的角度来看，也应当站在为人民全心全意服务的立场上进行工作，让他们的心更加稳，让他们的心更暖，让他们的心更有归属感，多办好事和实事，要多去倾听受教育者的呼声，了解受教育者的情绪，关心受教育者的困难，要说真话，做实事，用真理的力量和人格魅力，晓以情理；同时，要加强对受教育者进行择业就业指导，增强学生的就业竞争力，要关心心理异常的受教育者，减缓他们的心理压力。

3. 积极进行自我教育

培养受教育者动手能力和自我服务的能力，构建和谐管理环境。建立有效的服务体系，改变受教育者被动接受教育和管理的状况，引导他们进行自我教育、管理和服务，为他们创造有利的成长环境，只有这样，受教育者才有他们的个性发展被着想，他们的自我实现被考虑的切身感受，从而产生强烈的归属感，并希望通过施展才干来实现自我价值，强化对自己认识和行为的责任感；在这种情况下，受教育者更易将规章制度内化成自觉行为，这对于促进受教育者人格的完善，全面提高受教育者的素质，无疑具有非常重要的作用。

（三）树立动态发展的理念

实现思想政治教育现代化是一个动态的发展过程，要求思想政治教育工作者用发展的观点去主动发现问题和研究问题，最终解决问题。传统思想政治教育无法取得较好的实效性是因为自身的封闭性和静态性所导致的，其没有明晰事物是变化发展着的这一哲学基本原理，实现思想政治教育理念的现代化，要求思想政治教育工作者要熟读马克思主义基本理论，特别是其中对发展理论的阐述，同时，还要深刻认识科学发展观这一重要理论，这两个方面是其进行思想政治教育工作所必须拥有的理念。故步自封是无法取得任何发展的，传统的思想政治教育针对性、吸引力不强，往往是大笼统，没有针对性与个性化，只有以发展理念作为自己行动的指针，才能更好地做好思想政治教育工作，增强其实效性。

二、现代化思想政治教育转型的内容创新

（一）坚持正确的教育观

世界观、人生观和价值观，就是人们思想的总开关，人们思想的先进性取决于这"三观"是否正确，三者是一个有机的整体，有什么样的世界观就有什么样的人生观和价值观，人生观、价值观是世界观的重要组成部分，又是它的具体体现。

大学时期正是大学生价值观形成的重要时期。高校思想政治教育必须面对新情况、新问题，正确把握全球化对大学生思想的影响，并采取相应对策来教育和引导大学生形成健康向上的世界观、人生观、价值观。在积极参与全球化的进程中，高校思想政治教育应旗帜鲜明地廓清文化全球化的危害性，对西方各种思潮、价值观念的涌入和渗透保持高度的警惕，要根据国际政治、经济、文化发展最新特点和学生思想动态的实际，加强马克思主

义基本理论教育，培养学生正确认识西方的自由、平等、人权、法治等思想，正确区分资产阶级价值观和无产阶级价值观。进行弘扬科学精神的教育，树立科学理念，杜绝迷信活动和迷信思想的传播；加强社会主义核心价值观教育，对学生进行奉献精神教育，培养学生的集体观念和全局观念；坚持理想信念教育，把树立坚定正确的政治方向作为思想政治教育的核心；贯彻以人为本的教育思想，根据大学生的身心规律和特点塑造学生的思想品格与卓越人格，并最终使大学生形成正确的世界观、人生观和价值观，使大学生保持自身思想和道德的正确性和先进性。

(二) 培育民族精神

时代背景的变化使我们感受到大学生的民族精神培养和爱国主义精神教育与以前有了很大的不同，新的时代背景下对大学生的民族精神培养和爱国主义教育提出了新的要求。民族精神是一个民族在长期的生产和生活实践中形成与发展的为大多数成员所具有的内在品质、心理特征、精神风貌、价值取向和人生追求。青少年是弘扬与培育民族精神的重点人群，因为他们是祖国的未来，对于青年中受教育程度较高的大学生，更是弘扬与培育民族精神的重中之重。为了加强对大学生的思想政治教育，抵制西方发达国家的"西化""分化"政治阴谋的影响，坚持引导大学生弘扬与培育民族精神，对大学生进行爱国主义教育、理想信念教育、艰苦奋斗教育、健全人格教育，增强大学生的民族自信心、民族自豪感和民族凝聚力，进而确立科学的人生观、世界观、价值观具有极为重要的现实意义。

(三) 强化集体主义教育

有人认为，全球化是以市场经济为基本特征的，而市场经济强调的是市场主体的各自利益，为人民服务和集体主义的精神已失去意义。还有的人认为，为人民服务和集体主义是对党员和领导干部的要求，在市场经济时代，向广大公民提这样的要求，太脱离实际。这说明，部分学生对为人民服务和集体主义教育的认识是模糊的。

为人民服务是无产阶级的价值观，是社会主义道德建设的核心；人是社会的人，每个人必须在社会中才能存在和发展。因此，集体主义不但与社会主义市场经济相契合，而且是社会主义市场经济的客观要求；为人民服务和集体主义是社会主义经济基础和发展社会主义市场经济的必然要求；当代大学生只有树立为人民服务和集体主义思想，才能在经济全球化的迅猛发展过程中，才能在社会主义市场经济条件下，自觉抵制极端个人主义、享乐主义等腐朽思想，把个人理想、抱负与国家、集体利益统一起来，在为国家和人民的奉献中，充分实现自我价值。

三、高校思想政治教育现代化转型的方法创新

面对错综复杂的新形势新问题，我国高校的思想政治教育如果简单地沿用以往的老方法、老套路，就难以收到良好的效果。因此不断转变和创新思想政治教育工作的方式和方法，努力增强思想政治教育工作的针对性和实效性，才能使其紧跟时代的步伐，真正发挥教育人、引导人的作用。

（一）促进自我教育

自我教育是思想政治教育的一种方法。所谓大学生自我教育是指在高校思想政治教育要求的影响和启发下，思想政治工作对象发挥自主因素进行自我认知、自我调控和自我发展的思想和行为的教育活动。自我教育理念下的高校思想政治教育实践，是一种创新实践，是教育理念的全新变革，是以学生为中心、以个体发展和完善为目的的教育。探索一条以自我教育为核心的思想政治教育模式，是一种方法上的突破。引导学生进行自我教育，就是在政治、思想品德方面，帮助学生学会正确地认识自己和评价自己，培养学生自我协调、自我控制的能力，进而把自己放在一定的社会关系中，在与社会的相互交往中，实事求是地评价自己，坚持好的，修正错误的，使自身修养得到不断地升华。

（二）多种方法相结合

1. 心理咨询法

主要是指在思想政治教育过程中运用心理学的知识和方法，通过形象生动的表述，借助科技成果的帮助，使受教育者的心理产生影响，从而在认知和情感上发生变化，消除心理障碍。心理咨询的结果就是帮助咨询对象重新认识自我、接纳自我、实现自我的发展，心理咨询运用激励的原则，在思想政治教育中发挥着重要的作用。改革开放后，随着经济、文化的交流以及外来思潮的涌入，一些大学生产生了不良的反应。由于学生自控能力低、思想意识形态尚未成熟，因此，在外来文化面前，一些人很容易被错误的思潮左右，他们有的厌恶学习、行为过激，甚至憎恶社会，对社会的安全构成威胁，这些都是病态的反映。这时，采用心理咨询法，让他们辩证地去看待问题，告诫他们不能因为一时的失利产生错误的想法，从而有效地对学生加以引导，使他们回归到正确的轨道当中来，努力在社会主义建设中实现自我。

2. 冲突缓解法

主要是指针对受教育者由外而内的矛盾和冲突，通过建立健全化解机制和宣泄渠道，使教育对象产生正确的思想认识和平衡的心理态度。冲突缓解法具体可以分为缓解和处理两种方式，其中缓解又一分为二，分别为事态缓解与矛盾缓解。①事态缓解是指在任何冲突发生之前，都会有事前预兆提示，我们要在有征兆苗头出现的时候，就将其解决，以免事态扩大、不可控制。②矛盾缓解是指在冲突发生过程中，采取疏导、分流、调整、疏通、宣泄、转移等方式来疏导对立情绪，改善紧张局面。事态处理是指在矛盾情况发生后要果断采取措施，它要求严格的时间性，即在短时间内将问题处理和解决，这种情况往往针对那些有严重后果、不容耽搁的紧急状态。采用的方式多为切断源泉、紧急求助等方式。

冲突缓解法和心理咨询法是依据不同的困境产生方式形成的有效解决方法。只有将两种方法进行有效的结合，才能更好地改善受教育者的心理状况，使其能够正确地对待困境、走出困境。

00后大学生，是复杂的、不易琢磨的一类群体，自主、自立、轻易间不易改变、坚持自我、钻牛角尖等现象都是现代大学生所特有的，当前大学生刑事案件时有发生，不得不引起我们足够的重视，这就给思想政治工作者带来了严峻的挑战，督促他们采取合理有效的手段，对出现的问题及时加以控制。

3. 实践锻炼法

主要是指教育者积极引导受教育者参与社会实践活动，受教育者在改造客观世界的过程中提升自己的主观意识，不断提高自己的思想觉悟和认识能力，培养正确的世界观和价值观。实践锻炼法包括社会服务、技能参加、社会考察等活动。社会服务是运用自己的智力、体力和技能，为人们提供帮助、解决困难。社会服务活动的过程，使服务主体能够更加充分地感受到社会的正能量，能够更好地帮助服务主体朝着正确的方向行进，这项活动在今后解决问题、处理矛盾、调整社会关系等方面都有一定的促进作用。技能参加就是将人的体力与智力参与到自己对口的活动中并加以锻炼。在技能比赛过程中，能够使人得到综合能力的提升，领悟到团队合作的向上精神，既能解决能力范围内遇到的困难，又能有效帮助他人摆脱困境。社会考察是人们认识社会、探索社会的重要途径。在社会考察当中，我们可以接收到多种多样的锻炼，可以得到各种各样的学习，这是一条最丰富的学习途径，能让人的能力得到全面的提升，思想得到更大的进步，从而在处理多变的问题时，能够正确灵活应对。

4. 自我教育法

主要是是指受教育者通过自我学习、自我锻炼、自我反思的方式，主动接受正确的引导，形成良好的价值观和世界观：在思想政治教育过程中，学校教育是一种外在的培养形式，最终还是实现自我教育的目标，内化成学生自己的个体品质，才能在某种意义上，实现思想政治教育的真正作用。自我教育主要包括自主学习、深刻反思、严格自律等，要更好地实现自我教育，集体活动是一个很好的教育载体，通过集体活动，在集体中接受反思，接受教育，能够时常全面认识自己。通过自我教育这种方法，受教育者可以自觉地摒弃不良思想；自觉遏制不良行为的发生，能从根本上解决问题。

5. 显性方法

主要是指具体施用在受教育者方面的活动。教育者为了受教育者的改变，采取直接面向受教育者的引导方式，通过最普通最直接的言传身教，和学生之间平等的互动，达到思想政治教育的目的，学生实现向好的方面改变；或者是和学生参加某种活动，参与过程中一起探讨活动的目的和意义，让学生受益匪浅，使他们在社会活动中，敢于担当责任，敢于面对问题，敢于合理解决问题，实现自己的人生价值。

6. 隐性方法

主要是相对显性方法的一种隐蔽的教育方式，它的教育活动形式不直接面对受教育者，而是教育者将有目的的教育内容运用到喜闻乐见的教育载体上，使受教育者间接地接受教育的过程。教育者在实施教育过程中，可以带领学生多看一些有教育意义的纪录片，让学生在观看的过程中，汲取影片中的教育成分，潜移默化地引导学生正确认识问题和处理问题；此外，教育者在批评某些学生的时候，尤其那些深受错误思想影响的学生，要采用正确合理的有效方法，可以把受教育的学生与拥有正确观念的学生放在一起，通过对两者思想观念的讨论评价，达到教育的目的。

长期以来，大学生深受国外错误观念的影响，导致在现实生活中表现出道德冷漠、逃避责任和诚信缺失等问题，在学习态度上，表现出对高校思想政治理论课的厌恶和反感，使高校思想政治教育的效率大大减弱。为了解决这一问题，思想教育者付出了多倍的努力，他们既不否认单个教育方法具有的特色和功能，也不完全认同独立方法的教育效果，而是将二者有机结合起来，使其互相补充、互相促进、互相影响。从而更好地开辟德育渠道，实现德育应有的积极作用，探索出具有中国特色的思想政治工作方法。显性教育与隐性教育作为高校思想政治教育的两个主要途径，他们的有效结合，更能发挥思想政治教育的效果，越来越得到人们普遍认同。

（二）运用新兴工具开展思想政治教育工作

1. 利用网络开展教育工作

网络的出现和发展，虽然给高校思想政治教育工作带来了难度和挑战，但同时，也为教育工作提供了更先进的条件、方法和渠道。通过网络，教育工作者可以快捷、准确地了解大学生的思想状况、关心的热点问题，并能及时与学生进行沟通和解决。因此，高校思想政治教育工作应当充分利用网络资源，采用加强网络信息管理、开设思想政治教育网站、建立思想政治教育信息资料库、有效利用微信、微博等方式，循循善诱、正面引导，扩大思想政治教育工作范围，提高高校思想政治教育工作的影响力和渗透力。

2. 运用新媒体开展教育工作

目前，以互联网、微媒体为代表的新兴媒体已实现对大学生的全面覆盖、全程融入，上网成为当代大学生一种重要的学习方式和生活方式，因此互联网络也为开展高校思想政治教育工作提供了新手段、拓展了新空间。尽管当前高校已经认识到了网络这块思想政治教育新阵地的重要性，并且也建立起了各类内容较为丰富的网络学生思想教育专题网站或者思政教育网络版块，但是这种网络教育更近似一种单向的网络宣传的形式，而双向的互动交流则相对缺乏。高校需要继续高度重视网络思政教育阵地的作用，尝试改版和完善各类学生工作网站，充分利用微信、微博等新型传播介质，要在要求全校政工干部在网络背景下不断研究新情况，解决新问题，总结新经验，发现新规律的基础上，积极利用这些新兴媒介和环境同大学生进行双向信息交流，加强信息反馈，主动占领这一新型思想政治教育阵地，提高思想政治教育工作的时代感与实效性。

因此，在全球化背景下，高校思想政治教育关系到高等教育改革发展，关系到人才培养的质量。高校思想政治教育必须以马克思主义立场、观点和方法为指导，坚持正确的原则，明确基本思路，革新基本方针，更新教学内容，创新教学方式，努力构建新的工作机制和方法体系。

（三）打造特色校园文化开展教育工作

大学生是我国思想政治教育受教育者的重要主体之一，构建特色的校园文化，优化思想政治教育环境，对提升思想政治教育实效，促进思想政治教育现代化有着重要作用。中共中央、国务院《关于进一步加强和改进高校思想政治教育的意见》中"育人为本，德育为先"新理念的提出，使我们对德育工作极端重要性的认识进入了新境界。教育工作者一定要站在新时代的高度，把思想和行动统一到中央精神上来，进一步增强做好德育工作的重大使命感、责任感和紧迫感，激扬豪情，凝聚力量，抢抓机遇，乘势而上，切实推动高校思想政治教育再上新台阶。

全面贯彻落实习近平新时代中国特色社会主义思想，积极推进和谐校园建设，坚持以人为本、德育为先和贴近实际、贴近生活、贴近学生的原则，充分发挥党政团干部、思想政治理论课教师、辅导员队伍的作用和党、团组织、学生会、班级、社团等组织优势，通过组织开展丰富多彩的主题教育活动，不断提高思想政治教育的针对性、实效性和吸引力、感染力，努力培养德智体美全面发展的建设者和接班人；通过思想政治理论课、举办知识讲座、培训会、交流会、研讨会、形式政策报告会、开展社会实践和文体活动、张贴宣传画或宣传材料、开展心理健康咨询等多种形式，突出主题，让学生在学习、生活等方面时时处处受到教育，努力打造良好的校园文化：

1. 加强建设

规范和活跃团总支、团支部工作，修订和完善团的工作考核制度，发挥团员的先锋模范作用和支部的战斗堡垒作用，用"党校""团校"的阵地作用，做好学生入党积极分子的培养教育和优秀团员推优入党工作。

2. 加强宣传

充分发挥校园广播站、报栏、黑板报、校园网络、学生记者站、学生报等宣传工具的作用，营造良好的校园文化氛围。加大对外宣传力度，及时向省、市高教工委、团市委、市委宣传部报送信息。加强与新闻媒体联系，积极向电视、报纸投稿，大力宣传学校，不断提高学校知名度，扩大对外影响，促进学校发展。

3. 加强学习

通过组织学术专题讲座、学习报告会、优秀学风奖、奖学金评选、组织师生座谈会等活动，激发学生学习热情，克服厌学情绪，增强学习的自觉性。

4. 完善社团

不断研究探索社团发展的规律，鼓励、支持、引导成立更多内容丰富、形式多样的学生社团，进一步规范社团管理，健全各项社团管理规章制度，增强对各类学生社团的宏观管理和引导，发挥学生社团在校园文化建设中的主力军作用。

5. 加强心理教育

进一步完善心理健康教育各项制度和工作场所，成立学院"心理健康教育委员会"，在班级设立心理委员，开展"心理健康教育月"活动，对学生的心理健康状况深入了解和测量，高度关注和帮助那些家庭经济困难的学生、有心理疾病的学生及其他有困难的学生，建立基本档案，关注他们的生活、学习、心理、就业。

6. 加强安全教育

开展安全教育月活动，通过学习《安全知识手册》、举办安全知识讲座、安全知识竞赛、安全大检查、紧急情况逃生演练等活动，让学生掌握必要的安全常识，不断提高安全意识和自我救助能力。

四、高校思想政治教育转型机制创新

（一）决策、管理机制创新

在思想政治教育过程中，思想政治教育工作者的工作决策和对受教育者的管理对整个教育活动有着非常大的影响，决策的合理与否、管理的科学与否，都对思想政治教育的实效有很大程度的决定作用，因此，必须要实现思想政治教育决策和管理的现代化。

其一，要建立决策和管理的控制机制，在思想政治教育过程中，要对思想政治教育过程中的稳定因素加以保持，对其中的不稳定因素进行分析研究，并使其能够稳定发挥作用。任何决策和管理都应该做到让思想政治教育整个实践活动变得更具有稳定实效性，控制好其中的每个部分功能。

其二，要建立决策和管理的激励机制。思想政治教育工作者应当将激励融入思想政治教育的决策和管理机制中去，并且努力践行，提高受教育者的主动性和积极性。

其三，要建立决策和管理的系统性，在对思想政治教育实践活动做出相关的决策和管理之前，应当考虑到整个实践活动的整体性，发挥其整体功能大于部分相加之和的功能，使思想政治教育活动取得最大程度的实效。

（二）运行机制创新

思想政治教育的运行与结构机制决定了其教育活动的运行能否顺利、效果是否良好等因素，一个合理而科学的运行体系能够更好地发挥思想政治教育机制的系统功能。

1. 要优化运行主体

要加强思想政治教育工作者的理论功底，提高他们的思想道德水平，进而全面提高其综合素质，一个好的教育者是思想政治教育实践活动取得成功的一半，发挥思想政治教育工作者的先锋模范作用，有利于更好地激励受教育者的积极性和主动性，促使他们配合工作。

2. 要优化运行方式

思想政治教育工作者要坚持从实际出发，实事求是，在尊重客观规律的基础上发挥主观能动性，站在受教育者的立场为他们着想。同时，要打感情牌，增强与受教育者的联系，打造亦师亦友的关系，提升受教育者的归属感和认同感。

3. 要优化运行目标

从结果入手，将思想政治教育实践活动中其他无关的因素和虚幻目标予以剔除，明确目标的指向性，再从过程出发，充分考虑思想政治教育实践活动中的各项影响因素，抓住主要矛盾和矛盾的主要方面，确保教育活动的顺利开展。

4. 要建立起预警和应急处理机制

思想政治教育各个工作部门都应该成为受教育者思想动态和生活状态的动态监控点，及时搜集并记录受教育者的信息，供思想政治教育评价部门做参考。应建立一支由分管领导牵头、其他部门为支撑，思想政治教育者为基础的信息预警体系，随时反映受教育者中的热点问题，及时发现影响安全和稳定的因素，与此同时，建立一支各部门共同参与、骨干积极配合的网络监控队伍，对受教育者的网络言论和动态进行实时监控和引导。

（三）成效评价机制创新

思想政治教育活动能否取得预定的目标，需要靠教育活动的反馈和完整的评价机制来判定，后者对于思想政治教育现代化来说是非常重要的，因为取得思想政治教育效果是开展教育活动的最终目的，其目标是否达成、达成的程度如何，对后期思想政治教育活动的开展有着重要的标榜作用。建立一个现代化的思想政治教育评价体系，是使思想政治教育能够更科学、更严谨的客观要求。由于现行的思想政治教育评价体系面临诸多困境与瓶颈的制约，我们应积极探索评价体系的重构问题。

1. 构建评价体系

（1）自查自评

教育者和受教育者要进行自查自评，按照指标体系和要求，根据自身的工作重点，有针对性地通过走访、座谈、问卷调查、阶段总结、自我反思等形式进行自查自评。定期向所在思想政治教育工作领导小组提交一份自查自评报告。

（2）平时督查

加强对受教育者平时情况的督查，思想政治教育工作部门要按照指标体系和要求，加强平时的督促检查，督查情况、落实结果，存在的问题要逐一详细登记，按时进行小结，作为思想政治教育成效评价的重要依据。

（3）民主评议

思想政治教育工作部门分别对教育者进行考核，同时要抽取一定数量的受教育者参与到这个评价过程，对各单位思想政治教育工作开展情况进行评议。

2. 科学的评价思想

（1）要高度重视思想政治教育工作

思想政治教育工作部门要坚持"育人为本、德育为先"的方针，牢固树立"全员育人、全过程育人、全方位育人"的理念，按照"常规工作抓规范、重点工作求突破、创新工做出特色、整体工作上水平"的工作思路，坚持"平时考查和年终考核相结合、工作考核与民主评议相结合、自查自评与统一考评相结合、狠抓落实与积极创新相结合"，通过思想政治教育工作考核评议办法的贯彻落实，进一步完善"党委领导、小组协调、系部为主、部门配合、骨干引领、全员服务、主体自觉、师生互动"的思想政治教育工作评价机制，逐步建立起"指标明确、主体参与、着眼平时、注重建设、程序规范、突出实效"的思想政治教育工作考评体系，不断提高受教育者思想水平。

（2）要切实加强常规性工作和平时督促检查

要正确认识和对待考评工作，考评是手段，促进工作是目的。思想政治教育工作部门要进一步规范日常工作制度，强化岗位职责，坚持抓好党团组织与干部队伍建设不放松，做到常规性工作不断线、无缺口，杜绝常规工作的随意性、盲目性。各被考评单位和人员要把精力更多地用到扎扎实实地做好日常的教育管理工作上。认真做好平时督查工作，及时发现问题、分析问题、解决问题，并准确记录督查情况与结果，以促进工作落实，为考评提供可靠依据。

（3）要努力抓好重点性工作和创新性工作

思想政治教育工作任务艰巨、责任重大。要善于抓重点，解决好难点和热点问题：认真学习宣传贯彻党的十八大精神，深入开展中国特色社会主义理想信念教育，是当前思想政治教育的首要任务和重中之重，要采取有效措施抓紧抓实与受教育者切身利益密切相关的生活服务保障工作及权益维护，这是当前思想政治教育工作的热点，必须从育人的高度抓实抓好。随着信息时代的到来和社会的日益开放，受教育者的成长环境日益复杂，思想政治教育工作面临的课题也层出不穷，特别是理想信念教育、心理健康教育、网络思想政治教育等领域的问题给我们提出了新的挑战，对此必须加强调查、深入研究，在理论和实践上积极创新，要注意在创新实践的基础上总结升华理论性的成果，并将其应用到新的工作实践中，从而实现工作机制的创新。

（4）要严格考核评议程序

严格按照考评实施办法做好考评工作，确保考评的客观性、真实性，考评结果要公开，拟表彰的先进集体和个人要公示，以确保考评工作的公平、公正，考评工作人员要遵守考评纪律，本着实事求是的原则，客观、认真地对考评对象进行考评，不得借机报复，不得徇私舞弊，一经发现，严肃查处。思想政治教育现代化不仅是思想政治教育自身发展的时代要求，而且是思想政治教育发展的本质需要，其离不开思想政治教育理念、内容、方法、机制现代化的实现。在理念上要坚持以人为本，树立开放和发展的理念，是思想政治教育现代化的重要前提；思想政治教育现代化的内容应当包括科学发展观、社会主义核心价值体系等教育内容。

第四章　新时代高校思想政治教育立体化模式分析

第一节　高校思想政治教育立体化模式的理论研究

一、现代教育理论

高校思想政治教育立体化模式构建具体体现在教学观念上，要体现出现代教育新理念和新思想，用新的教育理念和思想指导立体化教学活动。思想是行为的先导，改进思想政治教育，必须首先更新思想政治教育观念。思想政治教育作为一种有目的、有指向的、社会的、文化的活动，更加突出地受到思想观念的支配。过时的、保守的教育体制和方式，往往凭借过时的、保守的思想观念维系而习惯地持续下去，对反映时代特征的教育内容和手段，也会按过时的、保守的思维方式给予裁定和阐释。构建主体性思想政治教育模式，必须以观念更新为先导和动力，以创新精神更新教育观念。

（一）确立统一价值观

由于受传统"社会本位说"的影响，在思想政治教育领域存在着片面的"唯社会价值观"，人为地把社会价值与个人价值对立起来，过分强调社会价值，忽视甚至否定个人价值。在这种思想指导下，思想政治教育目标只强调社会要求，忽视甚至否定个人的内在需要；思想政治教育功能只重视思想政治教育在促进社会发展方面的社会功能，忽视甚至贬低思想政治教育在促进个人发展方面的个体功能，致使思想政治教育难以吸引受教育者的积极参与，因而收效不大。事实上，人是社会发展的手段，更是社会发展的目的。思想政治教育通过培养具有主体性的人来促进社会发展，而社会发展的最终目的也是为了人更好地发展。社会价值与个人价值是辩证统一的，如果割裂二者的关系，片面强调一方而忽视另一方，其结果，不仅人的主体价值得不到发展，人的社会价值也得不到充分体现。因此，在思想政治教育工作中必须克服片面的"唯社会价值观"，确立社会价值与个人价值相统一的科学价值观，在满足社会发展需要的前提下，充分尊重和兼顾个人的内在需要，促进社会价值与个人价值协调发展。

（二）确立任务观

思想政治教育的最终目的不仅在于为教育对象提供理论的灌输，更重要的在于教育对象能在生活实践中践行思想政治品德行为。因此，培养人的主体意识、主体能力是思想政治教育主题的应有之义。我们必须克服片面的只灌输社会规范的任务观，同时，也要防止忽视甚至否定社会灌输规范的倾向，确立灌输社会规范与培养能力和发展个性相统一的新观念。

1. 政治教育的导向性

政治教育是一定阶级和社会依据一定的政治思想和政治规范对受教育者施加影响，以帮助受教育者树立正确的政治方向、政治立场、政治观点、政治信念、政治态度，即实质上培养政治信仰的教育。政治教育的具体内容主要有党的基本理论、基本路线和基本纲领教育，理想信念教育，爱国主义、社会主义教育，形势与政策教育等。在思想政治教育内容体系中，政治教育始终居于主导地位，是思想政治教育的导向性内容。①政治教育具有鲜明的政治性和阶级性，政治教育总是同党的意志紧密相连，传播一定的政治思想和政治主张，从而从根本上发挥引导人们思想和行为的作用。②政治教育贯穿思想政治教育的始终，对思想政治教育过程和思想政治教育其他内容起着指导和支配作用。③政治教育指引思想政治教育沿着正确的方向发展。马克思主义理论教育对思想政治教育具有总的方向指导作用，理想信念教育是思想政治教育的核心内容。

2. 思想教育的根本性

思想教育是依据一定的哲学思想及其方法论对受教育者施加影响，以帮助受教育者树立正确的世界观、人生观、价值观以及思维方式的教育。思想教育主要包括科学的世界观、人生观、价值观教育，艰苦奋斗精神教育，马克思主义唯物论、无神论和科学精神教育，创新精神教育等。它通过引导人们对人类社会发展规律的认识和理解，使人们形成科学的世界观、人生观、价值观，具有正确的理想信念、科学的思维方式和开拓创新精神，为人们认识世界和改造世界提供根本的思想方法和强大的思想武器，为政治教育、道德教育、法纪教育和心理教育提供价值理念支撑和世界观、方法论基础。其中，世界观、人生观、价值观教育是思想教育最根本的内容。

3. 道德教育的基础性

道德教育是将社会的外在要求内化成人们的道德观念、道德情感和内心信念，再外化为具体的行为，目的是培养人们良好的道德品质和高尚的道德情操。道德教育是依据一定的伦理思想和道德规范，对受教育者施加影响，以帮助受教育者培养良好的道德品质和道德人格的教育。道德教育主要包括社会公德、职业道德、家庭美德教育，中国传统道德教育，社会主义人道主义教育以及生态道德、网络道德教育等。道德教育是思想政治教育的基础。

4. 法纪教育的保障性

法律、纪律与道德都是调整或制约人们行为的准则和规范，它们在社会功能上相互补充、相互凭借。法纪教育是对受教育者进行社会主义法制和纪律教育，培养他们具有法律观念和遵纪守法的品质，知法、懂法、守法，并且学会用法律武器保护自己的合法权益。法纪教育主要包括社会主义法制教育、纪律教育以及社会主义民主教育等。法纪规范是政治规范和道德规范实施的保障性力量，法纪教育在政治教育和道德教育的实施中起着重要的保障作用。

5. 心理教育的前提性

心理教育主要包括青春期教育、心理健康教育、意志品格教育和个性品质教育等。现代思想政治教育是一种涉及人们认知、情感、意志和信念的特殊社会活动，必须以心理教育作为起点和前提。在政治、思想、道德和法纪教育的过程中，人的心理状况始终起着维持、调节和统合的作用。心理教育就是通过对人们良好心理素质的培养，使人们形成健康的心理品质，为思想政治教育其他内容的实施提供赖以依靠的基础和平台。思想政治教育内容是一个由多层次要素构成的系统，这些内容相辅相成，共同构成思想政治教育内容系统主次分明、和谐统一的整体。

事实上，思想政治理论课教育教学的最终效果不仅在于学生是否真正掌握了课程的基本知识，是否认同了社会主义核心价值体系，更重要的还在于学生是否学以致用，身体力行，用科学知识来指导自己的言行举止，来判断事物的是非曲直。因此，思想政治理论课的评价体系要以"知"为基础，以"行"为归宿，实现"知与行"的统一。在教学主体上，倡导教师的主导性和学生的主动性教学观，确立教育者和受教育者辩证统一的"双主体"观。我国在过去较长的时间里，在思想政治教育中主张片面的唯教育者主体观，而忽视受教育者在思想政治教育中的主体性，把受教育者仅视为消极被动地接受教育的客体，导致了思想政治教育中不可避免的命令主义、强制压服和单向注入，严重地挫伤和压抑了受教育者在思想政治教育中的主动性和积极性。这也是思想政治教育在较长时间出现实效不明显的重要原因之一。

看学生的主体作用、教师的主导作用及其相互关系。所谓学生的主体作用是指学生在思想政治理论课教学中充分发挥出了各自的主观能动性和学生所特有的学习活力、创造力，在教师的指导下，能积极主动地参与教学，积极主动地自学和完成课外作业，积极主动地以正确的世界观、人生观、价值观指导自己的行动。所谓教师的主导作用，包含有主持、指导、导向等作用的意思。教师作为教育者，在思想政治理论课教学的整个过程中起着主导的作用。思想政治理论课教师的主导作用主要表现为：

第一，思想政治理论课教学的主持者、组织者和责任人，负责其主讲课程的全部教学活动的总体规划设计，同时也要做好其中每一次教学活动的具体组织安排，包括教学活动的目的、内容、方法及具体步骤等，都应由教师负责确定。

第二，思想政治理论课教学坚持正确方向的导向者，负责保证思想政治理论课教学坚持党性原则，坚持以科学的理论武装人，坚持以正确的思想指导教学内容和方法的不断改革更新，及时纠正思想政治理论课教学中可能出现的种种思想偏差。

第三，思想政治理论课教学对象的指导者、引路人，指导学生以正确的态度、科学的方法掌握思想政治理论课教学的内容，按照思想政治理论课教学的目的要求，使学生通过自己的努力，成为社会所需要的德才兼备的现代化人才。

学生主体与教师主导之间是内因与外因的关系。教师的主导作用对学生来说尽管非常重要，但毕竟只是推动学生成长的外部力量，究竟在实际上能起到什么样的作用，其作用的大小如何，最终取决于学生本人主动作用发挥的程度。但是，学生主动作用是否能充分发挥出来，向何处发挥作用，各个学生的作用能否相互协调配合等，又取决于教师是否具有正确的主导意识和科学的主导方法。因此，思想政治理论课教师树立正确的主导意识，掌握科学的主导方法是非常重要的。值得注意的是，不应把教师的主导作用搞成唯有教师正确、教师"一言堂"、教师统管一切、包办一切；教师也不能因为要发挥自身的主导作用而忽视被主导者的积极主动性，从而限制其多样性和个性特征。恰恰相反，只有广泛听取学生意见、集思广益、充分调动学生的积极主动性、发挥其不同特长和个性特点，才能使思想政治理论课教学活动开展得生动活泼、丰富多彩，使教师的主导作用产生出最佳效果。

二、思想政治教育原理

思想政治理论课立体化教学既是培养大学生综合素质和能力的重要途径，也是实现大学生思想道德修养"知与行"统一的重要手段。因此，在立体化教学中无论是教学目的和教学内容的选择，还是教学手段和方法的运用，大学生始终处在主体的地位。思想政治理论课立体化教学旨在通过思想政治理论课教学活动进一步巩固大学生掌握的理论教学基本知识、基本理论和基本原理，把感性认识上升为理性认识，并提高大学生运用马克思主义理论分析和解决问题的能力。思想政治教育的价值和归宿就是以人为本。思想政治教育的对象是人，它是教育人、说服人、塑造人的工作，它是建构在"人"的基础上的社会实践活动，它肩负着关注人的自身发展、解读人的存在意义、建构人的精神家园、促进人的全面发展的历史使命。人的价值问题既是思想政治教育价值的逻辑起点，也是思想政治教育价值的最终落脚点。因此，只有坚持以人为本，思想政治教育才能卓有成效，才能产生亲和力和影响力，取得实效性。

当代大学生都出生在改革开放以后的年代里，他们的成长伴随着中国经济社会的巨大发展，承受着社会发展变革带来的巨大冲击。特别是处于经济全球化、政治多极化、信息网络化、文化多元化这一时代大背景下的当代中国，经济体制深刻变革，社会结构深刻变动，利益格局深刻调整，思想观念深刻变化。与之相伴，利益多元化、思想多样化，各种社会思潮涌动，各种文化相互碰撞、激荡、交融。原有的价值理念和道德标准受到了严峻挑战。人们的思想观念、价值取向、社会交往、生活方式都发生了深刻的变化，纷繁复杂的社会现象和问题会使大学生产生许多新的认识问题和思想困惑。面对复杂多变的社会问题，部分大学生疑惑不知所措，困扰不知所解，茫然不知所选，迷途不知所向。

因此，思想政治理论课教学如何以更加贴近大学生的精神成长需要，更好地展示理论的现实力量，将改革开放和科学发展的理论内涵、思想魅力和实践展开引入教学过程中，以更加客观地传递事实逻辑的方式和内涵进行思想政治理论课教学，即如何把思想政治理论课的课堂伸向蓬勃开展的经济社会实践，加强当代大学生与广阔社会天地之间的联系，不断创新讲述方式和价值传递方式，而不是枯燥无味地照本宣科，这是思想政治理论课教学方法创新的迫切要求和重要环节。

始终坚持"以学生为本"的教学理念是教育发展的本质要求。在这日新月异的时代里，对于走在时代前沿的当代大学生来说，他们对事物会有不同的认识和看法，由于大学生的情绪波动易受环境因素的影响，其性格尚未稳定和完善，存在盲从、自卑、傲气和依赖心理，致使在思想政治教育工作中出现诸多障碍。如果思想政治教育工作依然采用传统的单向传授法，而忽视师生间情感互动交流的教育方法，则明显不利于当代大学生的心理健康发展。所以说，坚持"以学生为本"是思想政治教育能否顺利发展的前提和基础，应把大学生的核心作用和个性差异两者相互结合起来，全面提高大学生的综合素质。高校思想政治教育方法创新工作，应坚持以学生为主体，不仅需要依赖心灵沟通法，还需要逐步引导大学生进行自我教育和自我管理，运用自我督促法，提高大学生的学习主动性和创造性，将教育理念和教育实践经验贯穿于思想政治教育方法创新工作的始终，实现大学生自我教育，全面提高大学生综合能力素质，使思想政治教育方法创新工作得到改善和提高。

三、马克思主义人本理论

思想政治理论教育课对于高校学生的思想政治教育起着重要的指导作用，也可以全面提高学生的基本素质，培养新时代学生的创新性思维。思想政治理论课立体化教学模式基本架构按照教学内容、方式和教学场所的不同，可以分为课堂理论教学、实验教学、实践教学和网络教学。其中课堂理论教学主要任务是对大学生进行系统地马克思主义基本知识、理论、原理和思想品德基本知识、规范等教育，使大学生掌握马克思主义基本观点和基本方法。

（一）强化实践教学

实践教学是学校教学工作的重要组成部分，是深化课堂教学的重要环节，是学生获取、掌握知识的重要途径。思想政治理论课所有课程都要加强实践环节。要把实践育人纳入学校教学计划，系统设计实践育人教育教学体系，加强实践教学管理，提高实验、实习、实践和毕业设计（论文）质量。确保实践育人工作全面开展。要深化实践教学方法改革，重点推行基于问题、基于项目、基于案例的教学方法和学习方法，加强综合性实践科目设计和应用，加强大学生创新创业教育。

（二）组织军事训练

通过开展军事训练和国际形势教育、国防教育，使学生掌握基本军事技能和军事理论，增强国防观念、国家安全意识，弘扬爱国主义、集体主义和革命英雄主义精神，培养艰苦奋斗、吃苦耐劳的作风。

（三）开展社会实践

社会实践活动是实践育人的有效载体。社会实践活动的形式主要有社会调查、生产劳动、志愿服务、公益活动、科技发明和勤工助学等。要倡导和支持学生参加生产劳动、志愿服务和公益活动，鼓励学生在完成学业的同时参加勤工助学，支持学生开展科技发明活动。要抓住重大活动、重大事件、重要节庆日等契机和暑假、寒假时期，紧密围绕一个主题、集中一个时段，广泛开展特色鲜明的主题实践活动。

在高校思想政治理论课实践环节的教育教学中，实践育人特别是实践教学依然是高校人才培养中的薄弱环节，与培养拔尖创新人才的要求还有差距。要切实改变重理论轻实践、重知识传授轻能力培养的观念，注重学思结合，注重知行统一，注重因材施教，以强化实践教学有关要求为重点，以创新实践育人方法途径为基础，以加强实践育人基地建设为依托，以加大实践育人经费投入为保障，积极调动整合社会各方面资源，形成实践育人合力，着力构建长效机制，推动高校实践育人工作取得新成效、开创新局面。

高校思想政治理论课教师在运用实践教育法的过程中，一定要以正确的思想理论指导实践，不应盲目行事和搞形式主义，实践教育的形式既要丰富多彩、引人参与，又要因地制宜、讲求实效，如学校中常用的社会调查、公益活动、勤工俭学、咨询服务、教学实习等都是有效的实践教育方式，在实践教育中使理论与实际相结合，思想政治理论课教学内容与社会实践有机结合起来。中国大学思想政治教育重视现代教育技术手段对思想政治等多种教育方法的补充与完善，以提高各种教育方法的有效性。随着中国现代教育技术的不断进步与发展，以多媒体技术为核心的多种计算机网络技术应用成为大学思想政治教育采用的重要方法与手段，并逐渐形成了一套较为完善的方法论体系。

中国大学思想政治教育采用的以计算机多媒体技术为核心的现代教育技术方法，主要在于通过对思想政治教育各种资源的有效开发、设计、运用以及管理等方式，将教师"传授"与学生"接受"的教育过程，以思想政治教育效果最优化的方式得以实现。这种教育方法，有利于为学生创造一个图文并茂的真实学习氛围与环境，将理论性与知识性较强的思想政治理论课变得更加生动活泼、具体真实等，从而激发学生的学习兴趣与求知欲望，增强学生学习的主动性与自觉性，对于创造性思维以及自主学习能力的形成与培养都具有重要意义。可见，现代教育技术方法在大学思想政治教育过程中的具体应用，不仅使思想政治教育内容更加多元化与丰富化，同时也为学生接受教育内容，形成马克思主义的世界观、认识观、价值观，坚定社会主义理想信念，践行社会主义核心价值体系，形成社会主义完美人格创造了方法论基础。另外，以多媒体网络技术为核心的教育方法，与灌输式教育方法以及教师主导和学生主体式教育方法共同作用，形成中国大学思想政治教育方法论体系应有的合力。

第二节　高校思想政治教育立体化模式的构建

一、构建条件

（一）新时期中国社会的建设实践

改革开放以来，我国社会的政治、经济、文化等方方面面开始逐渐地发生改变，从而引起人们思维方式、思想观念和行为方式的变革。由战争、斗争状态向生活化、常态化社会运行状态的转变，使得思想政治教育的时效性、有效性、实效性等也不断遭遇挑战，表现在对社会环境的不适应、教育制度与观念的脱节、既有教育模式和功能的缺损等，这无疑加重了科学研究思想政治工作的重要性和紧迫性。正是在提升思想政治教育实效性的过程中，思想政治教育专业和学科才应运而生。

人们以伦理方式把握世界所形成的以某种价值观为核心、以相应伦理原则和伦理规范为基本内容的伦理文化，是维系社会正常伦理秩序的良剂。市场经济作为经济文化的一种外在表现形式，不完善的市场经济使得人们追求利益最大化而忽视人的情感和精神价值，形成忽视人文精神的工具理性思维方式，形成以追求超阶级"最大幸福"为行为准则的功利主义价值态度，形成盲目追求西方民主、平等、自由、法治等多元的社会政治思想等。市场经济的趋利性和功利性催生了社会焦虑心理的膨胀，生产线似地对人进行道德、政治和思想知识的灌输，忽视了对人伦道德的养成教育。一旦社会的伦理体系崩溃，社会道德认知、政治态度、价值取向等就会混乱并继而引发一系列社会问题，极易造成社会动荡，"文革"期间伦理制度颠覆所造成的裂痕和破坏即为佐证。伴随香港和澳门的回归，人们的爱国情怀被充分地调动起来，如何发挥中国传统文化的人文价值、增强文化底气，在多元文化并存的文化生态中占据应有的地位，发挥其精神家园、弘扬和培育民族精神，助力于经济发展和人的发展，成为思想政治教育的新课题。

从社会性质上看，开始由前社会主义向后社会主义转变。在以家庭为轴心的熟人社会，即前社会主义社会中，风俗、道德、习惯势力强大，行为模式固定单一，家庭对个人道德、思想、政治观念等具有根本性影响，传统的道德束缚力强大。在以半社会化为主要特征的陌生人社会，即后社会主义社会中，阶级之间旳界限不再确定无疑，流动的人际关系变得肤浅、间接、局限而短暂。"耻言理想、蔑视道德、拒斥传统、躲避崇高"的社会理论思潮逐渐形成。不仅如此，改革开放不久，发端于经济领域、以市场导向为目标的改革开始蔓延至所有的领域，教育产业化和市场化现象开始出现。学术本位的办学理念开始向效益和市场转化，大谈、特谈科技创新和科技开发，高等教育也开始办实业。"科学主义思潮"盛行、"大众文化"泛滥、伦理体系崩溃，人的生活意义被扭曲、变形和失落，人之为人的底线不断遭受挑战，社会导向与个体取向之间的合理张力被破坏，物质的丰裕与灵魂的苍白、财富的富裕与精神的贫困、欲望的泛滥与心灵的干燥粗鄙形成鲜明的对比，"囚鸟效应"凸显。如何促使"诗意文化"的复苏，寻求"精神家园"的回归，也成为思想政治教育的新课题。不仅如此，贪污腐败等社会问题也开始凸显，致使社会公信力严重下降，从党员干部个体行为的不端到对整个政府形象的破坏，从对某些学者学术的不信任到政府统计数据的质疑，大大小小、方方面面都充斥着不信任感的困境尽显。可持续发展的理念要求思想政治教育方法的协调发展。

高校思想政治教育，是关系国家和民族前途命运的大事。思想政治教育方法作为教育过程中的重要环节，对教育目标的实现起着尤为关键的作用。当前，科学技术的迅猛发展以及东西方文化的剧烈碰撞与相互交融，必将对整个社会产生深刻影响，给高校教育尤其是高校的思想政治教育带来巨大冲击和深刻影响。正确认识高校思想政治教育所面临的新情况、新任务，积极探索与之相适应的新途径，创新思想政治教育方法，对提高思想政治教育的实效，达到思想政治教育的目的具有重大的现实意义。用科学发展观来指导高校思想政治教育，高校根据教育对象的思想特点，做好多渠道、多角度和多方法的统筹安排。积极改进高校思想政治教育的途径和方法，坚持以人为本，与时俱进，贴近实际、贴近生活、贴近大学生，努力提高针对性和实效性，不断增强吸引力和感染力。积极探索建立社会实践与专业学习相结合、与服务社会相结合、与勤工助学相结合、与择业就业相结合、与个人创业相结合的管理体制。从而使大学生的思想和行为适应社会发展的需要，真正成为德、智、体、美全面发展的社会主义合格建设者和可靠的接班人。高校思想政治教育是一个系统工程，方法创新的切入点就是要以大学生为本，从关心和理解大学生入手，创新思想政治教育方法和途径。

(二) 现代信息技术的发展成果

随着信息时代的到来，特别是网络技术的迅猛发展，整个社会已逐渐走进信息社会的新时代，人们的生产、生活和思维方式在新时代下自觉或不自觉地变化着：思想政治教育作为理论性和实践性兼具的认知活动和实践活动，信息时代下信息技术的发展尤其是多媒体技术的发展，给思想政治教育领域带来了巨大变革，用颠覆性形容这种变革也不为过。一方面需要思想政治教育与时俱进，转变教育方法、充实教育内容，另一方面媒体的发展拓宽了人类生活空间和交往范围，提供了新的教育手段和技术，从而改变着人们的学习方式，为思想政治教育的发展提供新手段。尽管多媒体技术的发展带给人类的影响也有消极方面的，但现代人已经不能离开多媒体技术而存在，其带给人积极的影响是主要方面，在思想政治教育领域也不例外。

网络在中国以快速发展的趋势普及开来，网络领域信息、知识的极度丰富和迅速更新为思想政治教育提供广阔平台，这主要表现在：①新媒体依托计算机网络技术、数字技术和移动通信设备技术等形成了便于传播和交流的工具，教育者可以最大限度利用这一传播优势，主动地、大规模地、长期地向教育对象宣传和教育，即使起不到及时的作用，教育对象也能在经常的"被灌输"中不自觉地接受"鼓动"。②教育对象能够通过媒体这一媒介和教育者进行平等沟通，减少双方之间因地位的"不平等"而产生的隔阂，以加强教育双方之间的有效交流，这是传统教育活动中师生严格界限和地位等级森严下无法实现的。③鉴于多媒体的灵活性，教育教学活动不再仅限于教室、讲台、粉笔和一张嘴，而是能够更多地利用微博、微信、论坛、博客等新兴手段通过形象生动的语言、文字、图片来实现，增加了教育的趣味性和时代感，而且时间、地点不再被限制，可以在不同时空进行互动，将传统教育中限制双方交流的条件降到最低，较大程度上提高了思想政治教育的效率。在思想政治教育实践尤其是思想政治教育理论课中引用多媒体辅助技术，按照人们的多媒体学习特点、规律与技术来组织多媒体教育的方法与技术，可与讲授等传统语言教育教学方式一样通过词语和画面"两种通道"呈现同类材料，加强思想道德的教学与学习。

（三）现代思想政治教育学及相关学科的理论智慧

思想政治教育方法理论有广泛丰富的实践基础和浓厚坚实的理论渊源，是以马克思主义为理论基础，揭示思想政治教育领域特有规律而形成的科学体系。它是一门综合性、应用性、时代性很强的学科。其学科理论体系必然要随着思想政治教育实践的发展和基本范畴内容的精确、丰富而不断完善。随着思想政治教育学范畴的不断充实更新，其体系不仅能充分反映科学发展的新成果和思想政治教育的新理念，而且具有适应时代发展、能够容纳今后科学发展和思想政治教育新理念的开放性构架。

在理论上，现代思想政治教育学通过加强学科理论体系和分支学科的研究，对各领域的历史成果和新成果进一步提炼，从而不断丰富、充实和完善其范畴体系。与此同时，与思想政治教育学相关的学科和交叉学科的发展，也促进了思想政治教育学的发展；从人学、社会学、文化学等学科视角开展思想政治教育研究，也取得了可喜的成果，展现了勃勃生机。现代思想政治教育学在学科体系上的完善与发展，与相关学科的交叉融合，不仅在理论上为思想政治教育方法的发展提供了理论支持，而且在研究方法和工作方法上也为思想政治教育方法的创新提供了借鉴。

任何学科都不是孤立的，总是或多或少与相关学科联系或交叉，需要及时借鉴和吸收其他学科的成果，思想政治教育作为一门研究"人"的学科，是一门与多个相关学科联系密切的综合性学科，借鉴、吸收其他学科理论与方法、研究成果是丰富和完善思想政治教育方法的重要途径，从而带动其方法论的更新，例如在系统论中，以系统为研究对象，在其基本方法中，要求从整体出发，多层面、多角度思考问题，这对我们从思想政治教育系统与外部环境、思想政治教育系统内部各要素相互关系中，去揭示和研究整个系统的运行状况，实现教育最佳效果，提供了方法论基础。现代思想政治教育学在其学科体系上的完善与发展加上与其他学科的交叉融合，不仅在理论上为高校主导性思想政治教育方法的发展优化提供理论支持，而且在具体方式方法运用上提供创新和优化的思路。高校主导性思想政治教育方法受到思想政治教育方法理论发展的影响。借鉴相关学科的方法谋求高校思想政治教育方法创新具有重要意义，它不仅符合一般学科发展的共识，同时也是历史维度的证实、学科特性的要求和现实层面的呼唤。

在多元文化背景下，高校思想政治教育的复杂性逐渐提高，迫使思想政治教育不能再局限于两三门学科之间，而是需要更多的交叉学科参与进来。高校思想政治教育方法要想有所改进和创新，不仅要坚持马克思主义基本理论，也要借鉴吸取其他相关学科的知识和方法，因为通过借鉴其他学科的方法，可以找出它们之间的共同点和不同点，力求找出好的方法为"我"所用，这对于高校思想政治教育方法创新具有重要的现实意义与理论价值。借鉴相关交叉学科的方法推动高校思想政治教育方法的创新，一般而言就是通过观察、分析和比较，来汲取相关学科中的好方法和新方法，使传统的单一的、古板的灌输式思想政治教育方法逐渐转变为立体动态的教育方法，以此来不断丰富高校思想政治教育方法体系。因此，高校思想政治教育工作者应积极研究和借鉴多学科理论和方法，把交叉学科中新的研究视角、新的研究成果、解决问题的手段和新的研究方法有机地整合在一起，拓展高校思想政治教育方法创新的研究视野。

（四）思想政治教育工作者队伍建设的现实成效

1. 明确了教师队伍的主要职能

思想政治理论课教师队伍的职能，就是指思想政治理论课教师队伍的职责和功能。明确其职能，对于发挥思想政治理论课教师队伍的作用和加强其建设，具有重要的意义。政治理论教师既是马克思主义理论的宣传者，又是思想政治工作者，真正做到既教书又育人。要求在教学中，"不仅要传授知识，而且要以自己对共产主义事业、对马克思主义真理的坚强信念感染和教育学生，关心并帮助学生在思想上、政治上健康成长。要努力克服脱离实际、脱离时代的弊病，坚持理论联系实际的方针，积极地投入教学改革"。教师队伍的职能明确后，广大思想政治理论课教师在实践中不断加强思想道德修养，完善知识结构，提高教学能力和科研能力，以更好地担负起自己的职责，涌现出了不少令人感动的先进事迹。

2. 提高了教师队伍的整体素质

自从改革开放以来，党中央非常重视这支队伍整体素质的提高，并把它作为加强教师队伍建设的一个重要内容来抓，各级教育部门和高等院校不断加强对教师的马克思主义理论教育，从整体上提高教师的马克思主义理论素养，针对教师"年龄老化、后继无人、知识水平不适应"的实际状况，通过"在职进修和短期脱产培训"等方式，扩大教师的知识面。各级教育部门和高等学校为马克思主义理论课教师积极开展科学研究创造良好的环境和条件，大力提倡严谨的科学态度、勇于创新的精神和理论联系实际的学风，充分调动马克思主义理论课教师从事科研的积极性，提高教师的科学研究能力。通过研修，"提高了思想理论水平，交流了各高校加强思想政治理论课教学单位建设的经验和做法，进一步掌握了教学方法"。

3. 教师队伍建设是各项政策的重要保障

思想政治理论课教师队伍建设而言，在历次的思想政治理论课程改革过程中，都把制定和落实教师队伍的各项政策摆在突出的位置。中央宣传部、教育部《关于加强高等学校思想政治工作队伍建设的意见》提出，要切实改善思想政治理论课教师的政治待遇、学习条件和工作条件，恢复理论课教师的业务职称，加强教师的培养和进修。要制定思想政治理论课教师的进修计划和专业技术职务评定考察的内容，解决教师的科研经费，逐步建立马克思主义理论课新师资培养基地，切实解决教师的编制，抓紧中青年骨干教师部门负责人的培养。要建立和完善思想政治理论课教师队伍培训体系，采取脱产进修、攻读学位、名师指导、社会考察、国内外学术交流等措施，加强学术带头人和骨干教师培养。不断完善教师队伍建设的考核评价体系和教师职务评聘体系、教师表彰奖励机制。在党中央的统一要求下，各级教育部门和高校纷纷制定了加强思想政治理论课教师队伍建设的实施意见和各项政策。

4. 提供队伍建设支撑

马克思主义理论学科建设为加强思想政治理论课教师队伍建设提供了很好的学科支撑。"根据马克思主义理论学科的性质、特点和要求，进一步凝练学科方向，为马克思主义理论研究和思想政治理论课教育教学培养高水平的人才"，这是加强马克思主义理论学科建设的应有之义。马克思主义理论一级学科设立后，各高校大力加强马克思主义理论学科建设，注意从研究方向、课程设置、实践教学、培养方式以及专业培训等多方面培养思想政治理论课教师，不仅提高了现有思想政治理论课教师的综合素质，而且培养了新的师资以补充思想政治理论课教师队伍。

5. 加强了队伍建设的宏观指导

加强思想政治理论课教师队伍建设的宏观指导是促进教师队伍建设沿着正确的方向发展的重要保证，在我国经济体制深刻变革、社会结构深刻变动、利益格局深刻调整、思想观念深刻变化的今天，切实加强党中央和各级教育部门对思想政治理论课教师队伍建设的宏观指导，对于思想政治理论课教师队伍建设拓展新的思路、提供新的举措、指明新的方向，具有更为重要的意义。

二、构建原则

(一) 目的性原则

目的性原则是思想政治教育目的的要求，也是思想政治教育基本规律的具体体现。目的性原则就是要求思想政治理论教育立体化教学模式为实现思想政治教育根本目的服务。因此，思想政治理论教育立体化教学新模式要明确思想政治教育的根本目的，处理好思想政治教育课堂理论教学、实验教学、实践教学和网络教学之间的关系，实现各教学协调统一，共同为思想政治教育总目标服务。

思想政治教育为什么存在和发展，也就是思想政治教育的目的是什么，是说明思想政治教育存在的必要性的重要因素，更是规定思想政治教育目的的首要条件。"培养阶级或阶级社会需要的人才"作为思想政治教育的目的是可取的，我们从几个方面对这个目的进行分解，即思想政治教育的目的性主要体现在：①思想政治教育为阶级、政党的统治服务的目的。②为社会稳定和发展服务的目的。③为了人的完善和发展服务的目的。从这三个层面全面认识思想政治教育的目的，有助于对思想政治教育目的形成正确的认识。

思想政治教育并不是人类社会先天就有的，而是伴随着阶级和国家的产生而产生。思想政治教育作为一种实践活动贯穿于阶级社会的全部历史，虽然在不同的历史时期、不同的地域，思想政治教育存在的样态不同，但其主要代表的是统治阶级的利益，并且由统治阶级组织实施，是统治阶级维护其统治的最得力的工具。马克思、恩格斯就曾指出："统治阶级的思想在每一时代都是占统治地位的思想。这就是说，一个阶级是社会上占统治地位的物质力量，同时也是社会上占统治地位的精神力量。支配着物质生产资料的阶级，同时也支配着精神生产资料，占统治地位的思想不过是占统治地位的物质关系在观念上的表现，不过是以思想的形式表现出来的占统治地位的物质关系。"思想政治教育不仅承载着意识形态，更重要的是把意识形态传播出去，从而对社会成员的思想观念等方面产生实质性的影响。思想政治教育在传播意识形态方面有自己独特的优势，思想政治教育具有亲民性。思想政治教育并不是以上传下达的指令形式存在的，而是渗透于各阶层民众之中，结合民众具体的生活实际进行实践活动，接近群众、服务群众，必然得到群众的广泛支持。思想政治教育具有广泛性。思想政治教育普遍存在于人们生活的各个领域，学校、社区、军队、农村、企业等，它存在的广泛性同时决定了思想政治教育影响范围的广泛，影响作用的巨大。它的方法具有多样性，思想政治教育并不是简单地宣读政治指令和相关文件，而是以多彩的形式开展的，其中举办研讨会、组织参观纪念馆，开展文娱演出甚至播放具有教育意义的影片，都能够成为其教育的有效形式。由于思想政治教育的亲民性、广泛性以及存在形式的多样性等特点，思想政治教育无疑是传播意识形态最有效的手段。

社会的稳定和发展都离不开社会管理，社会的稳定和发展又能推动社会管理的实现。谈到社会管理，事实上，更多的是对社会中的人的管理。对社会中的人的管理，最重要的一个方面就是对社会中人的思想的管理。思想政治教育对人们的思想进行管理主要是通过帮助人们实现政治社会化，提升人们的精神境界，为人们提供榜样模范，激励人们不断进取和奋斗实现的。思想政治教育就是通过对人们思想的管理来帮助实现社会管理的。思想政治教育通过影响人们的思想，从而规范人们的行为，实现对人的思想和行为的管理，由于社会是由个体的人组成的，所以，思想政治教育间接地实现了对社会的管理，这不仅帮助人们不断地发展和完善自身，同时也激发了他们为整个社会服务的潜能，为社会的健康发展提供了坚实的保障。总之，思想政治教育在社会发展的层面上始终发挥着重要的作用，是保证社会稳定，推动社会发展和实现社会管理的重要力量，这也是我们从社会的维度对思想政治教育目的的第二层解读。

在阶级社会中占社会绝大多数的并不是统治阶级，而是以公民身份存在的普通民众。这些普通民众的思想状况和政治社会化程度直接决定着整个社会的思想道德发展水平，影响着国家的稳定和发展，从而直接关系着统治阶级利益的实现。因此，思想政治教育要实现的最基础的目标就是培养合格的社会公民，即通过一定的方式将社会的主流理念传授给社会成员，以使他们认同并接受统治阶级所确认的思想、意识、价值、观念、规范、行为方式等内容，并乐意承担一定的社会责任和义务，从而接受和维护统治阶级的统治。同时，思想政治教育在为统治阶级培养合格的社会公民的过程，也是帮助人们不断地实现政治社会化的过程。在阶级社会中，人要生存和发展都必须经历政治社会化，接受社会主流的价值理念和制度规范，支持现行的法律制度和行政制度，并且参与到政治生活之中，帮助社会维护稳定的秩序。政治社会化是人们在阶级社会中生存的保证、发展的前提，也是培养合格的社会公民的重要途径。

思想政治理论课教学方法的创新就是要研究如何通过对大学生进行健康向上的兴趣、情感、意志等方面的教育，引导学生去追求一种理想的精神境界和行为方式，进而形成更高层次的思想品德、价值观念和积极作为的人格特征，引导其个性充分和谐的发展。众所周知，对大学生开设思想政治理论课程的目的和任务是要紧扣大学生成长中遇到的问题，有针对性地开展马克思主义世界观、人生观、价值观和法制观的教育，引导大学生树立远大理想，陶冶高尚情操，认同并遵循体现中华民族传统和时代精神的核心价值标准与行为规范，养成良好的思想道德素质和行为规范，增强社会主义法制观念，做"有理想、有道德、有文化、有纪律"的社会主义建设者和接班人。可见，思想政治理论课的任务和内容具有政治性和导向性的特点。思想政治理论课的教学目的和教学内容内在地决定了思想政治理论课教学要将世界观、人生观、价值观、法制观问题始终潜移默化地渗透在教学的全过程，努力达到论理而不说教和润物细无声的教育效果。而思想政治理论课程教学方法的改革和创新就必须服从和服务于这一教育教学目的和内容。

（二）主体性原则

主体性原则就是要求思想政治教育立体化教学模式充分体现出学生主体性的原则。立体化教学模式的出发点和归宿就是要求从教材、教学内容的选择到教学方法、教学手段、教学评价的运用都要体现学生的自主性、参与性、选择性，体现以人为本、以学生为主体的教学观。要求教学内容在选择和使用上要符合思想政治理论课教学目的、教学大纲和素质要求，要有利于大学生主体性的发挥。教学方法和手段上，要注重发挥学生的积极性，激发学生参与教学活动。教学评价上，要采用有利于学生自主学习的评价方法。

思想政治教育工作，实质上就是以人为工作对象，做人的思想转化工作。思想政治教育是思想政治教育者帮助思想政治教育对象提高思想道德素质的过程，是将一个不适应或不完全适应社会发展需要的人，培养成为能够适应一定社会发展需要的合格社会成员的过程。以人为本，就是要重视人的价值，肯定人的作用，承认人的力量和能动性，以人为根本。主体性思想政治教育模式坚持以人为本原则，就是要把以有利于学生全面发展作为最根本的标准，它是指在思想政治教育活动中，坚持一切从人出发，尊重人、理解人、关心人，充分调动和激发教育对象的积极性和创造性，以达到人的全面发展为目的的观念。以人为本，要求在思想政治教育出发点上尊重教育者和教育对象的主体地位，了解学生特点和学生需要，从学生的内在需要出发，帮助学生形成正确的需要层次和需要结构；在思想政治教育目标上不仅仅考虑社会规范和要求，更要突出培养学生全面发展、培养学生主体性的要求；在思想政治教育方法上实现由外部灌输向注重学生自我实践体验的转化；在师生关系上实现主客对立向师生互动的转变等等。"为了一切学生，为了学生的一切，一切为了学生"，正是以人为本思想在高校主体性思想政治教育模式的体现。

高校思想政治教育要想真正富有成效，就必须坚持以人为本，从学生需要出发，把学生的需要作为工作的出发点和归宿，尊重、研究、满足学生的主体需要，从而使学生的主体需要更好地发挥对行为的驱动作用，以增强高校思想政治教育的有效性。如果思想政治教育者不考虑学生的主体需要，一味地凭自己的主观意愿进行机械地灌输，那么，这种在没有学生认同的情感基础上的教育，是不可能收到良好效果的。大学生的主体需要是丰富而又具体的，主要包括学习需要、生活需要、情感需要、发展需要、就业需要等。同时，不同层次的人有不同层次的需要，一个人不同时期的需要的重点不同，即主要需要不同。

在价值取向上实现思想政治教育的社会价值和个体价值的统一，使思想政治教育方法更能贴近大学生学习和生活的实际。具体落实到大学生的自由全面发展主要表现在两个方面：

第一，大学生有实现或满足自身自由发展的需要：由于每个大学生各自的具体状况不同，就决定了各自的个体需要都会不尽相同，只有充分肯定大学生个体需要的多样性，并在教育中不断地对其加以满足，才能促进大学生的全面发展。

第二，自由全面发展体现为大学生的各方面能力都能得到自由的拓展：大学生自身的能力是需要不断教育和培养的，大学生在校期间努力实现全面发展的一项重要内容就是其能力的不断开拓和发展。因此，从教育本质和时代特征方面出发，高校思想政治教育对其教育方法提出的根本要求，就是关注、培养和实现大学生的全面发展。

（三）实践性原则

思想政治教育立体化教学模式突出的特点就是实践性。所谓实践性，它主要区别于课堂理论教学，是利用课堂以外的时空组织的教学活动，教学方式、教学手段与课堂理论教学相比，主要采取参观、实地调研、现场参与、共同研讨等形式。内容形式上更加丰富、具体、感性，不再是强硬死板的概念、判断、推理等逻辑形式，而是活生生的事实、图像、景观和强烈的现场参与感，有利于巩固知识、理论、原理，促使感性认识上升到理性认识；在实践教学过程中，教学双方地位和角色关系较课堂教学更具有平等性、民主性、互动性，学生不再是处在被动的地位和角色，而是主动积极地参与教学活动，有利于激活学生的主体性，加快学生知与行的统一。

高校思想政治理论课作为高校教学体系中的一门基础学科，是高校马克思主义理论教育的主渠道、主阵地，其教学效果的好坏直接影响着当代大学生的世界观、人生观和价值观。为更好地促进高校思想政治理论课实践教学的实施，我们把思想政治理论课实践教学的内涵定义为：思想政治理论课实践教学是依据思想政治理论课教学目标，在理论教学的基础上，在教师的指导下组织和引导大学生亲身参与各种社会活动与调查研究，以在活动中获得思想道德方面的直接体验，深化理论认识，提高自身综合素质能力为目标的各种教学方式或环节的总和。对思想政治理论课实践教学的理解需要把握以下几点：

第一，思想政治理论课实践教学的目标是让学生将所学理论知识运用于日常生活，培养和提高其认识世界、改造世界、解决实际问题的能力，它与其他教学课程一样需要系统的规划。

第二，思想政治理论课实践教学的形式应该丰富多样，既可以在课堂上进行，也可以在课堂外进行，亦可在虚拟网络上进行，但必须与课程内容有关，丰富多样的教学形式的最终目的都是为了培养和提高学生的思想道德水平和动手创新能力，否则不能称之为思想政治理论课实践教学。

第三，思想政治理论课实践教学必须体现学生的主体性，即通过学生的主动参与使其主观能动性得到充分发挥。

思想政治理论课校园实践教学就是在高校思想政治理论课教育教学目标的指导和规范下，以校园环境为载体，以课外时间为活动时间，以学生的兴趣为纽带，由学生自主设计、策划、组织和开展的，在长期互动中形成的旨在促进学生社会化和全面发展的一系列活动和过程的总和。它是思想政治理论课实践教学体系的重要组成部分，是连接课堂实践教学与社会实践教学的重要纽带，能在较为广泛的空间层面上实现思想政治理论课教育教学相关理论和观点的具体展开。这种实践活动具有校园化、生活化、趣味化的主要特征，通过这些校园实践活动，大学生们既可以弥补课程学习过程中的不足，又可以在这些活动中培养互助、合作、协调、管理等良好的思想品德和作风，还为他们迈入社会、适应社会做好了准备。让大学生将所学理论知识与社会实际相结合，深入基层，通过自己亲身体验认识社会、锻炼能力、增长才干，从而树立正确的思想观念，提高自身的思想觉悟，增强服务与责任意识，培养创新精神和实践能力。它主要通过学生实地考察、参观访问、实证调查、志愿者服务等形式来实现。

(四) 系统性原则

系统性原则就是要求思想政治教育内容与教育方法的系统化结合以及教学方法本身的系统化构建。思想政治教育学界存在的不足之一在于孤立地研究思想政治教育方法和思想政治教育内容，既没有深入具体和针对性地分析思想政治教育方法和思想政治教育内容，也没有很好地将两者结合起来加以考察和研究。要知道只有当既有思想政治教育方法又有思想政治教育内容，而且思想政治教育形式和内容相互适应时，思想政治教育才会有效果。

思想政治教育内容适当是指时代性、对象性和政治性的有机统一。思想政治教育是党的工作的重要组成部分，为党的中心工作和中心任务服务。中国共产党在不同历史时期的中心工作和中心任务是不同的。所以，思想政治教育的内容就必须随着党的中心工作和中心任务的变化而变化。同时，确定思想政治教育内容也必须注意教育对象的差异性，做到有的放矢，有针对性地安排教育内容，先进性与广泛性的原则要求我们在思想政治教育过程中根据不同群体、不同层次的教育对象的不同特点和不同要求，区分教育内容的层次性。

第三节　高校思想政治教育立体化模式的实现途径

一、社会服务学习模式

"服务学习"作为一种新型的学习模式，源于 20 世纪 80 年代的美国，近年来发展迅速，引起世界上一些国家和地区的广泛参与。志愿服务作为服务学习的主要形式之一，以在校大学生为参与主体，经过近几年的快速发展，已成为高校社会实践的一种重要形式，在高校思想政治教育开展中不可或缺。将服务学习模式引入高校思想政治教育，一方面有利于我国高校志愿服务实践的研究；另一方面为高校开展思想政治教育提供了一种新途径。

（一）社会服务学习的内涵

服务学习是将服务与学习相融合的教学方式，从广义上讲，学生所参与的一切对其知识、能力、品德产生影响的活动都可视为服务学习。但从严格意义上来说，服务学习更注重服务与系统化的学习紧密联系，即过服务实践与知识理论学习的相互融合来丰富学生的知识，完善学生的品格，提高学生的技能和公民能力。这一过程中，服务与学习密不可分，学习与服务并重是服务学习的主要特征。

社区服务重在公益性，这种活动与教学、课程没有任何直接的联系，也不需要学生事后进行自我反思、讨论等，而服务性学习既是一种公益活动，更是一种实践教学方法，它的核心是课程、服务与反思的结合，它的服务活动是精心组织的，有明确的学习目标，重在使学生在服务过程中把在学校学的知识运用到实践中去，并对所做所见进行反思，以巩固加强所学知识。

（二）社会服务学习的教育功能

当前高校思想政治教育取得的成果有目共睹，然而伴随社会多元化发展和高等教育普及化趋势，高校思想政治教育在实施过程中暴露出许多问题。为实现高校思想政治教育的有效性，高校思想政治教育必须开辟新的途径。随着我国社会的发展，志愿服务成为大学生参与和实践公民责任的新方式，成为思想政治教育有效的途径。因此，高校思想政治教育提倡社会服务学习模式。

（三）社会服务学习模式构建

高校思想政治教育活动的开展主要有两种方法，分别是在第一课堂进行授课和在第二课堂的日常思想政治教育工作中开展课外活动，在高校思想政治教育中引入服务学习的模式是将服务学习分别与两种通道形式相融合。

高校思想政治教育主要采取授课方式，融服务学习于第一课堂的思想政治教育中，要求学生根据课程学习内容，参与一定社会实践服务，实现理论的内化与外化，通过课程学习与社会服务的整合实现思想政治教育的有效性。值得注意的是，思想政治教育服务学习应着重与高校思想政治教育理论课相结合，改变以往高校思想政治教育理论课单纯说教的形式，使学生学会将理论应用于实践中，学会思考与反思，达到教书育人的目的。

高校思想政治教育也广泛开展于第二课堂的日常思想政治教育工作中，高校有计划、有组织地将志愿服务活动与思想政治学习相结合，即在学校有关政策和规范的指导下，由相关部门或学生自己对服务活动进行设计、策划与组织实施。区别于一般的实践活动，服务学习活动必须有学校配备或学生邀请的指导教师对学生进行培训与监督，并引导学生反思，给予学生评价。

为了高校思想政治教育服务学习模式的顺利发展，我们必须克服现实中存在的诸多困难，创造优良的外部环境。优化高校思想政治教育的外部环境需要多方资源注入和支持，离不开政府的重视和社会的支持，离不开学校教育观念的更新，更离不开三方共同协调和努力。指导服务学习模式的开展是一个长期艰巨的过程，所以我们应对高校思想政治教育服务学习活动进行科学的规划。高校思想政治教育在加强服务学习理论研究奠定发展基础后，要整合各方力量，努力创造具有自己特色的高校思想政治教育服务课程。逐步实现高校思想政治教育的目标。

伴随着高校思想政治教育服务学习环境的改善和规范的合理化，高校的思想政治教育服务学习模式应该努力适应各方面的需求，向组织合理化、制度规范化、活动广泛化的总趋势发展。当前，高校思想政治教育服务学习模式才刚刚起步，缺少合理的规章制度，许多问题都需要规范化的制度来解决。在合理的规范指导下，高校应进行科学化的组织，实现高校思想政治教育服务学习活动的社会化。

二、网络教育模式

（一）高校教育的现状

1. 信息网络发展现状

信息网络作为当今世界科技迅猛发展的产物，以惊人的速度在全球范围内发展和普及。随着计算机的普及和网络技术的发展，特别是宽带技术是未来全球信息高速公路的雏形。目前，在因特网上传输的内容十分丰富，涉及全球各国的政治、经济、文化、社会、体育、娱乐等各个领域，网上传输信息的载体已不仅仅是文字，还包括图片、动画、声音，甚至是图、文、声、像合一的影视四面。因特网打破了信息传播的空间限制，通过一台电脑、一根电话线，就可以"不出门便知天下事"，成为继报纸、广播、电视之后的一种全新的传播媒体。具有全球性、开放性、交互性、即时性、综合性等特点，是人类沟通力式的一次革命，被人们称为"第四媒体"。

我国经过改革开放40多年的高速发展，已初步建成了一个覆盖全国的以光缆为主、以卫星和数字微波为辅的大容量、高速度无线传输网络以此为基础构建了电话通信网、移动通信网、数据通信网、图像通情网和多媒体通信网，实现了从人工网向自动网、从模拟网向数字网、从单一业务网向多样化业务网的转变。在公用网和专用网的支持下，因特网在中国的发展方兴未艾。近年来，我国在网络和网站方面的建设步伐也十分迅速，已经进入了实质性发展阶段。因此，信息网络已成为人们学习、工作及生活中不可或缺的帮手。据权威人士预测，随着互联网影响的不断扩大，21世纪的中国将进入"网络社会"。但是，在看到我国在网络和网站的建设方面，已经做了许多工作，取得了一定的成绩的同时，我们应该清醒地认识到，与国际上发达国家相比，与高校思想政治教育的需要相比还有很大的差距。

如果我们还用传统的方式与国外竞争，这种竞争就如拿着大刀与西方的机枪、大炮相斗。互联网和教育决定我们的未来，作为推进社会经济发展的两个核心动力，互联网和教育正在深刻地改变着一个民族的历史和命运，改变着一个国家、企业和个人在未来时代的竞争力。在方兴未艾的网络大潮中，谁把握了互联网，谁就把握了未来；谁开创了面向未来的现代教育体系，谁就具有持续发展的能力。现在我国无论政府上网、企业上网、新闻媒体上网，还是把教育科研计算机网连接到全国的高校和科研机构，都是以工作的便利为出发点的。这些网站上的信息主要是从工作的角度出发，是必要的。而个人网站的立足点多半是商业运作，以商业性和娱乐性为主。可以说，现有的网站均较少考虑人们特别是我国大学生在精神生活中对思想修养、道德规范、情操陶冶等方面的需求，有关高校思想政治教育方面的内容更是微乎其微。

2. 运用信息网络的现状

网络成为当代大学生开阔视野、扩大交往、更新知识的重要渠道。它对高校大学生的行为模式、价值取向、政治态度、心理发展、道德观念等将产生越来越大的影响。高等院校是我国社会"网络化"的发展前沿，是信息化浪潮的体验者和推动者。随着网络信息教育的普及和发展，上网的大学生将不断增加。如何在"网络时代"加强对大学生的思想政治教育就成为一个无法回避且亟待解决的重大课题。我国互联网的最大用户群是大学生。这也是情理之中的事，因为大学生大多二十来岁，是我国知识水平最高、思想最敏锐、对知识接受力最强的一个社会文化群体。大学生上网进而掌握网络技术，可以推进信息化进程，也是信息时代高速发展的需要。但是大学生上网的调查结果却令人大吃一惊。很多大学生上网不是利用网络在收集信息、查找资料，而是把网吧变成"聊吧"，更有甚者是在上网算命、玩游戏，有的学生因聊天、游戏上瘾，竟连上课都忘了。大学生上网方式主要是通过校园网和网吧两种途径；上网时间主要是双休日、课外活动及晚间。当然，也有相当多的学生上网的需求主要是"获得新闻""满足个人爱好""提高学习效率研究兴趣问题"以及"结交新朋友"。因此说，大学生上网一方面丰富了大学生活，改变了其生活方式、思维方式和行为方式；另一方面，当代大学生的上网行为也存在严重的问题，急需加强引导。

3. 当前思想政治教育工作状况

从总体讲，到目前为止，高校网络思想政治教育工作经历了起步和快速发展两个阶段。在这一阶段，随着中国公用计算机互联网、中国教育和科研计算机网、中国科技信息网、金桥信息网等国内互联网体系的壮大，国务院及其各部委颁布的网络安全、信息、域名和商务管理等相关法规和政策陆续出台，为高校网络思想政治工作的开展提供了较好的外部条件和氛围。

高校教育网、学生自办网、高校社团网等大量涌现。"上网"成为师生生活中最时尚的内容之一。于是，在网络成为各种社会信息重要载体的状况下，高校的思想政治教育工作进网络也日渐凸显，并进一步活跃和发展起来。随着信息网络在我国高校的迅速普及和高校网络思想政治教育的初步展开，党中央敏锐地认识到高校思想政治教育进网络的重要性，及时加强引导，展开工作部署。

(二) 高校网络思想政治教育体系建设

1. 加强基础设施建设

基础设施建设是校园网的物质基础，包括硬件和软件两大部分。其中硬件部分由主干网和子网中有关设备及连线组成，而软件部分则由操作系统及大量校园网应用软件组成。当今世界计算机技术、通信技术、网络技术发展迅速，机器设备日新月异要保持网络的优势，必须重点放在网络的基础设施建设上。校园网络硬件建设包括布线、服务器、工作站、交换机、路由器等设施和系统软件平台。其中最重要的是布线工程。未来的网络是一个光传输网络，速度和质量在现在和不久的未来网络中都将是一个重要的决定因素。因此，布线工程必须作长远考虑。网络硬件建设固然重要，但网络应用软件的建设也不可忽视。要正确处理好硬件和软件的关系。单纯追求硬件设备上的档次和规模，而忽视软件建设，盲目认为学校设备高档就是教育的现代化，这是校园网建设的大忌。从某种意义上讲，硬件水平只是一个投入的问题，而软件水平的提高远比硬件水平的提高要复杂得多。要采取"点上深入，面上拓展"的策略，就要在"用"字上下功夫，重视校园网络关键性的应用软件配置的建设，避免低水平重复开发教学软件所造成的人才和网络资源的浪费。因此，一方面要充分利用高校自身的技术人员和网络资源优势，以及硬件同步建设，自主地逐步设计出有自己特色的应用系统；另一方面可引进现成的系统平台。

加强网络安全建设也应该是校园网络建设的基本要求。随着网络迅速普及，安全性越来越引起人们的重视。如果硬件不安全，会造成网络瘫痪；软件、数据不安全，会造成重大的经济损失和不良的影响。网络的安全性对学校更是具有特殊的重要意义。因为学校是培养高素质人才的阵地，反动的、不健康的信息的流入，将严重危害当代大学生的身心健康。因此在建设校园网的过程中一定要加强网络的安全建设。

2. 加强网络教学软件建设

网上教学软件建设是校园网的核心内容。其任务十分复杂和繁重，需要长期、艰苦的努力才能使校园网名副其实地融入日常教学活动之中。配置、开发教学软件的设备至少应包括以几个部分：非线性编辑系统，多媒体教学软件制作系统，光盘刻录系统。

3. 加强相关人员培训

人员培训是校园网能否正常运行的关键。校园网的出现是一件新鲜事物，学校各级领导和广大师生从观念与技术上都需要有一个适应过程，为此在安排培训对象和培训内容上应有针对性。具体设想如下：

第一，对主管校园网工作的各级领导，重点放在观念转变和对本校校园网的总体规划以及总体框架的培训上。

第二，对校园网的管理和维护人员，应使他们参加建设的全过程，由网管人员自己完成校园网络的系统集成，这样既锻炼了网管队伍又可以节省不少的经费，培训网管人员对校园网各硬件设备的连接及各种网管软件的使用与维护。

第三，对教学人员和学校其他职员根据上报需求的不同，进行分层次培训。

第四，现代教育技术培训班，目的是使广大高校教师人人都能熟悉并使用现代教育技术手段；正确使用多媒体教室的各种教学设备；能利用计算机信息网络获取信息、收发电子邮件，具有运用多媒体教学软件和管理软件进行辅助教学和管理的能力，了解计算机及信息网络的安全保护知识和法律法规，培训对象为全体教职员。

第五，老教师计算机普及班，目的是使老教师能了解计算机的基础知识，掌握一般字表处理软件的使用。

第六，计算机基础知识培训班，目的是使教师掌握基本软件操作技术；能熟练运用多媒体教学软件进行辅助教学，能运用计算机多媒体技术开发、制作简单的教学辅助软件；能运用计算机及信息网络进行教育科研；能顺利通过教师计算机考核，培训对象为全体中青年教师。

第七，教学课件制作培训，目的是培养一批能开发、制作本专业教学课件的骨干教师，为高校开发学科课件系列打好基础，培训对象为部分中青年教师。对学生，可由高校有关组织出面举办网络信息技术的相关讲座，采取多种方式组织学生学习网络知识。通过学生利用计算机完成课题的过程，培养学生的创新精神和动手能力。

(三) 加强思想政治教育主题网站和网页建设

我国目前高等学校思想政治教育网络工作已经取得了很大的成效。网上的思想政治教育专题或非专题主页和网站的水平，就整体而言不仅参差不齐而且缺乏鲜活的个性化、生动活泼的育人界面，需要不断提升理论深度。因而，大力加强思想政治教育专题网站或网页建设，成为高等学校思想政治教育工作者的紧迫任务。

1. 加强网站和网站建设

加强网络阵地建设，建设有特色、有吸引力、有影响力的思想政治教育网站是一项基础工程。大力拓展网上思想政治教育阵地。用马列主义、毛泽东思想和中国特色社会主义理论体系去占领网络阵地。当前，尤其要注重学习中国特色社会主义理论体系重要精神以及科学发展观的深刻内涵，确保思想政治教育进网络有一个正确的舆论导向；要引导学生树立正确的世界观、人生观、价值观；要围绕一些重大的政治问题，旗帜鲜明地发表评论，进行积极引导，对错误言论要敢于批评、及时纠正错误信息。坚持网上有党、团组织的声音。

2. 贴近校园建设

在网上建立思想政治工作的平台，充分发挥"渗透式"隐形教育的功能。例如各个高校网站上的 BBS、聊天室及其他相关栏目或版块，也是加强高等学校思想政治教育进网络工作的有益尝试。

3. 搭建校园立体平台建设

利用校园新闻资源，整合校报、广播、电视台等媒体，搭建校园网络新闻立体平台，做好典型宣传、热点透视和舆论引导工作，从而形成网上网下思想政治教育的能力。

三、校园文化教育模式

校园文化是校园环境的核心内容，校园文化迅速发展为自觉、稳定而有组织的文化阵地，是一种特殊的社会文化现象，它是以中国特色社会主义文化为根基，以学校文化活动为主体，由全校师生员工共同创造的、充满时代气息和校园特点的人文氛围。

(一) 文化教育的基本原则

1. 主导原则

校园文化建设必须始终坚持社会主义意识形态的主导地位，坚持党的基本路线和基本方针，坚持先进文化的前进方向，坚持社会主义价值取向，坚持用科学理论武装师生头脑，坚决抵制腐朽文化侵蚀大学校园，为高校思想政治教育营造良好的校园文化氛围。

2. 系统原则

校园文化是一个复杂的、开放的、多元并存的系统，具有整体性、结构性、层次性和开放性的系统特征。使校园文化建设有目的、有计划、有组织。具体来讲应该从学生文化到教职工文化、从物质文化到精神文化，从课内文化到课余文化，从通俗文化到高雅文化，从学习区文化到生活区文化统筹考虑、整体设计，以达到整体优化的功能。

3. 自主原则

校园活动特别是学生科研及课外活动应尽量由大学生自己独立组织、安排，充分尊重他们的创造精神，培养他们自我教育、自我管理、自我服务的能力。

4. 教育原则

开展校园文化活动是一种潜移默化的思想政治教育，应真正寓教育于各类活动之中，全员参与、全方位构建。校园文化是对青年学生进行素质教育的有效途径，在组织学生开展校园文化活动中必须注意其知识性、趣味性、科学性。

5. 创新原则

文化的核心和生命在于创新，校园文化也不例外。校园文化建设必须不断更新思想政治教育和管理的理念，着力于培养学生的综合素质，特别是培养学生的创新精神和创新能力，激发学生的创新潜力，着力于创新校园硬件和软件环境，只有这样才能使校园文化永葆生机和活力。

（二）校园文化建设的实践路径

高校思想政治教育既面临良好的机遇又面临严峻的挑战，重视校园文化建设势在必行。校园文化重在建设，贵在坚持，与时俱进，难在开拓创新。创新是加强和推进校园文化建设的关键出路。在新世纪新阶段，我们要弘扬求真务实的科学精神。积极探索校园文化建设工作的新思路、新观念、新形式和新方法，努力开创大学生思想政治工作的新局面。

1. 校园文化建设的核心

校园文化建设必须为社会主义现代化建设服务，为高校的育人目标服务，着眼于高校思想政治教育的现状，展现新时期高校的人文精神和大学生积极向上的良好风貌。校风建设是校园文化建设的核心，校风建设实际上就是学校精神的塑造。好的校风具有历史的传承性，大学在其沿革中积累下来的宝贵财富和精神食粮是激励师生孜孜以求的内在动力。校风最集中的体现是学风和教风。教风是主导、学风是主体，要抓好校风建设首先必须抓好教风建设，而抓好领导作风建设是抓好教风建设的重中之重。我们要开展师德教育活动，并结合形势和文化建设的侧重点充实学习内容，要把学习与学校的实际工作结合起来。

2. 开展丰富多彩的文化活动

高校校园文化建设要重视品牌文化建设，精心策划与部署，同时投入相应的物力、财力和人力，组织适合本校办学特征的全校性的大型活动，如德育节、科技节、体育节、合唱节等，让其成为学校校园文化的标志，成为实施大学生素质教育的一道亮丽风景线。激活校园大众文化。校园文化存在于学校全部教育与管理行为之中。除了组织大型活动之外，还要综合协调教师的业余生活和学生的课外活动，激活大众性生活文化。要针对当前学生活动的实际，探索通过社团文化、班级文化、寝室文化、食堂文化建设，促进学生在较长时期的潜移默化的过程中既增长才干，又接受主旋律文化。善于结合传统节庆日、重大事件和开学典礼、毕业典礼等，开展特色鲜明、吸引力强的主题教育活动。

3. 完善校园文化活动设施

第一，开展丰富多彩的校园文化活动，体现群众性，为加强学生人文素质教育，各高校特别是一些以理工科见长的高校应该对各专业有针对性地开设人文选修课，开设强化班。举办各种形式的人文素质讲座，组织人文精神大讨论。以网络为载体，积极主动、全方位地将学校丰富的思想政治教育内容搬上校园网，积极营造高品位的校园人文环境。

第二，在校园文化物质建设方面，高校要精心设计，科学布局，处理好建筑风格上的传统与现代的关系，实现山水园林、人文景观和自然景观的完美结合，使其既有传统的韵味，又体现时代的气息，根据自身特色，突出深邃的文化底蕴。

第三，在校园文化制度建设方面，高校应强化制度建设，保持依法治校，在管理原则上坚持兼容并蓄，有容乃大，在管理方法上坚持收放有度，粗细相宜，在管理制度上不断建立、完善检查防范督促机制。

4. 加强校园文化管理

高校校园文化建设要注重校园文化的教育性，多引导、少随意，多严谨、少盲目，多积极、少消极。也要注重校园文化的学术性、突出学术氛围，举办各种学术讲座，聘请专家学者介绍学术动态、进行学术咨询、指导学术研究，体现出高校校园文化与其他社会文化的明显不同之处。

四、心理疏导模式

加强大学生心理健康教育，帮助大学生树立心理健康意识，优化心理品质，增强心理调适能力和社会生活的适应能力，预防和缓解心理问题，实现思想政治教育与心理健康教育的有机结合，是实施素质教育的重要举措，是促进大学生全面发展的重要途径和手段，是高校思想政治教育的重要组成部分。

（一）大学生的心理健康分析

1. 难以适应新环境

中学生从激烈的高考竞争中解放出来进入大学，由于环境的改变，他们中的绝大多数人离开长期依赖的父母和老师，不得不面对新的集体、新的生活方式和学习氛围。面对理想与现实的反差，容易产生失意、压抑、焦虑，甚至会出现神经衰弱症。

2. 无法正确地处理人际关系

人际关系是大学生心理健康的一个敏感问题，不少大学生常常处于矛盾之中。有些大学生在老师和同学面前不愿意敞开心扉，自我封闭，另一方面，又迫切希望社会交往，渴望得到理解和支持，表现为频繁地与个别要好的同学和老乡接触。长期人际关系的紧张会使大学生不能全身心地投入到学习当中，引发焦虑和不安，甚至会出现对周围同学的敌视和报复心理，酿成不必要的悲剧。

3. 认知失调

到了大学，这里人才济济，高手如云，再加上大学对学生评价标准的变化，使得一些学生感到不适应，失去了原来的受人关注和追捧的地位，自尊心受到严重挫伤。少数大学生由自傲走向自卑，自信心下降，意志消沉，缺乏进取心，甚至对老师的教育和同学的帮助产生抵触情绪和逆反心理，严重影响正常的学习和生活。

4. 缺乏心理承受能力

某些大学生往往因为一些偶然因素造成他们的生活和学习遇到挫折，而影响了他们的心理、情绪的稳定。由于绝大多数大学生都是在家长和老师的呵护下一帆风顺地跨入大学校门的，很少遇到严重的挫折，更缺乏独立承受压力和挫折的心理能力，因而遇到困难和挫折往往束手无策，从而造成他们焦虑、烦躁、自卑、痛苦、嫉妒、失落和逆反等不良心理。

5. 大学生的择业心理危机

在就业面前，许多大学生不能正确摆放自己的位置，调整好自己的心态，往往造成"高不成低不就"的现象。面对激烈的就业竞争往往无所适从，而对于那些性格内向、心理承受能力较差、心理适应能力弱的大学生来讲，则更容易造成恐惧、焦虑、烦躁、抑郁等不良心理，甚至有人对生活缺乏信心，对前途失去希望，觉得生活没有意义，造成人生观和价值观的扭曲。

（二）心理健康教育的意义

在全面推进素质教育中，必须更加重视德育工作，加强学生的心理健康教育。要把心理健康教育作为高等学校德育的重要组成部分，大学生应具备良好的个性心理品质和自尊、自爱、自律、自强的优良品格，具有较强的心理调适能力，是促进大学生全面发展的重要途径和手段。

（三）心理健康教育的原则

1. 主体原则

大学生心理健康教育也必须倡导主体自我教育。在思想政治教育中教师应注意引导学生主动参加多种实践活动，使学生自我生存、自我认识、自我调控、自我激励、自我发展的能力不断得到提高，使学生学会自我心理调适的方法，消除负面情绪的影响和心理困惑，促进心理健康的自觉意识不断得到增强。

2. 教育原则

这一原则要求心理健康教育必须遵循高校思想政治教育的规律，符合素质教育的目标，纳入思想政治教育轨道，进一步拓宽渠道，探索切实可行、行之有效的多种途径，落实教育内容，围绕促进学生身心健康、全面发展、提高素质这个中心开展工作。

3. 预防原则

这一原则要求高校心理健康教育必须树立预防重于治疗的思想，以防为主，把预防放在首位，以培养发展良好健康心理素质为目标，将心理健康教育工作的重点放在心理问题的早发现、早预防上，从被动走向主动，这样既可以使大学生心理和行为问题防患于未然或化解于萌芽状态，又可以使每个学生得到关怀，普遍提高大学生的心理健康水平。

4. 协同原则

心理健康教育是一项复杂的系统工程，要想达到维护学生心理健康、优化心理素质的目的，实现其利教、促学、有益社会的功能，仅仅依靠少数教师是远远不够的，必须加强教师、学生、家长及社会各方面的协作、配合，并将心理健康教育渗透到高等学校教育、教学的全过程中去，才能产生实效。

(四) 心理健康教育的途径及方法

1. 加强心理常识教育

开设大学生心理健康教育课程应作为大学生心理健康教育的主阵地、主渠道来抓。高等学校必须及时开设大学生心理健康课程，进行心理常识知识的宣传，定期举办心理知识讲座，传授必要的心理调适技巧，提高大学生的自我心理调适能力，进行挫折心理教育与挫折心理训练，提高学生抵抗挫折的能力。挫折心理训练是为了使学生积累受挫的经验与心理体验，使其逐步认识到人在一生中的努力与奋斗，有成功，也会有失败，要经受住失败的考验，保持自信与乐观的人生态度，从而增强他们适应环境的能力与抗挫折能力。

2. 推进心理咨询工作

心理咨询工作对促进大学生的心理健康具有十分重要的作用，而且有利于充分发掘人的潜力，帮助大学生形成健全的人格，提高人的素质。目前高校心理咨询工作的开展还远远不能满足广大同学的要求，与大学生存在的心理问题的实际状况也不相适应。

3. 加强教师队伍

第一，高校心理健康教育工作应当尽量选用具有一定心理学和教育学知识的专业化教师，并且鼓励其他学科教师掌握心理学的基础知识和心理咨询（辅导）的技能。

第二，定期对在职教师进行心理测量和评估，及时掌握和解决在教师队伍中出现的心理问题和心理障碍，引导教师深刻认识心理健康对自己、对教育事业的重要作用，有意识地去维护自己的心理健康，培养积极开朗的情绪、乐观向上的性格、坚忍不拔的意志，对自己要有客观的认识。

第三，还要积极引导教师注重自身素质的提高，努力掌握广博的知识，提高自身的文化修养，培养广泛的兴趣，保持积极乐观的心态，建立和谐的人际关系。

第五章　新时代高校思想政治教育领域实践育人工作方法

第一节　思想政治教育领域实践育人工作观念方法概述

一、开展思想政治教育领域实践教学活动工作中的人性观

无论什么类型的教育工作，本质上都是通过一些人对另一些人的教育工作，教育工作的核心是人不是物。这样，当教育工作者着手教育工作时碰到的第一个问题便是：什么是人？由于对人的理解或对人性的看法各有不同，于是就形成形形色色的人性观念。而人性观念上的种种差异，又带来教育工作目的、教育工作方法和教育工作模式的区别。

二、开展思想政治教育领域实践教学活动工作中的价值观

在哲学中，价值是一个含义广泛的关系范畴，凡是涉及客体对主体的意义关系，就包含人们常说的价值。具体地说，凡是对主体有用的东西，就叫有价值；无用或有害的东西，就叫无价值或负价值。

价值按其客体满足主体的属性，可划分为功用价值、道德价值和审美价值三类。功用价值相当于马克思说的物的使用价值；道德价值是指人的德行对于他人的精神感召和对社会的积极影响；审美价值是指主体所创造的对象反过来给予创造者的愉悦感，是人对人类自由本质的确证和审视。无论哪类价值，都反映了主体需要和客体功能的肯定关系，都是主体对他所创造的客体的认同或评价。

所谓价值观念，即人们在实践中形成的对客观对象意义的看法或观点。在实践中，人们对客观对象的看法可分为两类：一类是关于客观对象的本质和规律的看法或观点，也被理论界称"事实真理"或"事实判断"。另一类即关于对客观事物有无意义、有无用处的看法或观点，这即是所谓"价值真理"或"价值判断"。价值观念同事实观念相比，后者侧重于对事物真理的客观性探讨，回答对象是"什么"以及"为什么"一类真理问题；前者侧重于对事物意义的主观评价，回答对象对我"好不好"以及"好在何处"之类的功用问题。人在实践中所形成的各种观念（包括世界观和自然观、历史观、人生观、教育工作观等各类观念），无一不是由这两类观念组成，如通常所说的哲学世界观，既包括人们对世界本质和发展规律的客观探讨，表现为一个知识体系或说明体系；又包括人们对现存世界的主观体认和评价，对理想的未来世界的设计和追求。人生观也是如此，既包括人生本质规律的理性探索，又饱含对现实社会的主观感受和对理想人生的追求。人们的观念既不可能是对客观事物的机械反映，其中必然渗透着人的意向目的、定向选择和主观评

价；又不可能是纯粹主观任意的，必然以客观事物为对象，以事实为基础。因此，事实观念和价值观念是互为条件的辩证关系。人们为了研究问题的方便，可以而且必须将二者分开来看，但在事实上，二者是分不开的，任何具体的观念系统都是由二者有机组成的。

所谓教育工作价值观即教育工作者关于价值取向和价值评价的观点的总称，它是在教育工作实践中形成的教育工作主体对教育工作环境、教育工作目标、教育工作客体、教育工作现状、教育工作结果，以及教育工作未来的体认、选择、态度、倾向、评价和期待等各种观念的总和。认为教育工作价值观是教育工作主体的价值观，并不意味教育工作系统中作为教育工作客体的人没有价值观。因为教育工作是教育工作主体作用于教育工作客体的特殊实践或主体性活动，因而教育工作价值观是指导教育工作主体的观念而有别于教育工作客体的价值观念。当然，在研究教育工作的价值观念时，不能也不应回避受教育者的价值观念，因为凡是人都有自己特定的价值原则和价值判断。不过，教育工作过程实际上是用教育工作者的价值观影响受教育者价值观的复杂思想过程，或者说是主体价值观和客体价值观之间的求同过程，在此意义上，又可以将教育工作价值观规定为教育工作中占主导地位的教育工作主体的价值观念。

首先，教育工作价值观表现为教育工作者对教育工作环境的体认。教育工作系统存在于一定的社会环境中，教育工作要正常进行以维持并发展组织系统，就必须了解、适应环境，同环境进行物质、能量、信息、人员的交换。而在了解适应环境的过程中，教育工作者一方面必须搜集整理环境的信息，力求使自己的认识符合外在环境的本来面目；另一方面又要根据自身的目的和需要去筛选信息，并按自己的价值方式去整理信息和评价信息，从而对环境做出好或坏的价值判断。所谓对环境的体认，指的就是教育工作者通过多次教育工作实践而形成的对环境好坏的辨识能力和判断标准，而这种辨识能力和判断标准，即是教育工作价值观的一种表现。任何时代的教育工作或现代任何一类教育工作，教育工作者首先要考虑的对象不是自身所处的系统而是系统所面临的组织环境。只有对环境有尽可能详尽的了解并对之进行了一番"审时度势"的价值判断之后，才可能进行别的思考。

其次，教育工作价值观表现在组织目标的选择确立领域。当对外部环境有所了解并确认环境对组织有无意义之后，接下来教育工作者便要根据组织的需要和环境的可能，确立组织行为的目标。任何一类组织目标的确立既不是任意选定的，也不是自发产生的，而必须依赖可能和需要两个条件。一是目的要有实现的可能性。如某种目的尽管很有意义但在现实中缺乏根据、无论如何都不可能实现，那么这种目的就是空洞无边的幻想，注定不能实现；二是目的要符合教育工作者或教育工作系统的需要。如果不适合需要，尽管在现实中有实现的根据，教育工作者因其对自身需要无关甚或有害，也是不会将其确立为目标的。可见，在确立教育工作目的的过程中，也有两种观念在同时起作用，分析目的有无可能、能否转化为现实，这依据事实观念；而确认目的有无意义、哪种目的符合组织的主观需要，这依据价值观念。总之，组织目的既然不是环境强加给组织系统的，而是组织的教育工作者在分析环境的多种可能性之后进行价值选择的结果，这样，在同一环境中，不同的组织因有不同的价值观念从而产生不同的组织目的，就是很自然的现象。相反，以为同一环境只能产生同一目的则是形而上学的机械决定论。

最后，教育工作价值观表现为对教育工作结果的评价和对组织未来的期望。教育工作过程的终结，必形成一定形式的教育工作结果。教育工作者必须对结果进行评价。如果结果符合预设的目的，便做出定性评价；而不符合预设的目的，就要做出否定性评价。不过在实际教育工作过程中，参与评价的人存在价值观念上的差异，而教育工作结果一般又不可能与预期目的完全符合，所以评价教育工作结果并不像上文所述的那样简单，必然充满歧见和争议。当某一教育工作过程结束而对未来教育工作进行设想的时候，因人们价值观念的差异和理想期望不同，人们对教育工作前景的设想和所期待的东西也必然不一致。这种不一致即人们常说的目光有远近之分、境界有高下之别。

三、开展思想政治教育领域实践教学活动过程中的教育工作方法与艺术

（一）教育工作方法及其系统结构

教育工作作为一种特殊的实践活动，有其独有的方法。如何认识和界定教育工作方法的问题，是一个需要认真探讨的话题。

首先，教育工作方法不是教育工作活动中人们所采用的一切方法，只是教育工作者进行教育工作的方法，特别是教育受教育者的方法。教育工作作为一种社会组织活动，是教育工作主体和教育工作客体的互动过程。在教育工作过程中，教育工作者和受教育者都在活动，二者都有自己作用的对象，同时也都借助于一定的方法。但是，绝不能认为教育工作活动过程中人们所采用的方法就是教育工作方法。因为，受教育者在教育工作过程中虽然也在活动，但他们从事的不是教育活动，其方法不具有严格的教育工作方法。而教育工作者的活动才是教育工作活动，是教育人或通过教育人来实现教育相关目标的特殊实践活动。因此，只有教育工作者的行为方式才具有教育工作的属性，其方法才是严格意义的教育工作方法。如果将教育工作过程中所有成员所使用的方法都看成教育工作方法，就会混淆模糊教育工作者同受教育者的界限。

其次，在研究教育工作方法时，还有注意一种观点。有人承认教育工作方法是教育工作者的方法，但又认为只有教育工作者在教学活动中的教育工作实践方法才属于教育工作方法，而将教育工作者进行教学准备、教学方案设计与决策等思维活动所采用的教育工作认识方法排除在教育工作方法之外。这种观点是很片面的，教育工作方法不仅包括教育工作者的实践方法，也包括他们的认识方法，这是因为完整的教育工作活动不仅包括教育工作主体对教育工作客体一系列的教育活动，还包括教育工作主体对教学目标的设计、论证、择优和计划的制定，这两类活动都需要借助一定的方法，而这两类活动也都具有教育工作的性质。如果将教育工作者的认识方法排除在教育工作方法之外，这不仅是教育工作的片面理解，也与现代教育工作特别是当代教育工作丰富的内涵明显不合。在现代教育工作中，教育工作者常常既是教学计划（即便是在基础教育和社会教育领域教育工作者也会参与教学方案与计划设计）的制定者，同时又是计划的执行者，他们所采用的方法既具有教育工作实践的属性，又具有教育工作的认识属性。所以，将教育工作方法仅仅看成教学工作的实践方法是不正确的，教育工作方法应当包括教育工作者为达到教育目标、实现教育工作职能、确保教育工作活动顺利进行的各种手段、工具、措施和方式的总称，在本质上它属于教育工作主体的精神性工具。

既然教育工作方法是教育工作者进行教育工作所采用的各种工具和手段，这就说明教育工作方法不是一种而是多种。

教育工作方法作为一个系统，是由多层次多侧面的不同方法按照一定结构有机组成的。从方法的总体特征来分类，教育工作方法可以划分为教育工作者的认识方法和实践方法；按教育工作方法的普遍性程度，又可划分为哲学方法和教育技术工作方法；按教育工作方法系统的历史形态划分，还可划分为传统的教育工作方法和现代教育工作方法。下面重点介绍教育工作涉及的哲学方法、一般方法和技术方法及其关系。

所谓哲学方法，是指教育工作者运用某种哲学观察教育工作世界和指导教育工作活动的方法，它包括教育工作者如何理解教育工作的社会本质和一般规律，如何确立教育工作的最终目标和进行价值判断，怎样评价自身和受教育者的能力以及二者的基本关系，怎样在宏观上把握教育组织和环境、教育单位和社会之间的关系等等。在涉及教育工作的根本路线、战略决策、基本原则和思路等重大问题，大都需要借助哲学方法，有关基本信仰的一系列思想价值教育工作涉及的问题，也离不开哲学方法。这种方法具有最大的普遍性也最抽象，初看起来似乎不能直接解决教育工作中任何具体问题，因而常常被人们所忽视，好像哲学与教育工作无关。实际上，教育工作者是离不开哲学的，哲学决定教育工作者的思维方式和行动路线，自觉或不自觉地影响着各种教育工作活动，并在一定条件下决定着教育工作的成败，为教育工作者提供了必不可少的方法论原则。

与哲学方法相关但又不同的另一类教育工作方法是一般方法。同哲学方法相比，这类方法没有哲学方法那么广的普遍性和形式上的抽象性，显得比较具体，容易操作、但与更具体的技术方法相比，又具有相当大的普遍性，可以为不同的教育工作所共用，这就是一般教育工作法。

教育工作者特别是基层教育工作者常用的教育工作方法是具体的教育技术方法。这里的"技术"不是指工程技术，不是人们常说的各种技术工具（如计算机、打字机、现代通信设备和各类电子监测仪等），而是指各教育工作者进行教育工作的具体方法和技巧。教育技术方法是最具体最易操作的方法，同时也是最直观最丰富的教育工作手段，为教育工作者提供明确的教育工作工具和具体的教育工作手段。

教育工作方法之所以成为一个系统，正是由于教育工作者所采用的不是一种方法或一类方法，而是综合使用上述三类方法。一方面，这三类方法分属于教育工作的不同层次，各有自己的特点和功能，彼此不能取代。另一方面，这三类方法又相互制约、相互影响、互为补充，综合运用于教育工作。一般来说，属于最高层次的哲学方法，因为它侧重于宏观决策和总体设计；属于中间层的一般方法，因其通用性和一定范围的规范性，是教育工作者最常用的。技术方法因为具体而实用性强，往往成为教育工作者在具体教育工作中的手段。因为教育工作方法是一个系统，各类方法单独使用都不能发挥最佳的组织教育工作效用，只有三者兼用、互相配合共同作用于受教育者才能更好地实现教育目标。因此，教育工作者应当树立系统教育工作观念，既注意克服方法上的单一化倾向，又杜绝不同方法的混淆和错位。

（二）教育工作艺术

艺术的本义是指运用形象思维把握外部世界的一种社会意识形态，具有一系列不同于科学思维的特点。当教育工作者面临常规方法不能解决的问题而需采用机动、灵活的方式和使用创造性思维时，常常用"艺术"一词来描述这类行为方式。在教育工作方法系统中，上述各类方法因各有其特点、功能和运用的常规程序，但只是对教育工作方法一种大致的分类和定型的描述，没有也不可能穷尽教育工作方法的一切方面。而在具体运用这些方法时，教育工作者还需掌握一种方法，这就是教育工作艺术。

所谓教育工作艺术，既可以说是如何选择运用教育工作方法的方法，也可以说是创造性进行教育工作的一种应变能力和教育工作技巧。对同一教育工作对象，不同的教育工作者可能选择不同的教育工作方法，这种选择就包含着教育工作艺术；不同教育工作者选择同一教育工作方法运用于同一教育工作对象，但结果大不一样，这说明运用方法也有艺术。在教育工作的整个过程中和诸多环节上，教育工作者需要遵循一般的教育工作法则来进行教育工作。但因教育工作过程变幻万端，教育工作对象复杂多样，教育工作也不可能死守某一范式，或是机械照搬某一方法，教育工作者应当机动灵活地进行教育工作，"艺术"地使用各类教育工作方法，掌握有关的教育工作艺术。

教育工作艺术外化表现在教育工作者的讲话技巧方面。语言是表达思维的工具，在教育工作实践中，教育工作者的教学活动必须要运用讲话的艺术或技巧。

在教育工作实践中教育工作者的语言艺术是非常重要的，稍有不慎就可能前功尽弃或半途而废。同样的内容不同的教育工作者以不同的方式讲出来效果便大不一样。教育工作者如果没有丰富的科学知识、足够的信息量和感染力就不能抓住人们的思想，就会使自己失去吸引力，教育工作也就无效果可言。

第二节　思想政治教育领域实践育人工作逻辑思维方法

一、逻辑思维的概念

(一)"逻辑"思维的含义

"逻辑"一词是由希腊文音译过来的。其原意是指思想、言辞、理性规律性。"逻辑"是一个充满歧义的词，几乎每一个逻辑学家、哲学家以及自然科学家都有他们各自所理解的"逻辑"，对逻辑的定义众说纷纭，没有共识的。总体上看，逻辑研究的是理性思维，即是人们通过大脑的抽象作用对客观内在规定性的认识，是认识的发展的高级阶段。对逻辑有广义和狭义上的不同理解。

广义的逻辑泛指与人的思维和论辩有关的形式规律和方法。逻辑思维与形象思维相对，通常是指人们思考问题时，从某些已知条件出发，借助概念、判断、推理这些思维形式，推出合理的结论的规律。广义上的逻辑可包括以下几个层次：

第一层次，指客观事物发展的规律性。

第二层次，指思维的规律性。

第三层次，指某种理论，观点或说法。

第四层次，逻辑就是方法论，就是处理人生中许多事情的方法，就是基于已知的事实或条件运用科学的思维过程，利用最合理的技巧，做出接近于真实的判断方法。

第五层次，逻辑学是研究思维及其规律的科学。

狭义的逻辑主要研究推理，是关于推理有效性的科学，形式上表现为用特制的人工符号语言和公理化方法构造的形式系统。逻辑思维也叫抽象思维。所谓抽象就是在思维过程中撇开事物的具体形象而取其本质，逻辑思维的抽象特征与形象思维整体性特征正好相对。因此可以说，逻辑思维是一种比较简单的直逼事物本质的"线型性"思维。逻辑思维通常分为形式逻辑思维和辩证逻辑思维。形式逻辑思维又分为归纳思维和演绎思维。

（二）逻辑思维的基本形式

逻辑思维的基本形式是概念、判断和推理。概念、判断和推理这几个思维形式是互相联系的。概念的形成往往要通过一定的判断和推理过程，判断是肯定或否定概念之间的联系关系，而判断的结论是通过推理获得的。

1. 概念

概念是人脑对事物的一般特征和本质属性的反映，是在抽象概括的基础上形成的。概念不反映事物的非本质属性，例如人这一概念只反映人是有思维能力的高等动物，有五官、四肢、直立行走等本质属性，而不反映是黑人还是白人，是男人还是女人等非本质属性。概念和词有不可分割的联系。每一个概念都是由于词的抽象性和概括性的刺激作用而在人脑中产生和存在着，并以词的意义或含义的形态在人脑中形成表象和巩固（记忆）下来，也就是说概括是用词来标志的，每一个词都代表着一个概念。

2. 判断

判断是指人脑凭借语言的作用，反映事物的情况或事物之间的关系，并通过判断的过程达到某种结果（或结论）。可见判断一词具有两种含义，一种是指人脑产生判断的思维过程；另一种是人脑经过判断过程产生的思想形式。判断是通过肯定或否定来断定事物的。肯定或否定是判断的特殊本质。事物的存在、价值或事物之间的关系，都是通过肯定或否定作出判断的。人在判断的独立性和机敏性方面会表现出很大的个体差异，差异性取决于判断主体的性格、相关知识和经验等。判断可以分为简单判断和复合判断。

3. 推理

推理就是人脑凭借语言的作用，通过某些判断的分析和综合，以引出新的判断的过程。所引出的新的判断叫做结论。在进行推理的过程中所依据的已有的判断称为"前提"，也就是说已有的概括性认识和有关材料或事实是人在头脑中进行推理时所必须依据的前提，对过去的推断或对未来的预测是人经过在头脑中经过推理所得到的结论。很多判断都是推理的结果，所以，推理是思维最基本的形式之一。推理可以分为归纳推理和演绎推理。归纳推理是从特殊事例到一般原理，演绎性推理是从一般原理到特殊事例。

（三）逻辑思维在创新活动中的作用

逻辑思维是人类揭示客观世界的本质和规律的极其重要的思维活动形式。逻辑思维包括形式逻辑思维和辩证逻辑思维。随着科学技术的发展，机械论自然观已被辩证论自然观所取代，辩证逻辑思维，使人们对自然界有了更为深刻的了解。创造、创新活动中，紧张—松弛—紧张的循环，也标示了灵感—顿悟的心理机制。顿悟是紧张思索，"能量"积蓄在松弛期间，潜意识活动中的突发。因此其简单的模式可以归结为积累—突发。积累的过程，正是人们面对问题用已有知识和经验冥思苦想的过程。这一过程不仅有过去的记忆，也有大量针对问题和占有资料的分析、运演、判断、归纳，形成新的形象的过程，因此我们断言在创造、创新过程中的中间阶段，同样有逻辑思维的不可取代的作用。联系逻辑思维在创造、创新过程中，前期和后期的作用我们可以清楚地认识到，逻辑思维几乎渗透到人类获取所有新理论和新知识的每一个过程。具体说来逻辑思维在创新活动中的作用有以下几点。

1. 发现问题

发现问题是创新过程的起点，发现问题的方法很多，通过逻辑思维来发现问题是一条重要途径。在现实生活和社会科学领域中，矛盾就是问题，问题本身也蕴涵着矛盾，在某种意义上讲，矛盾与问题是同一的。矛盾在现实中是无处不在无时不有的，如理论与理论的矛盾，理论与检验的矛盾，理论与实践的矛盾，需求与现实的矛盾等。要发现矛盾就要对现实进行考察，考察中又会发现新的矛盾。

2. 直接实现创造创新

并非逻辑思维根本就不能创新，有些问题的创造性解决就是直接用逻辑思维的结果。比如毛泽东的《论持久战》，就是通过严密的逻辑思维分析抗日战争发展的基本规律提出要经过三个阶段才能取得最后的胜利，成为抗日战争的指导思想。

3. 筛选设想

不管采用哪些新思维的方法，都可能提出两种以上的新设想或创新途径，这就需要根据可行性、价值和社会效益等进行筛选。筛选的过程，主要用的就是逻辑思维。对每种设想进行分析、比较，做出判断、决定取舍，这都是逻辑思维的任务。

4. 评价成果或验证结论

创新成果完成之后要进行鉴定或验证，给出正确的评价，评价过程一般要进行逻辑比较，判断其水平，验证也要符合逻辑常规的程序。

二、归纳思维

(一) 归纳思维

人们对客观事物的认识，一般多是从认识个别事物开始的，即先认识一个个单独的对象，然后才能进一步把握其一般规律。归纳思维是一种从若干个同类个别事物或经验知识，概括出一般性认识或结论的思维方法。这种概括常常由部分推论到全体，它能够扩大人们的认识范围，并对已有理论提供一定程度的支持。

归纳思维是根据个别知识概括出一般性知识的思维 a 这种思维的方法称之为归纳法，这种思维的形式称之为归纳推理。其主要特点是：

1. 从个别到一般

从个别到一般就是人类由事物的个别知识概括出一般认识的过程。归纳思维所依据的个别性知识的可分为两种类型。一类是人们通过观察或实验所获得的关于思维对象自身属性的经验知识；另一类是人们在思维过程中积累起来的关于"方法"的若干次使用情况的经验认识。

归纳思维之所以能被人们大量运用，是因为人们的认识总是离不开从若干分散的实际情形到一般性概括的过程。而这种从个别到一般的概括遵循了以下原则：如果大量的情况A（A1、A2……An）在各种情况下被观察到，而且如果所有这些被观察到的A都毫无例外地具有性质B，所以，所有A都有性质B。这一原则在逻辑学上称为"归纳法原则"，它是人们进行归纳思维所依据的原理。

2. 从部分到整体

在归纳思维中，从个别性知识得出一般性结论，除了极为有限的完全归纳概括外，一般的归纳思维过程都拓展了认识范围，也就是说结论所断定范围超出了前提所涉及的范围，即由部分扩展到了全体。正是由于归纳思维突破了前提所断定的范围，人们的思维才能够突破当前情境的局限而扩大了认识领域，并获得新的知识。需要指出的是归纳思维从部分推论至全体，虽然扩大了认识范围，但其结论不具有必然性。

从上述分析中可以看出归纳思维是容易发生"以偏概全"的错误的，也就是说把部分对象所特有的属性，推广到其他对象上，而其他对象又不具有这种属性。因此，在归纳思维中应尽量扩大考察的对象数量及考察范围，注意分析被考察的属性是否为部分对象所特有，以提高概括的结论的可靠性。

3. 扩展认识范围

归纳思维根据对部分对象的认识推论到该类事物的全体对象，所得出的结论不具有逻辑必然性；但它能弥补人的认识能力的有限性，扩大人的认识范围，拓展知识。应用归纳思维来扩大认识范围、升华知识层次，不仅有其必要性，也有其客观可能性。归纳思维是以同类事物为基础的，是在同类事物范围内的扩大。客观世界中，同类的若干事物，尽管有其特殊性和差异性，但都存在着共性和普遍性，而且共性中还包含有本质属性。如果我们在经验中反映出该类事物的共性，那么所做的推广就有了可靠的基础；如果已知的关于部分对象的经验认识中反映了该类事物的本质属性，那么所做的推广就更可靠。

4. 支持理论原理

理论正确与否是要靠实践活动来检验的。一个理论是怎样得到支持的呢？一般来说，当一个理论（或观点）提出来以后，首先要以该理论为出发点推导出大量可以进行实践检验的事实，这些事实包括该理论所能解释的已知事实以及所能预测的未知事实，然后根据这些事实来支持该理论，说明该理论成立。

归纳思维因其注重个别性事实，它能够利用事实给理论提出支持；同时，因其结论不必具有必然性，因而给理论支持不是充分的，只能是一定程度的支持，即不足以完全证明一个理论。

（二）演绎思维

演绎思维是一种从一般性知识推演到个别性知识，得出新结论的思维方法。在演绎思维中一般性知识（如理论性知识、规律性知识等）起着重要作用，它既为人们的思维推演提供依据，也为人们的行为提供规范。思维推演活动既不同于归纳概括，也不同于横向类推，它借助于一般性的理论知识，来推论某类个别性事物所具有的属性。

思维推演中所依据的理论知识，是相对于经验而言的，它是以全称命题形式表述的关于概括经验事实共性的经验定律和反映事物间普遍性的理论原理。理论性知识都概括了一类事物的普遍性特征或普遍性规律，它涵盖了该类所有个体的共同性，因而适用所有个体事物。理论性知识为人们推断它所涉及的具体经验事实提供了依据。

理论性知识具有普遍性特征，因而具有规范和指导作用。在一切政治、经济活动中，政策法则为人们提供了规范和指导性政策，是创新活动中必须遵守的原则。

1. 演绎思维的特点

①从普遍性到特殊性

演绎一词来自拉丁文"deduct"（引申），后来它泛指从一般到个别的指论，即以某些一般性（普遍性）的知识为前提，推出个别性（特殊性）知识的结论。

②结论受到前提的严格限制

所谓结论受到前提的严格限制，就是演绎思维从一类事物理论到该类的部分对象，结论所断定的范围决不会超出前提所断定的范围。

③推断的必然性

演绎思维从一般到特殊，结论所断定的范围不超出前所断定的范围，结论也就被前提所蕴含，即前提与结论有必然性联系。真前提必然能推出真结论。前提与结论这种必然联系或称作结论的必然性是就其逻辑形式而言的，而不是指结论的真实性。结论真实性，既依赖逻辑形式的正确又依靠于前提的真实。

④深化认知领域

演绎思维因从一般到特殊，可以依据客观事物联系的普遍性和层次性，做出层层递进，连锁推导，从而不断深化认知领域，也为创造扩展了途径。

2. 演绎思维的方法

从一般推导特殊的演绎思维，有多种具体方法和形式，大致可分为直接推理、三段论选言推理、假言推理等。演绎思维结合科学探索活动的思维实际，还有演绎解释法、演绎预测法、演绎论证法和公理证明法。

三、分析与综合思维方法

分析思维与综合思维是形式逻辑和辩证逻辑思维共同研究的方法。在形式逻辑思维中只是作为处理一般经验材料的方法进行探讨的，矛盾分析思维法则是辩证逻辑思维中研究的重要问题。

（一）分析思维

分析就是人们在思维活动中，把研究对象由统一整体分解为各个组成部分、各个方面或独立特征的要素，并对它的各个组成部分或各种要素分别进行研究，揭示出它们的属性和本质，也即从未知追溯至已知的思维方法和研究方法，简称分析，也称分析思维或分析方法。

任何一个客观事物都是由各个部分或各种要素组成的复杂的有机整体，同时任何事物都构成一个独立系统，它们通过自身的运动、变化和发展过程中所表现出来的各种各样的现象表现出来的。同时，任何一个客观事物或现象又与其他事物或现象处于相互联系之中。对于呈现在人们面前的复杂的、有机整体的自然事物或现象，仅凭直观是无法认识它们的各种特殊的属性和本质的，也更无法认识它们的根本属性和规律。因此，为了从总体上揭示和把握研究对象的性质及其规律性，首先必须了解复杂事物的各个部分或各种要素的性质和特点，也就是分析各种矛盾及矛盾的各个方面的特殊性。

运用分析的思维方法研究事物，必须把被考察的事物的各个组成部分或组成要素在思维过程中暂时的从总体中抽取出来，抛开无关紧要的因素和相关影响，以对各部分或要素的单独作用进行深入的研究。

分析的任务就是对事物的各个部分或要素进行研究，了解研究对象的属性和本质、并使人们对事物有比较清晰的认识，为进一步把握揭示事物总体的性质与规律奠定基础。分析的初期目标是要考察研究对象的各组成部分或要素，在运动变化中的各自的地位，所起的作用以及他们之间的相关联系与制约关系，为进一步寻求判断事物的各种属性的基础，情报资源，提供前提条件。

分析方法的基本特点有以下两点：

第一，暂时的分割，孤立地进行研究，变整体为部分、变复杂为简单、化难为易，加深对事物的理解和掌握。

第二，深入事物或现象的内部了解和掌握各个细节，揭示内部的各个方面，各个因素的本质。

从不同的角度看分析的种类，有多种形式，其侧重点也各不相同，具体说来有以下几种分类方法。

第一种，从分析要达到目的来看，可分为定性分析与定量分析。定性分析是择取对象的某种特定性质，确定对象的某种特征，使之与其他事物区别开来，也可以说定性分析主要解决有没有的问题。定量分析则是为了确定对象各种要素，成分的数量、规模、大小、速度等。也就是说定量分析要解决的是有多少的问题。

第二种，从分析方向来看，可分为单向分析、双向分析及矛盾分析。单向分析，即分析一事物的影响和作用，研究单向因果联系。双向分析，即不仅分析单向因果联系，而且分析作为结果的现象是否反过来对于原因产生作用，是研究双向因果联系。矛盾分析，则是专门研究具有对立统一关系的事物，对其矛盾着的各个方面加以对比，以便把握对立双方的性质，数量和相互关系。

第三种，从分析的客观对象来看，可分为要素分析和结构分析。要素分析即分析构成对象整体的各个要素成分或方面。结构分析主要是分析各要素间的关系，如因果关系、互动关系、反馈关系等，是把握构成对象的基本手段。

分析方法着眼于研究对象内部的各个细节，因此有助于分辩真相和"假象"，以及哪些是无关的因素，从而可以摆脱假象和无关因素的影响。使用分析方法可以透过事物的现象去研究其组成部分的结构、特点和属性，掌握它们的相互关系及作用方式，进一步认识研究对象的性质与规律。

应当指出，分析方法主要着眼于局部的研究和分割孤立的考察，容易忽视事物间的有机联系，因此，在工作中必须对此问题予以充分注意。

2. 综合方法

（1）概述

综合一词有多种解释。从创造性思维角度出发，综合可以被理解为是一种以问题为中心的按一定的规律和模式有序地组织材料和整合材料的思维方法。

综合方法就是在分析的基础上，通过科学的概括或总结，在思维中把研究对象的各个组成部分或各种要素，再组合成有机整体。它是从整体上揭示和把握事物性质和根本规律的科学思维方法和研究方法，从已知引导到未知、从局部引导到全局。

综合思维是通过对所得到的与某个问题、任务、计划相关的全部认识加以比较、分析、组合、归纳、类比，从总体上、宏观上透视找出各要素、各部分、各层次之间的内在联系，按一定的方式和要求予以整合，使之形成整体性、系统性的认识。

综合的任务和目的在于它不是局部创新的叠加，而是对局部创新的摒弃，是从有机整体上揭示和把握研究对象的根本性质和根本规律，变局部的合理性为总体或全局的合理性，以解决生产实践、科学实验或人们日常生活中所提出的急需解决的问题。

对于复杂的事物对象，综合思维还必须注意到综合的多元性、层次性和复杂性，综合是一个复杂的历史过程，也是一个不断更新的过程。

（2）综合的作用

第一，综合是研究领域贯穿始终的基本思维方式或方法。

随着研究工作的发展，每个学科领域都形成自身完备的系统，系统的内部的各个组成部分（分支）是彼此联系、相互制约的，具有历史性、现实性和未来发展的内在联系。随着横断科学的发展，一个学科领域或一个学科又与多个学科领域产生更为广泛的联系，而构成更大的系统。因此，对这些学科的研究必须具有系统综合的观点为指导，用综合的方法解决问题。

第二，综合是对多种思维结果的摒弃。

在创新活动中，广泛运用发散思维、类比思维、直觉，想象等思维形式和方法进行思考，思考过程多半是以具体问题为诱导，所产生的思想观念往往是局部的、分立的、"就事论事"的，由于缺少系统的全局的指导因而可能是不完全的、不精确的，是针对特殊矛盾而产生的，有时彼此是相互对立的，这一切都必须以整体观念，用综合方法去粗取精、去伪存真进行合理的有机合成。

第三，运用综合方法有助于克服分析方法的局限性。

分析方法是对局部认识，而非最终的目的，它是探索自然奥秘过程中所采取的一种手段和环节，是为综合做准备的；综合则是对分析结果进一步的理性认识，是在分析基础上的科学组合和摒弃。

第四，运用综合方法弥补演绎法的不足。

演绎法在从一般推理导出个别事物的属性时，无法反映具体事物属性的多样性。综合是在分析研究具体实践而积累起来丰富而真实经验材料的基础上进行的，它得出的一般性结论能够反映出研究对象的多样性本质，因而，所得出的一般性结论比较全面，也更可靠，从而弥补了演绎法的不足之处。

（3）分析与综合的辩证关系

分析综合就是对立统一，既区别又相联系不可分割。

分析与综合的区别是：分析是理论思维把研究对象分解为各个部分并加以研究的方法，它是化整体为部分，化整体为单元，由未知追溯到已知；而综合则是理论思维变部分为有机联系的统一整体，化单元为整体，由已知引导到未知。分析与综合又是统一的，相互联系、相互依存的，两者有着不可分割的切实联系。主要表现在以下几个方面：

首先，分析是综合的基础。

要使研究的结果能够正确地反映事物多样性的统一，就必须以客观事物多样性的统一为基础。人们研究事物，一般是先分析、后综合，这就是说正确的综合必须是先分析研究对象多样性同内部各个方面的本质及各种因素的特点，而后进行综合。问题是一种表象，而问题的实质是事物内部的矛盾；解决矛盾才是解决问题的根本。矛盾是由事物内部各个方面本质和特点在事物内部各个部分相互联系与作用的内因，因而只有了解事物内部的联系进行周密的分析，才能使问题的"面貌"明晰地呈现出来，才能做综合工作。全面的了解整体的特性与规律，从而达到解决问题的目的。从以上分析可看出分析是综合的基础，没有分析也就没有综合的前提。

其次，综合是分析的完善和发展。

分析本身不是科学研究的最终目的，而只是认识事物的一种手段，分析本身也有一定的局限性度因此，对事物或现象的研究和认识，还必须进一步深入，通过综合，以便揭示出研究对象最根本的性质和规律。

最后，分析与综合矛盾双方在一定条件下可以相互转化。

分析与综合在统一认识过程中，各自行使与这一总的认识过程一定阶段相适应的职能。在认识过程前期，分析是矛盾的主要方面；在认识过程的后期，当对研究对象的分析已达到一定程度，对研究各个方面的本质有了充分的认识，积累了一定的经验和科学事实之后，分析便转化为综合而成为主要矛盾。当综合得到一般原理、结论，并以此去分析未知的客观事物或现象则分析又转化为主要矛盾方面，而综合又降为次要矛盾。这种螺旋式的循环往复，使人们对客观事物的认识不断地扩大和加深。

在自然科学中，人们对客观事物的认识，就是一个不断分析和不断综合的辩证发展过程，可以概括为：分析——综合——再分析——再综合……的不断深化的发展程式。

综上所述，分析与综合是对立统一关系，是相辅相成的两种思维和研究方法。只有从对立统一关系去认识分析方法，才能深刻理解把两者结合起来的重要意义。

第六章 新时代高校思想政治教育的评估

第一节 高校思想政治教育评估概述

一、高校思想政治教育评估的内涵

思想政治教育评估就是根据社会对思想政治教育的要求以及思想政治教育评估对象的实际，确立指标体系，运用测评和统计等先进方法，对思想政治教育的实际效果进行价值判断的过程。据此，思想政治教育评估就是教育主管部门或高校根据学生思想政治教育的目标、要求以及学生的思想实际，确立指标体系，运用测量和统计等先进方法，对思想政治教育的保障机制、实施过程及实际效果等进行价值判断的过程。它为考核教育者（部门）的工作绩效和制定科学的思想政治教育决策提供重要依据。

思想政治教育评估的首要内容是对思想政治教育是否实现了预期目标进行评估。思想政治教育的根本目标在于提高学生的思想政治素质，思想政治教育的一切活动都必须围绕这个根本目标，促进这个目标的实现。如果通过实施日常思想政治教育，学生的思想素质、政治素质、道德素质、理论素质都得到了较大幅度的提高，这说明思想政治教育取得了良好的实际效果。否则，说明思想政治教育的效果还不够好，没有实现学生思想政治素质教育的目标。因此，思想政治教育评估，必须依据思想政治教育的目标，围绕学生思想政治素质的表现，构建评估指标体系，客观地反映学生思想政治素质的变化情况，评估思想政治教育的实际效果。

此外，思想政治教育的保障机制、实施过程也是评估的重要内容。思想政治教育的保障机制、实施过程是影响思想政治教育取得实效的关键因素。只有建立健全完善的领导机制、管理制度，保证一定的人员配备、物质投入，组织、落实好每次教育活动，思想政治教育才能达到预期的目标。对思想政治教育的保障机制、实施过程进行评估，实质上是对思想政治教育的指导、要求，体现了评估的调控功能。

二、高校思想政治教育评估的特点

高校思想政治教育评估是一项极其复杂的教育实践活动，虽然具有现代评估活动的一般特征，遵循评估活动的一般规律，但它还有其自身的特点。

（一）导向性

评估的目的在于改进和完善，高校思想政治教育的评估是有计划、有组织的自觉活动，是以一定的目标需要、愿望为准绳的价值判断过程。高校思想政治教育评估通过对高校思想政治教育现状的调查、分析、描述与评估，能够及时发现和总结高校思想政治教育取得的成绩和存在的问题，成为下一个阶段思想政治教育工作重要的实践经验，从而使高校思想政治教育沿着正确的轨道运行。

（二）客观性

高校思想政治教育的评估是由有意识、有目的的人参与的，但这并不排斥高校思想政治教育的评估具有客观性的特点。高校思想政治教育的评估正是要实现对高校思想政治教育客观过程真实的正确评判。能否坚持高校思想政治教育评估的客观性，既关系到能否坚持唯物论和辩证法的科学真理，又关系到评估的可信度问题。坚持高校思想政治教育评估的客观性，就是坚持实事求是，一切从实际出发。排除人的主观随意性、片面性和表面性，真实而又全面地反映高校思想政治教育的实际效果，否则就有可能夸大或缩小高校思想政治教育的实际效果，而做出错误的评判。

（三）阶级性

高校思想政治教育的评估总是由一定阶级、集团和个人来实施的。他们总是从本阶级、集团的利益、需要出发，也总是依据本阶级设定的高校思想政治教育的目的、目标和要求来衡量的。就是说，各个阶级评估高校思想政治教育效果的标准是不同的，甚至是截然相反的。因此，高校思想政治教育的评估有着强烈的阶级性。

我们对高校思想政治教育的评估是以马列主义为指导，站在无产阶级的立场，以党的根本任务和高校思想政治教育的具体目的、目标来进行高校思想政治教育的效果评估。当前，我们的根本任务是实现社会主义现代化和全面建设小康社会，评估高校思想政治教育的效果和社会作用，就不能离开这个宏伟的战略目标。

（四）整体性

高校思想政治教育是一个极其复杂的系统工程，这是由高校思想政治教育效果作用范围的广泛性决定的。高校思想政治教育效果的形成，既要受到高校思想政治教育活动内部各系统之间相互作用的影响，又要受到社会客观条件的制约。因此，高校思想政治教育的评估既要充分估计社会大环境对高校思想政治教育的影响，又要十分注意对工作中各个环节和各种影响做出分析和评估，做到局部和整体有机结合。

高校思想政治教育的社会效果也是由诸多方面构成的统一整体。如果背离整体去评估高校思想政治教育的社会效果，如只看高校思想政治教育对生产力发展的效果，而不看它对精神文明建设的社会效果，那么就会犯形而上学的错误。因此，整体性是高校思想政治教育评估的重要特点。这就是说，对高校思想政治教育的实际效果、社会作用要作全面的整体上的分析，而不能片面地、挂一漏万地评估它的效果和社会作用。我们既要重视高校思想政治教育对生产力发展做出评估，又要评估它对生产关系发展的作用，还要评估它对上层建筑发展的作用，特别是要评判它对社会精神文明的发展的作用。既要注意分析高校思想政治教育表现出来的现实效果，也要研究高校思想政治教育潜在的和长期的效果。

另外，高校思想政治教育的效果表现为丰富多样的形式，决定了其评估的综合性特点。因此，评估指标的设立既要能反映人们所创造的物质成果，又要能反映人们所创造的精神成果。评估指标应包括德、能、勤、绩等内容，全面考察高校思想政治教育效果。

（五）动态性

高校思想政治教育评估，是随着高校思想政治教育的发展而发展的。因此现代思想教育评估具有动态性的特征，主要表现在以下几个方面。

1. 动态性是评估自身的特征

评估就是一个动态的过程。一方面在单独的一次思想政治教育评估中，包含着确定目标、收集资料、分析资料、形成判断、反馈指导等一系列的步骤，另一方面在整体的思想政治教育评估中则又包含着诊断性评估、形成性评估和终结性评估。

2. 思想政治教育评估是一个不断完善的过程

评估过程中的调整也表现为动态性特征。在评估过程中通过有意识地调整指标体系的设计，加强某些指标的权重等，都表现出对现定方案的进一步修正和完善。

3. 高校思想政治教育评估要紧跟高校思想政治教育效果的发展

高校思想政治教育效果具有滞后性的特征，因此实现思想政治教育效果的完整评估需要对教育对象进行持续的跟踪。高校思想政治教育的效果往往在实施工作管理之后一段时间才能体现，所以评估活动要经常性地开展。

三、高校思想政治教育评估的内容

（一）高校思想政治教育目标、内容设定的评估

高校思想政治教育是否有效，同高校思想政治教育的目标、内容的设定有着密切联系，如果设定的高校思想政治教育的目标和内容太高、太空、太远，甚至太抽象，即它严重地脱离高校思想政治教育对象的思想政治的实际，那么要想取得高校思想政治教育的良好效果，则是不可能的。如果设定的高校思想政治教育的目标和内容太低、太具体，那么要想取得高校思想政治教育的良好效果也是不可能的。因此，高校思想政治教育目标的设定，内容的确定，必须从高校思想政治教育对象的实际出发，这就需要摸清他们思想政治觉悟的高低、水平，分析他们思想政治素质的主流和支流，掌握他们的特点等。只有这样才能制定出切合高校思想政治教育实际的目标和内容，从而取得良好的高校思想政治教育的效果。

（二）高校思想政治教育实施的途径和方法的评估

高校思想政治教育的途径和方法也应该是高校思想政治教育评估的重要内容。因为，高校思想政治教育是否有效同实施它的途径和方法有着密切联系，即使高校思想政治教育的目标设定和内容选择得当，它符合教育对象的实际，但是，如果高校思想政治教育实施的途径和方法选择不当，同样达不到预期的效果。生动活泼、丰富多彩的寓教于乐的方法，把思想性、知识性和趣味性融为一体，潜移默化地感染人的方法，往往能使高校思想政治教育取得良好的效果。而那些简单的说教的方法，空洞无物的高喊口号的工作方法。通过行政手段强制人接受的方法，常常使教育对象产生逆反心理。

（三）对高校思想政治教育者和教育对象的评估

评估教育对象的素质及其受高校思想政治教育影响后的效果，也就构成了高校思想政治教育评估的重要内容。高校思想政治教育的效果如何，在很大程度上取决于工作者的素质，因为工作者处在高校思想政治教育的主导地位，如果工作者的思想素质、理论素质、政治素质、道德素质等都很高，那么他们就能制定出一整套科学实施高校思想政治教育的方针、办法和方法，从而提高高校思想政治教育的有效性；如果工作者的素质很差，那么要搞好高校思想政治教育，则是不可能的。因此，高校思想政治教育的评估，也必须对高校思想政治教育者的素质、水平及他们实施高校思想政治教育的方法、效果进行科学的评估。

工作效果的好坏，是否有效，不仅同工作者密切相关，而且取决于教育对象的思想道德素质和科学文化素质，如果教育对象的素质较高，理解力较强，那么他们就很容易接受高校思想政治教育所施加的影响；如果教育对象的素质很差，那么，要取得高校思想政治教育的良好效果也十分艰巨。

（四）高校思想政治教育效果性质和社会作用的评估

仅仅评估高校思想政治教育是否有效及有效程度是远远不够的。评估高校思想政治教育有效性质和社会作用，归根到底要从分析决定高校思想政治教育性质的经济关系入手，才能判明高校思想政治教育有效性质及其社会作用的性质。因为它并没有说明有效和无效的性质及其社会作用。这就需要进一步评估高校思想政治教育效果的性质及其社会作用。要评估这种效果的性质和社会作用，不能从高校思想政治教育自身是否有效得到评判，而是要看高校思想政治教育的目标和内容的性质。如果高校思想政治教育的目标和内容均具有先进的性质，即它是先进的经济关系的反映，那么，这种高校思想政治教育愈有效，就愈会起进步作用；如果高校思想政治教育的目标和内容具有落后的性质，即它是落后经济关系的反映，那么，这种高校思想政治教育愈有效，它就愈起着反动作用。

（五）对高校思想政治教育领导、管理部门的评估

高校思想政治教育是否有效同领导部门的组织领导、管理密切相关，这主要体现在以下几个方面。

1. 领导的重视程度

要评估领导部门对高校思想政治教育是否重视，是否能认真地制定科学的高校思想政治教育的总体决策、规划，是否能提出科学的指导思想和合乎实际的工作内容。

2. 管理制度与监督机制

评估领导部门是否建立一套行之有效的管理和监督机制及奖惩分明的良好制度，是否建立一支强有力的高素质的高校思想政治教育队伍，并不断培养和提高这支队伍各方面的素质。

3. 管理制度的实施情况

在高校思想政治教育过程中，领导和管理部门能把握方向，切实地指导，组织领导是

否有效，能否及时总结经验，不断提高高校思想政治教育的有效性。

4. 相关领导的态度作风

领导、管理部门的工作好坏，不仅直接关系到高校思想政治教育是否有效，而且关系到高校思想政治教育能否顺利进行，关系到高校思想政治教育的成败。如果领导、管理部门高度重视高校思想政治教育的，并在实际中加强领导和管理的，高校思想政治教育往往能取得良好的效果；如果领导和管理部门不重视高校思想政治教育的，要想搞好高校思想政治教育，则是困难的。

科学的高校思想政治教育评估体系是保证教育评估正确客观的重要因素。构建科学的思想政治教育评估体系一方面需要依据一定的客观性原则，另一方面要按照一定的步骤进行。科学的思想政治教育评估体系还必然包含着高校思想政治教育体系的创新问题。因此构建高校思想政治教育评估体系要做到客观与创新。

（六）高校思想政治教育效果的评估

高校思想政治教育究竟是否有效？这是高校思想政治教育评估的最主要的内容。所谓"有效"，是指能达到预期目的、效果，即正效应，一点预期目的都没有达到，称零效应，即无效果，同预期目的正好相反的效果，称负效应。高校思想政治教育的有效性是指高校思想政治教育者根据一定的内容向教育对象施加影响产生了积极的影响和发挥了一定的作用。从效果上看，高校思想政治教育达到了预期的目的，达到预期目的也是有层次的，它可分为有效、比较有效、基本有效和非常有效等不同的层次；从效益上看，教育对象的思想政治朝着设定的目标、施加影响内容方向转化，产生了有利于社会发展的效益；从效率上看，教育对象的思想政治在时间上发生或快或慢的变化。

要对高校思想政治教育是否有效做出正确的评估，必须注意高校思想政治教育有效性的复杂的表现形式。

1. 暂时的、具体的效果和长久的、根本的效果

前者是指在一定范围内、针对某些问题而进行的高校思想政治教育，它产生了暂时的效果。这种效果较为短暂，有时容易消失。后者是指对人们进行带有根本性、全面性的高校思想政治教育，如对人们进行世界观、人生观、价值观的影响，它能从根本上改变人们的思想政治观点。这种效果具有根本和持久的性质。

2. 精神效果和物质效果

前者是指通过高校思想政治教育能够改变人的思想政治观点，改变人的精神面貌，使人们的思想政治道德素质发生改变。这种改变既可以表现为前进的，也可以表现为后退的。后者是指通过高校思想政治教育，在改变了人们思想政治观点和精神面貌以后，精神的力量转化成物质力量，创造了更多的物质财富和精神财富，从而最终表现为物质效果，推动社会前进。当然也存在着另外一种情形，即腐朽的精神力量给物质力量带来巨大的破坏，阻碍社会和谐的发展。但这是一种负面的效果。

3. 直接的、现实的效果和潜在的、间接效果

前者是指通过高校思想政治教育，在较短的时间内，教育对象的思想政治观点发生了明显的变化，高校思想政治教育取得了"立竿见影"的效果；后者是指通过高校思想政治

教育，教育对象思想政治观点虽然没有明显的变化，但在他们的思想深处，世界观、人生观都在进行着量的变化，这是潜在的、间接的有效。随着时间的推移，这种效果一旦表现出来，它便转化为直接的现实的效果。

四、高校思想政治教育评估的重要性

高校思想政治教育的评估在高校思想政治教育中有着重要的作用，概括起来有如下三个方面。

（一）高校思想政治教育评估是高校思想政治教育的重要环节和组成部分

高校思想政治教育的实施是一个极其复杂的过程。这一过程包括四大基本环节：第一，确定工作目标，选择工作内容，制订工作计划，选择工作的方式方法；第二，教育者向教育对象实施影响，指导教育对象践行工作的目的、要求；第三，教育对象消化工作者灌输的思想政治观点和目的、目标，并付诸行动；第四，总结评估高校思想政治教育是否有效及其社会作用。

以上四个环节是密不可分的，缺少任何一个重要环节，都无法形成高校思想政治教育的整体。如果只有前三个环节，而无第四个环节。那么就根本无法知道高校思想政治教育是否有效及有效程度，也无法知道取得了哪些成绩，有什么经验和教训。如果连高校思想政治教育有什么社会效果都一概不知，那么这样的高校思想政治教育就成了虎头蛇尾，一切胸中无数，成了毫无结果的工作。因而，这样高校思想政治教育也就失去了意义，更谈不上对以后高校思想政治教育进行指导。可见，高校思想政治教育的评估是高校思想政治教育极为重要的组成部分和重要的环节。

（二）高校思想政治教育评估有助于创立科学的高校思想政治教育的理论体系

从系统论的观点来看，高校思想政治教育是一个控制系统，一定阶级、集团或个人为给定信息的控制者，作用于受控系统的教育对象，其接受了哪些信息、接受多少通过输出信息反馈到工作者那里，把给定的信息同反馈信息加以比较，从而确定高校思想政治教育实施的实际社会效果，为工作者进行有效的控制提供客观依据，从这个意义上说，高校思想政治教育的正确评估，也就是高校思想政治教育真实的正确反馈。因此，高校思想政治教育的正确评估是高校思想政治教育科学化的重要前提，也为创立科学的高校思想政治教育理论体系奠定了基础。

（三）高校思想政治教育评估有利于提高高校思想政治教育的有效性

高校思想政治教育的评估，就是对高校思想政治教育的效果和社会作用做出评判，通过评判就能确定高校思想政治教育的有效、无效及效果程度，把高校思想政治教育取得的成绩、经验与缺点、错误、教训分开，检查目标是否切合实际，目的是否达到，方法是否恰当，内容、要求是否合理等。这样，就为进一步改进和加强高校思想政治教育提供依据和指导，以便调整部署和进行新的安排，发扬成绩，纠正错误，推广经验，解决薄弱环节。改进和加强高校思想政治教育，为提高高校思想政治教育的有效性和质量提供重要途径。

第二节　高校思想政治教育评估的基本原则

一、高校思想政治教育的基本原则

（一）公开、公平、公正的原则

公开、公平、公正原则的价值追求，是评价工作的普遍性、平等性和正当性。公开是指评价方式、方法、对象等的公开；公平是指评价起点和标准的公平；公正是指评价基本价值取向的正当性。

1. 公开原则

在高校思想政治教育工作评价过程中，公开必须作为一项根本性的要求得到贯彻执行，同时还应该坚持多向度性和针对性。在高校思想政治教育工作评价机制语境下，公开就是将需要公开的事项多向度、针对性地公开。公开内容向度若以高校思想政治教育工作考评本身为参考系，可以视为考核的办法、考核的对象、考核的内容等；若立足本体之外可以视为公开的对象、考核的监督主体等。公开是公平、公正的基础，没有了公开也就没有了公平和公正。

2. 公平原则

公平是思想政治教育评价工作的重要保证。公平不是空洞的，而是包含具体内容的公平。结合思想政治评价工作的特质，公平的内容包括：起点公平、尺度公平和结果公平。

起点公平，是指评价的基准点要公平。对于被评价对象而言，处在不同基准线上而用同一种评价方法所取得的评价结果是不具有可比性和普遍意义的。具体说来，起点公平就是指评价的项目是统一的；评价的对象是相同的；所设置的评价指标也应该是相同的。

尺度公平，也称标准公平，是指在评价工作中所使用的评价标准、评价指标和指标体系是公平的。基于内容维度就是指标准、指标和指标体系的使用要具有公平性。

结果公平，就是评价的结果是可以用同一种方法去度量和实证的。结果公平就是指评价的最终结果是按照预先设定的标准归纳和演绎出来的，它对于所有被评价的对象都是适用的。

3. 公正原则

公正原则是思想政治教育评估工作的重要衡量基础，失去了公正原则将直接导致评价的失衡和结果的失真。公正包括对人公正、对事公正、程序公正和方法公正。对人公正就是所采用的评价系统对于所有被评价客体都是适用的，具有普遍性，不因人的各种差异而存在偏私或不平衡。具体来说就是：被评价者的民族、职称、身份、出身等都是公正的；评价不因评价者的主观意愿而改变，不因被评价对象的差异不同而改变；对事公正就是对思想政治评价工作公正；要求评价工作的参与者要正视这项工作，不带有任何偏见和私心杂念；评价者应当就事论事，不与任何不相关的工作相联系；不将个人偏见带到评价工作之中，不能公报私仇；确保对事公正，评价工作人员的思想道德素质和评价工作人员的产生机制是重要的制约保障。

（二）　和谐原则

和谐原则即以和谐理念为指导与核心，坚持以融洽、协调为根本要求评价高校思想政治教育的过程及其效果的原则。

和谐原则是评价高校思想政治教育的首要原则，之所以如此，主要理由如下。

第一，和谐是高校思想政治教育的灵魂、核心。高校思想政治教育秉持的就是和谐理念，实施的就是和谐内容，追求的就是和谐目标，或者说，和谐是高校思想政治教育的性质和要求。因此，在对高校思想政治教育进行评价时，理应坚持和谐原则，否则评价就可能无的放矢或者南辕北辙。

第二，坚持和谐原则，评价才能促进高校思想政治教育的完善与发展。评价不是目的而是手段，即评价是为了推动、促进高校思想政治教育的完善、进步、发展。但是，不是任何的评价都具有和发挥出推动、促进的功能。只有评价这一手段符合目的、有利于目的的实现时，它才具有和较好地发挥出推动、促进的功能。坚持和谐原则，以和谐为准则评价高校思想政治教育的过程及其效果，就有利于促进高校思想政治教育的完善与发展。

第三，和谐原则对其他评价原则具有决定和影响作用。高校思想政治教育评价的原则有多个，但是，所有的评价原则都是由高校思想政治教育的性质决定的，都是为高校思想政治教育的实施和发展服务的。和谐原则集中地体现、反映了高校思想政治教育的性质，因之，它对其他的评价原则有决定和影响作用，即所有的评价原则都应以和谐理念为指导，都应遵从融洽、协调的要求。

坚持评价的和谐原则需要遵循以下要求。

第一，以和谐理念指导评价。既然和谐是高校思想政治教育的灵魂、核心、目标，既然坚持的是和谐评价原则，在评价的整个过程中，就必须以和谐理念为指导，即着眼于和谐，注重和谐，追求和谐，让评价过程成为弘扬和谐、促进和谐的过程。

第二，既注重教育结果的和谐，也关注教育过程的和谐。评价首先关注的是结果，因为结果是人们追求的目标。但是结果与过程是统一的，特别在高校思想政治教育方面，若没有过程的和谐，定难有结果的和谐。因此，坚持评价的和谐原则，必须既注重教育结果的和谐，也关注教育过程的和谐。

第三，评价活动的实施要和谐。评价能否发挥出、发挥好应有的功效——推动、促进，关键在于评价的实施。实施和谐评价取决于多方面的因素，其中主要有：评价主体合理，其关系和谐；评价方法正确；评价指标适当。在坚持和谐评价原则时，对上面诸因素都要注意到，要处理好各因素间的关系，让它们发挥好作用。

第四，评价活动的效应要和谐。前面已说到，评价是手段而非目的。这一手段是否符合目的，是否有利于目的的实现，就是评价的效应。评价效应既取决于评价的指导思想、评价实施，还取决于评价做出的判断是否客观、公正。因此，坚持评价的和谐原则，还必须确保评价判断的客观、公正，这样评价才具有促进和谐的效应。

（三）　全面原则

全面原则即全面评价原则。就是说高校思想政治教育评价要全方位、多层面评价，即从评价的两大方面看，既评价教育效果，又评价教育过程；从过程评价看，既评价教育的内容，又评价教育的方式、方法；从结果评价看，既评价受教育者的思想、心理，又评价受教育者的行为。

高校思想政治教育坚持评价的全面原则，主要理由如下。

第一，和谐就是多因素的协调、统一。和谐是多因素的和谐，即多因素的协调、统一。高校思想政治教育的评价，就要着眼于高校思想政治教育的方方面面，看多种因素、要素的状况及其作用的发挥，看多种因素、要素的关系是否和谐。

第二，高校思想政治教育的成效由多方面显现。"高校思想政治教育评价必须从整体出发，对高校思想政治教育实践的全过程及其社会效果做综合性考察与评价，以克服和防止'只见树木，不见森林'，或'只见森林，不见树木的形而上学倾向"。高校思想政治教育的成效是个多面体：从个体看，既有思想认识、心理素养、行为习惯，还有这样的思想认识、心理素养、行为习惯产生的客观结果；从社会看，既有社会的政治、经济、文化领域，还有社会生态、社会的持续发展；从高校思想政治教育本身看，既有已经历的过程及其成效，也有高校思想政治教育的进一步开展。所以，评价时不应仅就某一方面或侧面进行评价，应全面评价。

第三，高校思想政治教育的成效是多因素共同作用的结果。高校思想政治教育是非常复杂的活动，需要多种因素共同参与，且协调、一致地发挥作用，如既需要适切的教育目标、内容、载体、方法，还需要积极、协调的教育环境；既需要教育者真挚的情感、较强的教育能力，还需要教育者以身示范。因之，全面评价才能掌握高校思想政治教育中多种因素的真实情状。

第四，全面评价才能细辨优劣，促进高校思想政治教育的发展。正因为高校思想政治教育活动中要素众多且需要协调、一致，所以，全面评价才能仔细地辨别、区分各要素及其关系何优何劣，问题何在，从而有针对性地采取措施，促进高校思想政治教育健康、和谐、持续地发展。

坚持好评价的全面原则需遵循以下要求。

第一，评价指标要全面。坚持评价的全面原则，首先评价的指标要全面。指标即规定的目标，是对高校思想政治教育中各项工作、活动制定的标准。有目标准才便于衡量。因之，全面评价就要有全面的指标，并按照各项具体指标逐一、认真地评价。

第二，评价主体要全面。人的本质是社会性，人在各种社会关系中存在；任何单位、团体也必然参与社会活动，在与个人、其他单位、团体的关系中表现自身的社会性及社会作用。因此，不论对某一受教育者抑或某一群体的高校思想政治教育进行评价，应让所有知情者——被评价对象的关系者成为评价主体，这样评价才全面，才有利于克服评价的片面性、主观性。

第三，评价资料要全面。资料是评价的依据。全面评价就要全面收集资料，资料越全面、详尽，评价就越准确、客观。全面的资料，是指既有教育活动方方面面的资料，更应有反映教育成效的资料；既有直接的资料——可以直接查获、取得的资料，还应有间接的资料——来自非教育主体的资料。这些资料有时可能更客观、真实。

第四，评价过程要全面。评价活动是作为一个过程而存在和进行的，全面的评价就要有全面的过程，即评价的方方面面的工作要做足、做实、做细，而不是走过场。如确定适宜的评价模式、方法、指标，全面、详细地掌握评价资料，对获取的资料认真、仔细地核实与查证，对评价中的各项目，作坦诚地征询多方面的意见、建议等。过程的全面是全面评价的保证。

（四）乐学原则

乐学即快乐地学习。乐学原则就是在高校思想政治教育评价中，要注重受教育者接受、参与高校思想政治教育的兴趣、态度的评判，即评判受教育者是否积极、愉悦、快乐地接受、参与高校思想政治教育的评价原则。

在高校思想政治教育评价中，倡导、坚持乐学原则的基本理由和依据如下。

第一，乐学反映了高校思想政治教育的情状和效果。由于教育的内容、原则、方法、艺术等要素的决定，高校思想政治教育应该是受教育者欢迎、乐于接受的，即乐学反映了高校思想政治教育的情形和状况，否则，还不能算作高校思想政治教育。同时，真正贯彻了和谐的高校思想政治教育，能使受教育者体验、品尝到高校思想政治教育良好的过程与收获，也会积极、愉悦、快乐地接受高校思想政治教育。

第二，乐学是高校思想政治教育持续、深入进行的前提和动力。高校思想政治教育是个持续、深入进行的过程，永无完结。但是，持续、深入进行高校思想政治教育的前提和动力是受教育者乐学，否则没有好的实效只能是教育者的一厢情愿，或者教育者强迫式地持续进行教育。

第三，乐学是高校思想政治教育与既往高校思想政治教育的重大区别，不容回避，自从进入新的历史时期以来，由于众多因素的影响，我们的高校思想政治教育易被忽视，就是生硬、机械地进行，较多的受教育者对高校思想政治教育没有积极的态度，甚至多有逆反。正是因为这样，在评价中我们才倡导乐学原则。乐学应该是高校思想政治教育与既往高校思想政治教育的重大区别之一。

第四，乐学是高校思想政治教育中受教育者本应具有的情态。高校思想政治教育对于个人的成长、发展具有重大的作用和意义："高校思想政治教育通过发展和完善人的思想道德品质，从一个方面满足人的精神需要……有助于受教育者逐渐形成高尚的人生意境"。因之，受教育者是应该乐于接受高校思想政治教育的，即乐学是高校思想政治教育中受教育者本应具有的情形和状态。

第五，乐学是以人为本理念在现代教育评价中应坚持的准则。以人为本已成为当代社会非常重要的理念。以人为本的理念贯彻在教育中就表现为以受教育者为本。在教育中以受教育者为本，就要尊重、关心、爱护受教育者，就要倾听他们的意见、心声，就要从他们的实际和发展需要出发进行教育。而一旦具有了这样的教育，受教育者是应该乐于接受的。所以，坚持评价的乐学原则也就检验着高校思想政治教育是否贯彻了以人为本的理念。

坚持好乐学评价原则的基本要求和方法如下。

第一，观察高校思想政治教育实施的现实情状。俗语说：耳听为虚，眼见为实。考察受教育者对高校思想政治教育是否有兴趣，是否乐于接受教育、积极地参与到教育活动中，通过观察高校思想政治教育实施的现实情形和状况便可一目了然，因为受教育者的情绪、状态是客观存在的，而且是难以装扮的。

第二，倾听受教育者的表达。了解受教育者是否愿意，或者喜欢接受高校思想政治教育，是否能积极地参与到高校思想政治教育活动中，最直接、有效的方法就是到受教育者中倾听受教育者的表达。这既是方法，更是要求。否则，难以获取真实的信息，难以做出正确的评价。

第三，倾听教育者的施教举措。受教育者能否乐学，关键在于教育者。因为在教育活动中，教育者是领导者、组织者，具有主导的作用。或者具体说，受教育者接受教育的兴趣、动机、热情、积极性，是教育者激发、调动起来的。所以，倾听教育者的施教举措，看他是如何激发、调动受教育者的兴趣、动机、热情、积极性的，就可以得知受教育者是否乐学。

第四，掌握充分、具体、真实的材料。评价的客观、正确，取决于评价占有的材料的程度：掌握的材料充分、具体、真实，评价就容易客观、正确，否则，仅是走马观花，一知半解，就很难有客观、正确的评价了。

（五）实效原则

实效原则即关注、强调高校思想政治教育实际成效的原则，也就是说，在高校思想政治教育评价中，切实将受教育者思想品德的提高，特别是受教育者良好的行动及其收效放在非常重要的位置予以考量的原则。

高校思想政治教育坚持评价的实效原则的基本理由或依据如下。

第一，实效是高校思想政治教育的最高原则。人们对实践活动效果的追求，其落脚点也正在于实践活动结果的效用上气进行高校思想政治教育就是为了提高受教育者的思想道德水平，特别是让受教育者有良好的行为，这是高校思想政治教育的最高原则。因此，进行高校思想政治教育评价就应注重实效，而不应该注重形式，华而不实。

第二，实效是高校思想政治教育的重要意图。高校思想政治教育的理念、内容、实施原则和方法等，都力求和谐，何故？除了目标的和谐，就是为了有良好的教育实效，同那种形式主义的、受教育者不愿接受的、低效甚至负效的高校思想政治教育相区别和决裂。

第三，重实效是高校思想政治教育求真务实的良好作风。实事求是、求真务实是我们党倡导的良好作风。但是，较长时期以来，形式主义、浮夸作风在我们党内已相当严重，在高校思想政治教育上表现也非常突出，因之，现实中不少的高校思想政治教育活动被人诟病。在高校思想政治教育评价中注重实效就是坚持、弘扬我们党求真务实的良好作风。

第四，重实效给高校思想政治教育确立了良好的导向。较长时期以来，由于官僚主义、形式主义严重，在高校思想政治教育评价上也有较为严重的形式主义。不注重实效而走过场，从而给高校思想政治教育带来并造成很坏的影响，坚持评价的实效原则，将为高校思想政治教育及其评价确立务实、求实的良好导向。

坚持好实效原则的基本要求如下。

第一，确立起牢固的实效观念。毛泽东同志曾说：共产党是最讲认真的；我们党的思想路线的核心就是实事求是。所以，我们必须确立起牢固的实效观念，不要搞形式主义，否则，既浪费了人力、物力、财力，也会败坏党的高校思想政治教育以及党的形象与威望。

第二，真正以"实"检测实效。以"实"检测实效，即注重的不是听汇报，阅书面材料，看那些准备好、安排好的场景，而是以工作、生活、学习中的真实的事例、现象、数据检验、测度、反映、表明实效。

第三，"实"在现实中寻找、确认。"实"在哪里？多年来，那种走马观花、形式主义的考核、评价使诚信进一步丧失，致使人们哀叹——现在讲实、找实很难。"道德是一种精神，但它不是一般的精神，而是一种特殊的精神，它的特殊性就存在于实践性"。"实"在现实的工作、生活、学习中，"实"在群众的眼中、口中、心中。寻找、确认"实"，必须在被评价者的现实中，必须到群众中去。

第四，评价实效需要务实的作风。以"实"检测实效，在现实中寻找、确认"实"，就要求评价者必须有务实的作风，即要脚踏实地，深入实际，深入群众，实事求是。否则，难以见实效，评价也就没有了意义。

二、高校思想政治教育的创新性原则

(一) 科学性与合理性相统一

构建评价体系最重要的是科学合理性原则。科学合理性原则包括了科学性和合理性两个层面。科学性是进行评价的基础，指评价指标体系有坚实的理论基础和科学依据、评价指标含义准确，评价者在进行评价时方法手段先进、态度科学严谨，评价总体结果能够反映评价对象全貌。合理性是指评价进程合乎理性、合乎逻辑，评价选择符合基本的理性要求。评价体系要能够容纳更多的信息、解决更多的问题，所设计的指标能经得起时间的考验。坚持合理性原则，要求评价体系中的各个指标有相对独立性，能协调一致，能从不同侧面反映培养目标的要求，而不出现相互矛盾、等价指标、重复评分等现象。

(二) 独立性和可比性相统一

为了保证大学生思想政治评价的有效性，在进行评价时必须要注意评价的独立性要求。评价独立性是评价体系科学性的基本要求。坚持独立性，避免评价过程中人情因素的干扰，维持整个评价体系的客观公正。可比性要求，评价者在进行评价时，一要注意避免评价体系一元化，造成评价结果趋同，评价失去本身的意义；二要注意比较的要素的层次性、可对照性。从评价体系的设计开始到评价结束，必须把握好独立性和可比性的统一问题。独立性与可比性相统一，既要注重各个指标之间的有机联系，形成一个可以使评价对象相互对照的指标系统，同时还要注重各个指标间相互独立和评价者之间的相互独立，从而形成可参照的评价结果。

(三) 可测性与可接受性相统一

评价体系要求评价结果客观真实，评价手段方便实用、容易执行。与大学生社会主义核心价值体系教育相关的信息多种多样，但过多的信息会增加高校的信息公布成本和考评者的分析成本。因而，在成本效益原则的约束下，我们的评价体系通常不可能反映高校思想政治教育的所有信息，而只是提供那些与大学生社会主义核心价值体系教育相关的主要信息。因此，在评价时，要坚持主要指标的可测性原则，清晰明了地表现评价手段，直观展现评价结果，从而增强评价的指导性意义，避免歧义。

可接受性原则是指评价体系能充分发挥评价的目标导向作用，使评价的目标体系体现党和国家对大学生社会主义核心价值体系教育的基本要求，反映大学生社会主义核心价值体系教育的实际和需求，使高校管理者、部门、教师和学生都可接受，在心理上同步、思维上一致，各项教育活动的开展有共同的指向；有关大学生社会主义核心价值体系教育的政策、方针和措施，能有效地得以落实，提高大学生社会主义核心价值体系教育的有效性和针对性。

（四）定性与定量相统一

定性和定量是分析问题的基本方法，也是揭示事物基本特征的重要手段。定量考核是指对每一个观察点（或评价点）用定量的方法测定某项指标数值的大小，运用概率、统计原理对社会现象的数量特征、数量关系和事物发展过程中的数量变化等方面进行考核。定量分析可以使评价者对大学生社会主义核心价值体系教育的认识更加精确，从而准确地把握事物发展内在规律。这就必须关注细节，掌握系统思考的方法，全面准确地把握客观实际，提高评价指标的准确性，用具体、明确的量化标准取代笼统、模糊的表述，以量化的数据作为问题的依据、分析判断的基础、考察评价的尺度，最大限度地将量化标准渗透到各个环节，使高校思想政治教育工作变成可量化、可计量的有形管控系统。

大学生社会主义核心价值体系教育评价体系既要对社会主义核心价值体系教育的评价指标、评价方法做出定性规定，准确表述评价工作的含义，方便评价者进行正确的方向性把握，又必须对评价工作的责任、标准及评价考核指标的程度做出数量说明，以便进行准确的量化考核。评价体系的设置注重评价对象、评价主体、评价内容、评价结果的有机联系，把握好定性和定量的关系。

（五）结构与功能相统一

结构与功能的统一，是指在制订社会主义核心价值体系教育评价的指标体系时，必须依据结构与功能相统一的原则进行。所谓结构就是社会主义核心价值体系教育诸评价要素在本系统范围内相互作用的方式。所谓功能是指社会主义核心价值体系教育诸评价要素按一定方式联结为一定结构后，对于开展社会主义核心价值体系教育所可以产生的效果。

社会主义核心价值体系教育的功能包括三个方面：能力－社会主义核心价值体系教育工作者的能力素质；过程－社会主义核心价值体系教育的过程；结果－－社会主义核心价值体系教育的效果。结构是社会主义核心价值体系教育系统的内在联系和潜在能力，功能则是它的外在表现和实际能量。两者协调统一，是必然性联系。

结构与功能相统一，主要表现在以下几方面：第一，整体性。要求我们在进行社会主义核心价值体系教育评价时，要始终关注整体目标。当然，对社会主义核心价值体系教育的部分和个别事件，也必须给予充分重视，但对部分和个别事件的评价必须服从对整体的评价。第二，层次性，要求我们在进行社会主义核心价值体系教育评价时，必须注意整体与层次、层次与层次之间的区别与联系。教育者和受教育者都是分层次的，对其评价也必须分层次。第三，结构性，要求在进行社会主义核心价值体系教育评价时，必须注意社会主义核心价值体系教育机构设置、队伍建设与教育对象之间的比例关系等。第四，相关性，要求在进行社会主义核心价值体系教育评价时，要注意高校思想政治教育的各种环境条件及其相互关系和作用，如社会环境、单位环境、家庭环境、社交环境、网络环境对高校思想政治教育的影响和作用等。

（六）静态与动态相统一

静态评价是指在一定时间、空间和情境下对大学生社会主义核心价值体系教育过程和效果的现状进行评价。动态评价是指在一定时间、空间和情境序列上，对大学生社会主义核心价值体系教育变动过程以及发展趋势进行评价。静态评价表明现状；动态评价表明发展能力和发展趋势。静态评价是动态评价的前提和基础。没有对现状的深刻了解和把握，就不可能了解它的发展能力、趋向和可能的进程。高校思想政治教育要做静态评价，更要做动态评价。社会主义核心价值体系教育的动态评价，就是把有关的人和事放到整个过程中去评价，既要看到它的基础、现状，更要看到它的发展潜力和发展趋向。

掌握大学生社会主义核心价值体系教育评价的静态与动态相统一的原则，有利于我们坚持用发展的观点和辩证的思维，坚持客观性、全面性的原则，制定科学的考评指标体系，多角度、多层次地对大学生社会主义核心价值体系教育效果进行评价，把显性效果与隐形效果、直接效果与间接效果、近期效果与远期效果统一起来，从而得出客观、全面、科学的结论。

第三节　高校思想政治教育评估指标体系的构建

一、高校思想政治教育评估指标体系的内涵

指标是由目标决定的，不存在没有目标的指标，目标反映全貌，指标反映局部。目标和指标是相对的，一个目标可能是比它大的管理系统中同一目标中的一个指标，一个指标也可能是它所包含的子系统的一个目标。在高校思想政治教育评估中，对评估对象的价值判断（目标）转化为评估对象的构成要素的价值判断的过程，实质上就是对目标进行分解，直到末级指标具有直接可测性或达到其他分级标准。所有这样的指标集体，称指标体系。

所谓高校思想政治教育评估的指标体系指的是，各个评估指标相互区别、相互联系、相互制约和相互作用而构成的能够反映高校思想政治教育效果的指标集体。

二、高校思想政治教育评估指标体系构建的要求

高校思想政治教育评估指标，即高校思想政治教育总目标的具体化。在高校思想政治教育实践中，用笼统、抽象的总目标直接对评估对象进行价值判断是很困难的，这就需要将总目标分解成具有可操作性并且具有一定内部组织结构与层次的子目标。高校思想政治教育评估指标体系就是总目标分解的一系列子目标相互联系、相互制约而构成的整体系统。科学的评估指标体系能多层次、多侧面地反映高校思想政治教育的过程和效益。要建立好高校思想政治教育评估指标体系应遵循以下具体要求。

（一）各评估指标应具有相对的独立性

指标系统内的各项指标之间都应有自己的特定内涵，明确的外延，相互独立，互不

包含。

因为，其一，指标若是不独立，存在两项或更多项重复的指标，那么在实际操作中，就会出现重复操作，增加评估的工作量，造成不必要的时间、精力和人力、物力方面的浪费。其二，指标若是不独立，按重复的指标进行分项评分，就会加大该指标的权重，这势必会影响评估工作的科学性。

（二）评估指标体系应具有完备性

设计的指标体系必须能完整地反映高校思想政治教育目标。因为每个评估指标都是教育目标的一个方面的反映，指标完整才能全面反映高校思想政治教育的目标。因此，在设计指标前，必须对指标的内涵与外延有一个透彻的理解和把握，使指标的设计不出现遗漏和欠缺，这样才能完整地反映教育目标。

（三）评估指标应具有可接受性

所设立的指标应当符合受评者实际状况，能为受评者所接受。如果指标脱离实际，就不能起到评估的导向、鉴别作用，

（四）评估指标应具有可测性和可比性

评估指标所规定的内容能够通过实际观察或测量的方法，获得确切的反馈信息，经过分析得出明确结论。测量的结果可以进行科学的比较。

（五）各项评估指标必须与高校思想政治教育目标相一致

评估指标作为教育目标的反映，必须与教育目标保持一致，必须能够充分地反映教育目标。若两者不一致，就会把评估工作引入歧途。这种一致性，具体地表现为两个方面：一是评估所设计的指标的要求和方向必须与教育目标的要求和方向相一致，不能出现与目标相悖的指标；二是各指标间也应保持一致性，不能把两项相互冲突的指标放在同一评估系统中。如果指标体系内有两项指标相互冲突，那么其中必有一项是不符合目标要求的，在实践操作时，它必然会引起评估混乱，使评估者无所适从。

四、高校思想政治教育评估指标体系构建的主要方法

依据思想政治教育工作实践活动的内在要求，高校思想政治教育工作测评体系应当具有测评目标的一致性、测评内容的完备性、测评指标的独立性、测评过程的系统性、测评手段的可测性和可行性等特征。对此，我们可以遵循以下思路来构建高校思想政治教育工作测评体系。

（一）以职能职责为依据，准确把握测评对象和适用范围

高校思想政治教育工作主体是多元化的，其中地方党委政府和高校是最核心的主体，它们承载着不同的职责与功能。

鉴于高校思想政治教育工作是在地方党委政府主导下开展的，也可以将高校作为一个重要组成部分，融入对地方党委政府关于高校思想政治教育工作测评指标体系之中，构建

包括对地方党委政府和高校的可分可合的测评指标体系。即在构建的高校思想政治教育工作测评指标体系中，以对地方党委政府的评估体系作为主体，对高校的评估体系作为其组成部分，同时对高校的评估体系也可以作为地方党委政府对普通高等学校高校思想政治教育工作的考核评估，或教育行政主管部门对普通高等学校高校思想政治教育工作的测评。

（二）以目标导向为依据，科学设置指标选项和评分标准

测评目标具有控制受评对象行为方向的作用，可以激发受评对象的工作积极性，也可以帮助评价者和受评对象纠正偏离的目标。在测评指标体系构建过程中，指标选项和评分标准应该严格根据测评目标进行设置。

（三）以测评功能为依据，合理确定指标层级和评分权重

一般而言，高校思想政治教育工作测评具有诊断功能、导向功能、信息反馈功能和调节改进功能。坚持事实判断与价值判断相结合，定量分析与定性分析相结合，目标导向与激励纠偏相结合，问题鉴别与持续改进相结合，是充分发挥测评功能的重要保证。由此可知，为了测评功能的有效实现，测评体系指标层级和评分权重的确定，要在遵循以上原则基础上，结合思想政治教育工作的实际，根据工作内容的多少、重要程度与难易程度的大小以及工作效果的现实实现度等，进行合理设置与分配。

（四）以结果应用为依据，有效遴选测评方法和实施路径

测评本身不是目的，它只是加强和改进高校思想政治教育工作的一个环节和举措。测评结果的应用，既是这项举措的重要组成部分，又是这个环节的有效延伸。为了使测评结果符合客观实际，具有更强的应用价值，测评体系的组织实施、测评方法和测评路径的选择就显得尤为重要。

就测评方法而言，我们根据可视可测的原则，需要进一步强化测评工作的信息化意识，让评分标准或得分点尽可能数值化、事实化并具有可测量性，并以此增强鉴别力和可追溯性。这些做法非常关键。

就测评路径而言，一是要掌握基础性常态数据信息，了解受评对象日常工作的基本情况，掌握相应的工作记录和文字材料，这些信息可以通过网络定期报送获得。二是掌握现场证实性信息，主要是通过到现场的查、看、听、访、谈等，与基础性数据信息对接，进行事实判断和可追溯性判断，检查各项工作的真实性。三是通过设计涉及政府、高校、学生、社会相关方等的综合问卷，对评估客体进行满意度测评。满意度结果的大小，可以进一步验证检查组"对地方党委政府履行职能职责状况的评分"与群众期望之间的差距大小，从而增强测评工作的真实性和有效性。四是通过回访查看整改。根据评估情况，由专家组与评估客体共同对存在的问题制定整改措施，用一年时间进行整改，一年后再由专家组对评估客体进行回访查看整改情况。

五、高校思想政治教育评估指标体系构建的程序步骤

设计和构建高校思想政治教育评估指标体系，是一项政策性很强的工作，必须严肃而认真地把握好每一个步骤。总的来说有以下三个大步骤。

（一）拟定指标体系步骤

1. 选择评估指标

指标体系是由众多的指标构成的，设计和构建指标体系首先必须选择合适的评估指标。选择评估指标的方法有归纳法和分解法。所谓归纳法是将评估对象所具有的能够反映评估目的和能够说明自身状况的特征指标——列举出来，然后按其性质归类汇总成不同的指标和项目，形成一个能够体现评估要求的多层次指标体系。分解法则是根据评估的目的先确定评估的范围和内容，再把这些内容按其属性划分为若干项目，然后将项目继续分解到直接加以考察和测量的具体指标，这样就建立起了一个完整的指标系统。

2. 确定权重权集

根据指标的重要程度分别确立权重系数，让各指标之间的主次差别显示出来，使评估者了解操作的重点，使评估对象明确发展的努力方向。不同的评估主体，由于价值标准的不同，对各项指标与整个指标中的地位及各项指标的相对重要性程度的认识也是不同，就是说权重系数是评估主体的价值观念与价值标准的反映。指标体系由一系列指标所构成，每一个指标都有相应的位置，既表明自身的重要价值，又表明与其他指标的相互关系。权集就是确立各个指标的价值和相互关系的集中表现。

3. 设计指标的等级

指标等级是对评估对象进行评估的衡量尺度，用以检验评估对象对指标要求的符合程度。指标等级可分为奇数制和偶数制两种，奇数制常用的是五级等级制，即"优、良、中、及格、不及格"，偶数制如"优、良、中、差"等，评估指标等级的设计应文字简练，等级明确，便于操作。评估指标等级的设计，不是随意划分的，而是根据高校思想政治教育目标的要求和评估对象的实际以及高校思想政治教育系统的内在联系而确定的不同等级的判别。

（二）指标体系的论证与测试

指标体系初步确定后，要对指标体系做广泛的论证，一方面要听取专家和学生的论证意见，另一方面还要进行效度和信度测试，以使指标体系更加完善，更加具有科学性。效度和信度的测试是检验指标体系是否准确和是否符合实际的必经阶段，两者都是对指标体系进行测试不可缺少的重要环节。

效度，是衡量指标体系有效性的指标，是检验指标体系能否有效、实用的主要途径。通过测试，我们发现收集的信息资料能否足以说明受测对象的思想属性，测试的结论是否符合期望目标，测试指标能否测到我们所要测的内容等，这些内容都是由指标的有效性决定的。

信度，是衡量标准体系可靠性的指标。对于信度的测试可以在指标体系中任选一组指标以不同的方式对同一受测群体对象进行多次测试。如果测试结果一致或误差很小，则证明信度是高的，也就是指标的可靠性较大。相反，如果测试的结果与实际情况大相径庭，则测试的信度和指标的信度就是不高的，为此，测试者应分析信度不高、产生误差的原因，对测试过程加以分析或对测试指标效度加以修改和调整。

（三）指标体系的试行与修订

经过论证和测试的评估指标体系，首先，要选择有代表性的实验点进行试行，对其加以检验。试行结束后，要做进一步的分析和修订，修订内容包括对其完整性的检验，补充遗漏。其次，还要分析指标与指标之间是否重叠、交叉，是否存在因果关系，进行指标的重新组合。再次，分析权重与等级的确定是否合理，能否反映指标的实际内容和重要程度。最后，分析指标分解是否符合实际的可能和需要，对操作烦琐的评估指标予以修改。

六、高校思想政治教育评估体系的创新

（一）高校思想政治教育评估基础理论创新

随着思想政治教育的发展，思想政治教育评估的理论有了新的内涵、特征和功能。

1. 高校思想政治教育评估新内涵

高校思想政治教育评估是判断高校思想政治教育成效的重要途径，是整个高校思想政治教育过程的重要环节。随着经济社会的发展，特别是高校思想政治教育环境和形势的变化和相应改革的深入推进，高校思想政治教育评估应当被赋予新的时代内涵。具体而言，有以下四个方面。

第一，评估主客体的多元化问题，它应该既包含地方党委政府及各个职能部门，也包含高校思想政治教育者和教育对象。换言之，以上对象既是评估主体，又是评估客体。

第二，评估内容要与时俱进的问题，即高校思想政治教育评估必须根据中央新的要求，充实完善新的评估内容。

第三，评估过程要以人为本的问题，即既要方便评估主体，又要方便评估客体，不能人为地制造障碍，频添麻烦。比如，可以采用网络信息报送、现场考察与问卷测评相结合的方式开展评估。

第四，评估结果要真实有用的问题，即评估必须讲求实效性，结果要保证客观真实，问题的诊断要有利于改进工作，要善于抓住工作的主要问题和问题的主要方面。

2. 高校思想政治教育评估新特征

当代思想政治教育评估的特征主要包括五个方面，即发展性、针对性、信息化、可视性和网络化。

第一，发展性。通过对高校思想政治教育全过程进行全方位评估，发现和找准各地方党委政府在高校思想政治教育中存在的问题，提出整改的意见和要求，以达到"以评促建、以评促改"的目的，促进高校思想政治教育的可持续发展。

第二，针对性。高校思想政治教育评估必须针对社会中出现的新情况、新问题，按照中共中央、国务院关于进一步加强和改进高校思想政治教育的相关要求，围绕地方党委政府及所属地的高校思想政治教育中的职责与任务分工，全面评估其高校思想政治教育的贯彻执行力度和取得的实效。

第三，信息化。在评估手段上，特别是在操作流程的设计上，应突出应用计算机网络技术手段，利用计算机数据库知识、编程技术、网页制作等知识，研发基础性数据的统计

分析软件，实现可录入、存储和查询每次测评的基础性数据，实现测评结果的可监视、可度量和可比较。

第四，可视性。对指标体系具体的观测点和评分标准而言，要努力把无形的、抽象的工作，转变成看得见，摸得着，可以追溯化的事实；把一些可以量化的具体工作，转变成数据，做数值判定。这样，就可以解决传统评估中打感情分和模糊分的问题，让每一个评估点都是可视可测的，以提高评估的公正度和透明度。

第五，网络化。一方面，在基础性数据的上报及统计分析上，可以实现便捷式的网络化；另一方面，在评估专家组不到评估现场时，可通过网络平台来获取受教者的评估意见，最大化地通过网络来开展评估工作。

3. 高校思想政治教育评估新功能

高校思想政治教育评估新的功能主要表现在：要通过评估找准地方党委政府在高校思想政治教育的定位，及时发现地方党委政府及高校思想政治教育方面的新举措，加强高校地方党委政府的思想政治教育的经验交流与合作，进一步增强高校思想政治教育的针对性和实效性。

（二）高校思想政治教育评估指标体系创新

随着现代思想政治评估理论的创新，高校思想政治教育评估指标体系必然也需要进行创新。传统的思想政治教育评估普遍存在着"过空过虚"的毛病，包括评估目的不清、评估主体单一、评估内容抽象、评估手段滞后、评估功能狭窄等。而新的思想政治教育评估指标体系则要实现对传统思想政治教育评估体系的突破。这些突破主要体现在以下几个方面。

1. 突破传统"靠大量文字描述，靠长时间现场评估"的做法

要构建高校思想政治教育测评指标新体系，测评方式就必须尽可能信息化并透明化，以通过"基础信息＋现场考察信息"来提高测评效率与信度。在过去的评估中，往往认为工作评估仅仅作为一种管理手段，其目的就是考核打分，很多内容都是靠文字材料来支撑，靠受评对象的汇报和不厌其烦地解释来争取。这样的评估既给受评对象以较大的"笔下生花"的发挥空间，又让测评工作者在各种"真真假假"的支撑材料中疲于搜索有用的信息，无形中增加了测评难度，降低了测评信度，无法真实反映各受评对象工作的状态和水平。

2. 突破"高校思想政治教育看不见、摸不着，可重可轻"的传统认识

要建立新的测评体系，既要充分继承已有的高校思想政治教育考核评估方法中的宝贵经验，又要注意跳出传统的模糊认识的框子。一方面，要坚持定性测评与是量测评相结合，测评指标需尽可能数值化、事实化并可测量化，依靠动态数据和可追溯性事实支撑好三级指标的可测点；另一方面，将受评对象直接对应到相应的部门或单位，以克服相互推诿和无人负责的现象，从而增强测评的科学性和准确性，促使高校思想政治教育由"软"变"硬"、由"虚"变"实"。

3. 突破"上级对下级"的单一评估主体

长期以来的高校思想政治教育评估，几乎为内外部的"上级"对"下级"的结论式

单向评估，其评估工作的主体多为非教育系统行政主管部门或校内行政职能部门，这使得评估信息不能闭合式互动并立体覆盖。鉴于此，构建高校思想政治教育测评指标体系，必须根据地方党委政府、社会相关方的职能，充分发挥各方主体的能动作用，最后的成绩是各个主体评估的综合，以避免单一评估主体带来非均衡评估结果的不良现象。

（三）高校思想政治教育评估操作体系创新

1. 评估组织架构创新

评估组织架构创新包括三个方面，即教育行政主管部门评估组织架构创新、内部评估组织架构创新和社会中介评估的组织架构创新。

首先，在教育行政主管部门评估组织架构创新方面。通常各省、自治区和直辖市的教育行政主管部门的高校思想政治教育评估组织，分为教育行政主管部门的内部组织和外部组织，为了确保整个思想政治教育评估的客观公正性，教育行政主管机构的创新应从内部组织做起，主要领导全权负责，外部组织积极配合，并根据实际工作的意见对内部组织的意见提出一些整改意见。相关的职能部门也要对思想政治评估工作做出监督，并推进相关部门做出整改。

其次，在内部评估的组织架构创新方面。思想政治教育内部评估机构要实现自我制约与监督。在接受思想政治教育主管部门评估之前要做好自评，发现自身的缺点，把问题解决在过程中。

最后，社会中介评估的组织架构创新。社会中介评估的组织可以有两种形式，即由中央宣传思想工作领导小组委托社会中介评估组织，组建测评工作专家组，对省、自治区、直辖市党委政府高校思想政治教育进行测评，只对中央宣传思想工作领导小组负责。不管是国家教育行政主管部门，还是地方教育行政主管部门，都只能是协助社会中介评估组织，并为社会中介评估组织服务和提供各种方便，而不能参与，更不能干预。

2. 评估操作规程创新

高校思想政治教育评估的操作规程的创新主要包括以下几个方面。

第一，在指标体系设计上，无论是省一级的思想政治指标体系设计还是校一级的思想指标体系设计都可以分别由5个定量化的一级指标和1个定性化的一级指标构成，再加特色项目。

第二，高校思想政治教育测评指标体系可由"三级评估指标"和"对应的评分标准"构成，其中一级指标可以根据高校思想政治教育的重要职能职责设计，如设计为组织领导、条件保障、主渠道建设、育人环境、人文关怀与管理服务、工作效果和特色与创新项目；二级指标在一级指标的基础上进行分解，如组织领导可以分解为工作定位与工作思路、领导重视等指标；三级指标又在二级指标的基础上进行分解，使三级指标成为可视可测的观测点。

第三，高校版测评工作运行模式是把高校作为测评对象开展高校思想政治教育评估的运作模式。测评的依据仍然是平时报送的基础性数据和现场考察获取的基础信息；测评的基本工具，可研发高校思想政治教育评估系统，包括：电子档案袋，数据统计分析软件，在线测验，网络调查，投票器等；测评的参与主体，主要包括上级评估、自我评估、学生评估、家长评估、社会评估五个方面；测评的主要形态，包括状况评估、过程评估、相对评估三种形态。

3. 评估保障措施创新

顺利开展高校思想政治教育评估，是对"育人为本，德育为先"的深入贯彻落实，是关系到社会主义事业后继有人的战略举措，因此，在制度、人力、物力、财力方面都必须得到可靠的保障。

首先，必须解决好制度的问题。制度对工作的开展起着规定的作用，没有规矩，不成方圆。因此，制定高校思想政治教育评估的相关制度，规定高校思想政治教育评估的原则、程序、时间、方法和结果运用等，有利于高校思想政治教育评估的开展。

其次，必须解决好人的问题。解决人的问题，有三条途径：即领导人，就是党中央国务院应有专门负责高校思想政治教育评估的领导和工作人员；测评人，就是要建立实施高校思想政治教育评估专家库，根据测评工作的需要随时组建专家组；相关方，就是测评对象和对实施高校思想政治教育评估工作的公正性、权威性进行监督的媒体等。

再次，必须解决好物的问题。对高校思想政治教育实施评估，应当有必备的物质条件，如办公设备、交通工具、办公或会议场所等。这些是测评对象在测评前就应当做好安排和布置的。另外在测评过程中需要各种资料，也应当齐备并使用方便。

最后，必须解决好财的问题。要有效顺利实施高校思想政治教育评估工作，财的问题主要涉及购买必要的办公设备，基本的交通费用，以及差旅和劳务费用等。这些费用的产生，应当有专款作保证，因此在财政预算时，就应当计划好，否则，就会出现预想不到的情况。

另外，地方党委政府及相关部门对中央政策的贯彻落实，各个高等学校对上级的要求不折不扣地执行，以及发动全社会的广泛参与等，也是十分重要的条件。

4. 评估结果的处理和运用

任何一项工作，只要进行评估，就必然会产生结果，对结果的应用与否，关系到此项工作是否能够持续进行的问题。对高校思想政治教育的评估结果。一是可以在适当范围内公布，让更多的人知晓高校思想政治教育评估工作和评估结果，从而增强工作透明度和责任感。二是要与地方工作综合评估挂钩，如与地方党委政府的执行力、创造力和工作影响力相结合。三是要与地方党委政府的1：作业绩挂钩，对主要领导者和领导班子进行奖惩兑现。

第四节　高校思想政治教育评估的具体方法

一、高校思想政治教育评估的基本要求

只有依据评估体系，按照相关的要求，才能对思想政治教育评估，做出最可靠、最科学的评估结论。

（一）定性与定量评估相结合

这里的定性评估，是指通过对评估对象整体上进行综合评估，以把握其接受思想政治

教育的效果情况。这里的定量评估，是指依据评估指标体系，对评估对象进行的定量测定和量化处理。

定性评估能够从整体发展趋势上把握思想政治教育的效果，但是难以掌握评估标准的客观性；同时，定性评估使用的方法较抽象，评定结论（如先进、中间、落后）只具有相对的意义。而定量评估的可操作性强，评定结论具体、准确。但由于思想政治教育效果的影响因素很多，而这些因素又具有动态性，所以，定量评估很难将所有因素及其之间的复杂关系——进行测定和量化；同时，很难设计一套定量分析需要的针对性强、有效性高的指标体系。因此，在思想政治教育评估中，应把定性分析和定量分析有机结合起来，尽量发挥各自的优势和长处，避免各自的弊端和短处，以定性分析为基础，以定量分析为"辩证的辅助工具和表现形式"，使评估过程科学化。

（二）　动态与静态评估相结合

在一定的空间和时间内，人们思想和行为既具有动态性，又具有静态性。这在客观上要求在评估思想政治教育的效果时，必须坚持动态与静态相结合。

所谓动态评估，就是把评估对象及其相关因素放到过程中去考察，既要看到其过去，又要看到其现状，更要看到其未来发展的潜力和趋势。动态评估是对思想政治教育效果的预测和追踪。预测评估一般运用于问题尚未彻底暴露前。当问题暴露时，则要根据问题严重程度给予追踪评估。当然，我们强调动态评估，并不意味否定静态评估。我们之所以能够对思想政治教育进行评估，就是因为它存在着暂时的稳定状态，我们才能对不同系统、不同单位、不同部门的思想政治教育效果做出科学的评价。

（三）　长期效果与短期效果相结合

思想政治教育的总体目标，属于长远目标，必须分解到具体的时间、划分为不同的阶段，通过不断努力逐步接近和实现。因此，思想政治教育的效果可以分为长期效果和短期效果，思想政治教育的短期效果具有较强的渗透性，容易见到成效。而思想政治教育总体目标的实现，虽然可以在较长时期内显示作用，但短期之内不容易见到成效。因此，在实践中，思想政治教育的短期效果常常受到人们的重视；而长期效果因周期长则容易被忽视；即使是日常性的思想政治教育，其效果也往往是在很长时间之后，在多次反复作用后才能显示出来，常常有潜在效果，也有明显效果。因此，我们在进行思想政治教育评估时，必须重视思想政治教育的长期效果。当然，强调长期效果并不是否定短期效果，两者是相辅相成的，并不矛盾。我们在思想政治教育评估时，要注意两者的有机结合。

（四）　模糊性与精确性相结合

从总体上讲，思想政治教育的效果是一种精神成果，很难用数据精确计算，具有较高的模糊性。但是，思想政治教育的很多方面又可以测定和量化，具有精确性。思想政治教育效果的这一特点，要求我们在进行思想政治教育评估时，必须有机结合两者，不但重视量化其精确性部分，而且还要善于掌握一定的模糊度，使评估结论更准确、更科学。

二、高校思想政治教育评估的基本方法

（一）调查研究法

没有调查就没有发言权。调查是了解情况，搜集信息的重要途径，在充分掌握信息和资料的基础上才能进行科学、准确、合理的评估、考核、判断。调查的方式可以采取问卷、开座谈会、走访、摸底、采访等形式。调查的种类有直接调查和间接调查，有现场调查与文案调查，有电话调查、网络调查，文献调查等不同种类之分。要根据具体的实际情况来选择和确定调查的具体形式和方法。要善于听取不同层次、不同环节、不同人员的意见和建议。要了解民情、把握民意，科学判断、合理推理，力求做到结论的万无一失。

（二）抽查取样法

抽查取样法，是指为了了解思想政治教育工作某一部分、阶段、环节、方面的成效而采取的有意取样、随机取样或分层取样等抽查取样法，选取一定的对象而进行的评估。可以采取听汇报、个别谈话、查文献、查资料、抽样本等形式，从中索取所需要的原始记录、统计数字和基层意见，有重点、有针对性地对被评估对象进行考核评估。

（三）实地考察法

这是一种较为直观、比较注重感受性的评估方法。它是指评估组成员亲自对被评估单位的高校思想政治教育宣传阵地情况、场所和设备情况、实践基地建设情况、校风学风情况等进行检查核实，以对高校思想政治教育做出客观、准确的评价。在具体实施过程中经常采用下列几种方法。

1. 查阅资料的方法

查阅资料的方法是高校思想政治教育评估的常用方法。它是指评估组通过查阅被评估单位的相关资料，掌握其开展高校思想政治教育的制度是否完善，人力、财力投入的多少，活动的规划情况及教育效果等，从而对被评估单位开展高校思想政治教育的工作情况做出价值判断。

2. 听取汇报法

听取汇报的方法是高校思想政治教育工作评估最基本的方法。它是指由实施高校思想政治教育工作评估的部门（通常是教育主管部门）组建的评估组，通过听取被评估单位（通常是高校）领导作关于开展高校思想政治教育工作的汇报，对被评估单位开展高校政治教育的效果进行评价。实施高校思想政治教育工作的单位领导的汇报，能比较全面地反映出其对高校思想政治教育的认识高度、准确度和重视程度，能够迅速了解被评估单位开展高校思想政治教育工作的全貌、特色和存在的主要问题，从而确定评估的重点。

3. 访问座谈法

召开座谈会、访谈的方法也是高校思想政治教育工作评估必不可少的方法。它是指评估组通过召开高校思想政治教育工作人员座谈会和大学生座谈会，或者对他们进行访谈，掌握高校思想政治教育工作人员的素质和能力，了解大学生的思想政治道德情况，从而对

被评估单位开展高校思想政治教育情况进行评估。

（四）比较评估法

运用比较法来评估和检验思想政治教育，就是把高校思想政治教育工作的各个环节要素放在横向和纵向坐标系中进行横向和纵向的比较，通过比较来鉴别和确认思想政治教育的质量和效果。采用比较法进行思想政治教育的质量和效果评估通常从以下三个方面来进行。

1. 历时性（纵向）比较

对高校思想政治教育质量和效果作历时性的纵向比较，就是结合教育目标落实情况，教育对象接受教育和思想行为转化情况，以及身心全面发展和提高素质的情况来动态分析一定时期内思想政治教育的质量和效果的发展、变化情况。纵向比较能够发现高校政治教育在时间顺序上发展变化的特点和规律，从而对滞后的各个环节做出分析，发现和解决制约教育质量和效果发展的相关问题，促进高校思想政治教育的提高和完善。

2. 共时性（横向）比较

是将多个评估对象放在一起进行相互比较，以判断各个单位或个人相对水平的高低和效果的差异。这种方法常用在系统或单位内部评选先进。在评选时，一般按一定的比例分配给下属指标，各单位只能按指标数在内部通过相互比较进行评选。

3. 历时性（纵向）与共时性（横向）比较相结合

将两者有机地结合起来，可以从历时性和共时性两个方面发现比较中的优势和不足，从而能克服单纯横向比较和单纯纵向比较的片面性，得出更加客观公正的结论，促进思想政治教育质量和效果的完善和提高。

比较法的结论具有相对性，受历史条件和周围环境的影响，很难对一定时期内、一定范围内教育质量和效果绝对意义上的发展变化情况进行明确的认定。

（五）民主测评法

民主测评法，是指让基层民众就考核评估对象的业绩表现进行民主评判的方法。常言道，群众的眼睛是雪亮的。考核对象来自群众，基层群众往往是考核对象的关系人、利害人，对考核对象既比较了解，又是考核对象行为的直接利害人。所以基层群众的体验、评价比较直接、客观、公正。基层群众是否满意、是否拥护、是否肯定，对考核对象来说是非常重要的。另外，应该辩证地看待民主测评的结果，民主测评的结果有科学性、客观性，但是也有主观性，也会有偏差。有些干部是"老好人"，谁也不得罪，测评结果可能不错，但不代表能力强、素质高；相反，一些好干部可能因为得罪人而测评效果偏差。因此不能完全倚重民主测评，而必须结合其他方法综合确定考核评估结果。

（六）定性评估法和定量评估法

定性评估法，指对高校思想政治教育各要素的性质做出原则的、大致的判断的方法，主要形式是鉴定和评语。运用定性评估法应注意以下几点：一是评估指标要切实可行，否则会影响鉴定的恰当可靠；二是要客观，既肯定成绩，又指出问题，不能带感情色彩；三是要全面掌握评估对象的情况，评语的用词要准确。

定量评估法是对高校思想政治教育的各种数量进行整理和分析，并且做出结论性评价的方法。由于高校思想政治教育指标的量化具有一定的相对性和模糊性，因此，定量评估法对大学生的思想状况只能做量的相对判断。

定性评估法和定量评估法要结合运用。首先，评估者要对高校思想政治教育的状况做出初步的定性评估，为定量评估规定方向和范围。然后，对高校思想政治教育的各种量的关系进行比较和分析，进行归类综合，把握评估对象的度，找出规律性的结论。随着计算机广泛运用，量化方法越来越受到重视。数学图表法、概率统计法、模糊数学以及矩阵方法在高校思想政治教育评估中都得到了较多的运用。矩阵综合评估法与模糊数学法所建立的数学模型可重复使用，简单明了，通用性好。此方法将定性评估与定量评估结合起来，是高校思想政治教育评估经常采用的方法。

在高校思想政治教育评估中，往往要对单个的评估方法进行整合，区分出主次。具体而言，就是要以动态评估为主，使动态评估与静态评估相结合；以定性评估为主，使定性评估与定量评估相结合；以上级评估为主，使上级评估与自我评估相结合。不论采用何种方法，对方法进行何种整合，都不能偏离教育评估的正确目的，要将评估结果与有效推动今后的高校思想政治教育工作紧密结合起来，使评估工作能真正起到导向与激励的作用。

三、高校思想政治教育评估的步骤

（一）评估方案的制定

高校思想政治教育评估是一项系统性的工作，涉及面很广，只有预先制定周详的评估方案，对其进行整体规划，评估者和评估对象按照方案要求，分别做好相关准备，才能使评估工作有条不紊地进行。一个周详的高校思想政治教育评估方案，必须包括评估目的、评估时间、评估小组人员组成、评级结果的等级等信息。

（二）评估数据的采集

评估者根据评估指标的特点，分别采用相应的方法，采集评估数据。这个过程，就是评估者采用听取汇报的方法、查阅资料的方法、实地考察的方法、召开座谈会的方法、测评的方法对评估对象实际评估的过程。

（三）评估结果的计算和反馈

根据评估中采集到的数据，计算出评估结果，并按照评估方案中的相关规定，确定评估结果的等级。评估结果常用"优、良、中、及格、不及格"五级制表示，或者用"优、良、中、差"表示。

完整的高校思想政治教育评估工作还有一个评估结果的反馈环节。反馈内容不仅要包括评估结果，而且要包括评估过程中发现的开展高校思想政治教育好的做法和经验，存在的问题和薄弱环节。高校思想政治教育评估是对高校思想政治教育活动的全面审视，一定能从中发现很多值得注意的东西，认真研究评估中发现的问题对于进一步开展高校思想政治教育，提高高校思想政治教育的实效性具有重要作用。因此，我们要重视高校思想政治教育评估的反馈工作。

第七章 新时代高校思想政治工作中的心理教育机制

第一节 心理教育的概念与基础理论

一、心理教育概念解读

在心理教育的起步阶段，由于实践与研究视角的差异，对心理教育的提法也有较大的出入。比如，从"五育"的角度理解心理教育，把心理教育与德、智、体、美、劳相提并论，称之为"心育"；从素质教育的角度理解心理教育，称之为"心理素质教育"；参考我国台湾和香港地区的提法，使用"心理辅导"的名称；从心理卫生与心理疾病预防的视角，使用"心理健康教育"的提法；从心理技术的视角提出"心理咨询""心理治疗""心理训练"等。这些概念及用法的不同实际上反映了人们对概念内涵的不同理解和所从事的实践领域的差异，心育、心理辅导、心理咨询等提法的背后有着不同的实践领域，如果加以精心提炼，则可以抽取相同的内涵，即这些活动都以人的心理为指向，人的心理是有共同的、共通的领域，而对人的心理的指导、咨询、训练等归根结底是属于"教"与"育"的范畴。因此用"心理教育"这一概念是可取的。

在心理教育概念的界定方面，有的学者把与心理教育有关的概念区分为四大类的概念：第一类是属于综合性宏观的心理教育，即与心理教育具有相同或相近内涵和外延的概念，主要包括心育、心理素质教育、心理品质教育、心理健康教育、个性教育、人格教育、心理辅导、心理卫生等。第二类是属于方法、技术类的概念，主要包括心理训练、心理测验、心理咨询、心理治疗等。第三类是属于某种心理教育模式的概念，主要包括愉快教育、希望教育、和谐教育、成功教育、挫折教育、磨难教育、生存教育、创造教育、创新教育等。第四类是属于某一领域或某一方面的专项心理教育，主要包括兴趣教育、情感教育、性格教育、思维训练、能力培养、生活技能训练、意志锻炼、社会适应性培养等。

本书认为，心理教育是以发展人的心理素质为宗旨的一种教育，即包括知情意的转化、开发心理潜能、提高心理机能、防治心理疾患，从而增进人格的整体提升。我们从三个方面展开研究，一是从心理教育中的素质教育的角度出发，研究心理教育的"教"与"育"对思想政治教育的影响，具体来说，即探讨教育、发展、调整、分配作用在思想政治教育中的应用；二是从心理教育中防治的视角出发，以心理技术为基础，研究心理教育的"技术"如何在思想政治教育中具体实施；三是从心理教育评价方面讨论心理教育的评价对思想政治教育实施的借鉴意义。心理教育从不同角度理解具有不同的意义。

由此可知，在社会生活中心理教育具有广泛的实践领域，我们所要探究的心理教育只限于学校教育领域，主要是以高校大学生为研究对象。心理教育按性质划分为两个方面，即发展性心理教育和矫正性心理教育发展性心理教育实质是培养心理素质，促进人的全面发展；矫正性心理教育主要是防治人的心理疾患，保持心理健康，二者协同构成了心理教育的整体。

二、心理教育的基础理论

在传统的心理学研究领域里有三种基础理论，分别是防御机制理论、强化作用理论和认知—动机—关系理论。

（一）无意识理论

精神分析学派强调无意识在人心理活动中的作用。他们认为无意识中贮藏着许多暂时无法意识到的各种本能活动，且能量巨大。人们许多情感、意向以及早年的不良情绪体验、负性记忆、欲求等都被不自觉压抑到无意识范畴之内，在遇到相同或相似的事件后，这些潜伏在无意识里的能量便会成为动机的来源。研究表明，在自由联想和催眠等技术引导下，患者从无意识中挖掘出过去被压抑的情绪经验和负性记忆，从而促进症状痊愈。

（二）有我理论

自我理论把自我看成是其身心活动的主体，把自己的过去、现在和未来统一起来，把我和非我区分开来。自我概念是自我理论中重要概念之一。该理论认为，自我概念是他人判断的反映。我们觉得自己好或不好，依赖于我们设想别人如何判断我们。自我概念是一个整体，包括认知成分、情绪成分和评价意志成分。自我概念可区分为现实的我（当前对自己的看法）、理想的我（应当成为的人）、动力的我（力求达到的人）和幻想的我（可能条件下希望成为的人）。

第二节 思想政治教育的任务和重要地位

一、思想政治教育的目的和任务

思想政治教育的目的和任务反映了思想政治教育的本质和方向，规定了思想政治教育的基本内容，影响着思想政治教育载体和方法的运用，是思想政治教育理论和实践的一个重要问题。明确思想政治教育的目的和任务，是顺利开展思想政治教育并取得实效的基本前提。

（一）思想政治教育的目的

思想政治教育的目的，是指通过思想政治教育活动，在受教育者的思想和行为方面获得所期望达到的结果。换言之，思想政治教育目的是教育者依据社会发展的要求、受教育者精神世界发展的需求，对受教育者思想品德方面质量的一种期望和规定。思想政治教育目的是开展各项思想政治教育活动的依据和动力，体现出思想政治教育的价值取向。

思想政治教育目的不是单一的，而是集合的，是一个目标体系，可以依据一定标准从不同角度对其进行分解，将其分为不同的类别和层次。按作用范围可以将其分为总目的和类目的，如思想教育目的、政治教育目的、法纪教育目的、道德教育目的等，每一类还可以细分。按作用对象可以将其分为个体目的和社会目的。个体目的是指通过教育活动在教育对象个体思想和行为方面所期望达到的结果；社会目的是指通过教育活动在全体社会成员思想和行为方面所期望达到的结果。按时限可以将其分为远期目的、中期目的和近期目的。远期目的是指经过长时期的持续努力方能达到的思想政治教育目标；中期目的是指需要经过较长时间的努力才能实现的思想政治教育目标；近期目的是指思想政治教育当前所要达到的预期效果。按地位可以分为根本目的和具体目的等。关于思想政治教育目的的分类及其意义，需要结合思想政治教育实际进行深入研究。限于篇幅，这里仅就思想政治教育根本目的和具体目的做简要讨论。

思想政治教育的根本目的是指思想政治教育活动所要达到的终极目标。我国思想政治教育以共产主义为方向，直接作用于人的思想品德，是培养人的思想道德素质的活动。思想政治教育的这一性质规定了我国思想政治教育的根本目的是提高人们的思想道德素质，促进人的自由全面发展，激励人们为建设中国特色社会主义，最终实现共产主义而奋斗。这一根本目的包含相互联系的两个方面：第一，提高人们的思想道德素质。思想政治教育是满足人们精神需要的一种方式，是提升人的精神品质的社会实践活动，提高人的思想道德素质是这一活动的内在目的。进行思想政治教育就是要使人们具备良好的思想道德素质，如远大的理想、良好的品德、强烈的事业心、责任感、坚强的毅力、严格的纪律等。而良好的思想道德素质不仅是人们其他素质发展的保证，也是人们发挥现代化建设积极性的内在基础。可见，提高人们的思想道德素质，有助于更好地激励人们为建设中国特色社会主义、实现共产主义努力而奋斗。第二，促进人的自由全面发展。人的自由全面发展既是共产主义的理想目标，也是社会主义的本质要求。社会主义的本质就是解放生产力、发展生产力，而发展生产力的落脚点就是人的自由全面发展，这正是思想政治教育的终极目的。思想政治教育是通过人这个中介作用于社会生活的，即通过提高人的思想道德素质，促使人们积极主动地参与各方面社会活动，从而对社会生活产生影响。只有促进人的自由全面发展，才能使受教育者更积极、更主动地投身于中国特色社会主义建设中，也才能为共产主义的实现准备更充分的条件。

思想政治教育的根本目的是思想政治教育的最高目的、终极目的，它是比较原则的，不具体的，既没有明确规定达成的标准，也没有明确规定在多长时间内实现，它只是指明了思想政治教育活动的方向。但这并不是说根本目的就是虚设的、不起作用的。根本目的是思想政治教育的灵魂，是长久起作用的目标，它是团结和动员全体思想政治教育者及其受教育者共同奋斗的旗帜，规定了思想政治教育活动的方向，思想政治教育的所有活动都要向这一方向发展，都要有助于达到这个根本目的。

思想政治教育的具体目的是指思想政治教育的各项具体活动所要达到的预期目标。思想政治教育的根本目的可以看作长远目标，它要经过教育者和受教育者长期持续的努力奋斗才能达到。在思想政治教育过程中，这一长远目标一般需经过多层次分解，成为一个个具体目的，指导思想政治教育的具体活动通过达到一个个具体目的，思想政治教育才能一步一步向长远目标迈进。由此可见，思想政治教育的具体目的是根本目的的具体化，其作用在于把思想政治教育任务落实到思想政治教育机构或教育者个人身上，故又可称之为操作目标。思想政治教育大多通过各种具体活动进行，因而达到具体目的对于顺利开展思想政治教育进而向根本目的靠近具有重要意义。

（二）思想政治教育的任务

思想政治教育任务是指思想政治教育在社会生活中承担的特定责任。

思想政治教育目的的达成、功能的发挥，都有赖于任务的顺利完成。从总体上看，思想政治教育任务可以分为三个层次：根本任务、一定时期的主要任务、具体任务。

这三个层次的任务相互联系、相互影响。根本任务贯穿于不同时期、不同领域的思想政治教育中，起着统领作用，它规定着主要任务和具体任务的方向；具体任务和主要任务的完成，又推动着根本任务的完成。可见，根本任务是思想政治教育任务中的主要方面，因而本节着重讨论思想政治教育的根本任务及其有关内容。

思想政治教育的根本任务是思想政治教育在社会主义现代化建设中所承担的最重要的责任，是为达到思想政治教育的根本目的所需要完成的基本工作。与思想政治教育的根本目的相一致。思想政治教育的根本任务是：用马克思主义、毛泽东思想和中国特色社会主义理论体系教育广大人民群众，培养和造就有理想、有道德、有文化、有纪律的社会主义新人。

二、实行思想政治教育的现实意义

在建设中国特色社会主义伟大事业中，思想政治教育具有特殊的本质和重要的地位，发挥着巨大的作用。必须从社会主义现代化建设战略全局的高度，科学认识思想政治教育的本质，正确把握思想政治教育的地位，充分发挥思想政治教育的功能。只有这样，才能更好地加强和改进思想政治教育，充分发挥它在社会主义现代化建设中的作用。

思想政治教育与社会主导意识形态有着紧密联系，是向社会成员传导和灌输主导意识形态的重要途径。社会意识形态是系统地、自觉地反映社会经济形态和政治制度的思想体系，是社会意识诸形式中构成思想上层建筑的部分，表现在政治、法律、道德、哲学、艺术、宗教等形式中。在阶级社会中，意识形态具有明显的阶级性，其中，统治阶级的意识形态在社会中占据主导地位。马克思指出："统治阶级的思想在每一时代都是占统治地位的思想。这就是说，一个阶级是社会上占统治地位的物质力量，同时也是社会上占统治地位的精神力量。"统治阶级为维护自己的统治，往往通过各种形式和手段向社会成员传达本阶级的意识形态，而思想政治教育就是其中最主要的形式。可以说，思想政治教育从形成开始，就把进行意识形态教育作为自己的主要任务。主导意识形态的灌输与教化，是思想政治教育的本质。

思想政治教育是指教育者将一定社会的思想道德观念及其规范转化为受教育者个体思想品德的社会实践活动。一般来说，一定社会对人们思想品德的要求与人们实际的思想道德状况总是存在差距和矛盾的，解决这一矛盾就成为思想政治教育的主要任务，而要完成这一任务，就必须对人们进行社会主导意识形态的灌输和教化，使人们的思想品德向社会主导意识形态要求的方向发展。从某种意义上讲，思想政治教育过程就是教育者实施主导意识形态灌输、受教育者接受这种灌输并将其内化的过程。可见，思想政治教育具有鲜明的意识形态性，集中体现为其主要任务就是对社会成员进行主导意识形态的灌输与教化。

思想政治教育的意识形态灌输与教化的本质，决定思想政治教育必须为社会的全面发展进步服务；而思想政治教育为社会发展进步服务，是通过提高社会成员的思想道德素质实现的。提高人的思想政治素质、促进人的全面发展，是思想政治教育本质的体现，是所有思想政治教育活动的共同目的。

第三节　心理教育与思想政治教育的区别与联系

一、心理教育与思想政治教育的区别

（一）起源不同

一般认为，学校心理教育，是在20世纪初由三支源流汇合而来：早期职业指导运动、心理测量运动和心理卫生运动。可以认为，学校思想政治教育或德育自有学校之日起便有了，如我国古代学者孟子就说过："设庠序学校以教之……皆所以明人伦也。"再如，德国教育家赫尔巴特曾指出：教育的唯一工作与全部工作可以总结在这一概念之中—道德，"道德被普遍地认为是人类的最高目的，因此也是教育的最高目的。"不难看出，在阶级社会中，思想政治教育或德育是阶级斗争的产物，它始终打着教育阶级性的烙印，充斥着为统治阶级服务的内容。

（二）理论基础不同

心理教育的理论基础主要是心理学、教育学等学科的相关理论，而思想政治教育的理论基础主要是马克思主义的基本原理和伦理学的相关理论。思想政治教育学的理论体系是由本学科特有的概念、范畴和术语以及由它们组织起来的基本理论和研究方法所构成的知识体系。关于思想政治教育学的理论体系，存在一些不同的意见。我们认为，思想政治教育学的理论体系主要由以下三部分组成：

第一，思想政治教育学基本理论。它表现为思想政治教育学特有的一系列基本概念和基本原理，主要包括思想政治教育学理论基础即马克思主义思想政治教育理论研究，思想政治教育学研究对象和基本范畴研究，思想政治教育地位和功能研究，人的思想品德形成发展规律研究，思想政治教育过程及其规律研究，思想政治教育者与教育对象及其关系研究，思想政治教育目的、任务、内容及原则研究，思想政治教育与环境相互作用研究等。而包括上述内容在内的有关方面的理论构成了思想政治教育学的基本理论体系。

第二，思想政治教育史。它是关于思想政治教育起源与发展历史的理论知识。思想政治教育是历史的产物，随着人类社会的发展变化而不断发展。全面认识和把握思想政治教育的历史进程，总结并借鉴其历史经验，对于思想政治教育的理论研究和实际工作都有重要意义，有关思想政治教育历史的理论知识是思想政治教育理论体系不可或缺的组成部分。这一部分内容包括马克思主义诞生前（包括奴隶社会、封建社会、早期资本主义社会）的思想政治教育史、近现代资本主义的思想政治教育史、无产阶级的思想政治教育史等。在这笔丰富的历史遗产中，无产阶级思想政治教育史特别是中国共产党思想政治教育史的历史经验和优良传统应该是研究的重点。在社会主义现代化进程中，尤其应注意总结

党的思想政治教育丰富的历史经验，探寻其规律，以建设具有中国特色的思想政治教育学理论体系。

第三，思想政治教育学分支学科。在关于思想政治教育学理论体系的研究中，有些学者将思想政治教育方法论和思想政治教育管理理论分别看作思想政治教育学理论体系的组成部分，我们过去也持这一观点。现在看来，这一看法值得进一步斟酌。随着思想政治教育学理论研究的深入，其研究领域逐渐扩大，分支学科逐渐增多；如果每一分支学科都被看作思想政治教育学理论体系独立的组成部分，那这一理论体系就处于极不稳定的状态之中，也缺乏弹性。因此，我们认为，思想政治教育学理论体系的第三个部分可概括成"思想政治教育学的分支学科"，它包括思想政治教育方法论、思想政治教育管理学、思想政治教育心理学等。思想政治教育学分支学科是运用思想政治教育学基本理论研究思想政治教育某一领域、某一方面所形成的学说，既与基本理论有着密切联系，又具有相对独立性；无论是对于思想政治教育学科建设，还是对于思想政治教育实践，分支学科都有十分重要的意义，值得深入研究。

由于思想政治教育学创立时间不久，上述内容的研究有些还不够充分，需要继续努力，对思想政治教育学学科体系的各方面进行深入研究，进而建立完善的具有中国特色的思想政治教育学理论体系。

（三）内家侧重点不同

心理教育的内容主要是对学生的学习、生活、人格、职业等方面的问题进行教育和指导，它主要偏重于使学生认识自我，培养学生良好的自我意识，强化其自知、自尊、自信、自助、自律、自控能力。思想政治教育的内容具有鲜明的时代性，在不同的历史时期强调不同的内容，大致可以分为政治教育、思想教育和品德教育三个方面，它主要偏重于使学生认识、学习社会规则，力图使学生分辨是非、善恶、美丑，追求高尚的思想与品行。大学生心理健康教育的功能包括三种：一是初级功能。预防和治疗心理疾病，及时发现心理异常者并采取相应措施避免事态扩大或恶性事件发生。二是中级功能。完善学生的心理调节，充分注意学生在学习、工作、生活中常常会遇到的一些挫折和困扰以及由此引起的心理变化，帮助他们加强对自我、对他人、对社会的正确认知，增强挫折耐受力和社会适应能力，在任何情况下学会情绪调节，保持乐观向上的心态，从而较好地把握自己。三是高级功能。发展、健全个体和社会帮助学生确立正确的世界观、人生观、价值观，充分认识自身的潜能，正确对待周围因素可能产生的积极或消极影响，自觉克服自身弱点，以良好的心态和行为方式高效地学习与生活，充分地发展和完善自己，形成健全的人格。

（四）教育重点不同

思想政治教育重视自上而下的教导与灌输，其目标主要通过外界力量的引导来实现，它通过讲课、报告、学习、讨论、检查评比、参观访问、批评表扬、榜样示范、实践锻炼等方法，强调摆事实、讲道理，注重以理说服与言传身教；而心理教育主要通过会谈、放松、心理测试、角色扮演、行为矫正、心理训练、价值澄清等方法，注重情绪宣泄与思想疏导。

二、心理教育与思想政治教育的联系

(一) 心理教育与思想政治教育的总体目标和任务是一致的

从属性上看，两者都属意识范畴，解决的都是意识领域的问题。心理教育主要侧重于学生心理品质的塑造，人格的完善，思想政治教育则侧重于学生思想品德的塑造，德行的发展，两者在育人的总任务下有机地结合在一起。

(二) 心理教育与思想政治教育在职能上是相互衔接的

心理教育通过改变学生的心理状况，使他们保持一种主动接受教育、积极完善自我的良好精神状态，从而为接受思想政治教育和其他教育创造条件。而思想政治教育通过对学生思想品德的熏陶和塑造，反过来对学生心理状况的稳定和改善进一步发挥其积极影响。

(三) 个体品德的形成和心理水平的提高所经历的心理历程是一致的

世界观、人生观和价值观的形成发展过程，其实质是个体知、情、意、行的发展过程。而知、情、意、行的活动过程是许多人格因素（如动机、理想、情感等）参与及协同作用的结果，良好的道德修养和高尚的道德情操的实现，最终要以个体的动机、信念、理想、能力水平等人格完善为基础。人格的养成是以德行为核心，德行的健康发展也必须以健康的人格为基础。因此，无论人格的发展还是思想品德的发展，都是诸种心理要素相互制约、相互协调、相互作用的结果。

(四) 教育过程中所遵循的基本规律是相类似的

心理教育实施中必须遵循由浅入深、由易到难的认识规律，必须遵循学生不同年龄阶段的认知水平，结合学生的智力、气质、性格等个性心理的发展水平，逐步地实施教育。思想政治教育也不例外，必须要做到因材施教，必须将尊重学生的个人素质和理解不同学生发展的不同特性，同时把学生内在的发展作为教育实施的依据。这两者想要有效进行都必须遵循教育过程的基本规律，只有这样，才能发挥学校、家庭、社会的整体优势，营造一个积极向上的人文环境，使学生的身心能够健康和谐地发展。

三、心理教育价值与思想政治教育关系的几点思考

学生是学习的主体，任何教学方法都必须通过学生而起作用。学生要素对教学过程的影响体现为两个方面：一是学生群体差异，包括年龄、性别和社会文化差异等。以年龄差异为例，年龄差异主要体现为思维水平的差异，其教学过程也表现出相应的不同。二是学生个体差异，包括先前知识基础、学习方式、智力水平、兴趣和需要等。它们是任何学习和教学的重要内在条件。因为学习就是在原有的知识经验的基础上生长出新的知识经验的过程。在日常生活中，在以往的学习中，学生已经获得了大量的经验，在开始某一主题的教学之前，他们就已经对这一主题有了自己的某些了解和看法，教学不是忽略这些经验去另起炉灶，而是要把它们作为新知识的生长点，从这里出发去引导学生获得更恰当、更丰

富或更有效的知识经验。如果无视学生的这些个体差异，将会使教学过难或过易，从而影响教学的效果和效率。例如，如果一个学生的阅读能力较差，教师却过度依赖于文字材料来让学生获取某些信息，这样的教学就不太恰当；如果学生早就获得了有关知识，教师还不厌其烦地把教材咀嚼得细而又细，肯定会遭到学生不同形式的抵制。学生的群体差异和个体差异都属于教育心理学研究的主要范畴。

心理教育作为现代教育的重要组成部分，尽管与思想政治教育有区别，但二者的联系决定了心理教育与思想政治教育共同服务于学生的健康成长和个性的健全发展，在提高学生素质的过程中，心理教育对思想政治教育有很大的促进作用。

（一）心理教育为有效实施思想政治教育奠定了心理基础

高校心理健康教育关注的不仅是学生心理问题的预防和治疗，更注重学生心理健康因素的培养和协调发展。因此，对心理健康的维护，对个体认识机能、情感机能的发展和完善，个体独立、健全、完善的人格的塑造，对学生潜能的开发，对高水平的心理素质的培育和养成，对个人生活质量的关注和提高，是大学生心理健康教育的基本内涵。

（二）心理教育拓展了思想政治教育的要求

思想政治教育在培养受教育者思想政治素质方面发挥着重要的作用，它反映了社会对受教育的思想、政治、品德和行为规范等方面的要求。心理教育则关注学生如何适应社会生活、如何发挥人的潜能，引导学生认识自我、认识自我与他人和环境的关系，学会应付挫折、调整情绪，学会职业选择、职业设计等。因此，从某种程度上讲，心理教育实际上是思想政治教育目标和内容的合理扩展与延伸，使思想政治教育内容更加贴近生活，更加有利于受教育者的发展和人格完善。

（三）心理教育为思想政治教育提供了新途径

传统的思想政治教育主要运用说服、榜样、评价、锻炼的方法提高受教育者的思想认识和思想素质。这些方法在以往取得过成效，但在具体运用的过程中由于过于强调外在的影响和外部强化，有时难免流于形式，使人感觉单调、枯燥。心理教育提倡尊重人格，注重发掘学生的身心潜能，注重依靠自我的人格力量来促进心理健康。这种教育方法促进和鼓励受教育者提升其自信心，可以促进其积极而有效地内化。因此，思想政治教育可以借鉴和运用心理教育的方法，如疏导法、心理咨询法、心理暗示法、训练法、角色扮演等方法来发掘受教育者心理的潜意识能量，从而使思想政治教育更加有针对性和实效性。

从某种意义上讲，家庭环境决定一个人的性格和品行。这当然不是说家庭环境好，人的思想品德就一定好，因为影响人的思想品德的因素还有很多。但一般来说，良好的家庭环境有利于青少年健康人格的培养，反之则会给青少年的成长造成障碍。

家庭是人出生后的第一所学校，是个人成长的摇篮。家庭环境对家庭成员特别是孩子的成长，对孩子思想品德的形成和发展具有极其重要的作用和深刻的影响，对学校思想政治教育具有重要的助推或制约作用，这种影响具有以下突出特点：

第一，基础性。每个人出生后就生活在家庭环境中，时刻受到家庭环境的熏陶和影响。家庭是儿童最初社会化的基本环境。在儿童社会化过程中，家长的世界观、人生观、价值观、道德观以及为人处世方面的表现，会对子女产生潜移默化的影响，在子女身上打下深深的烙印。这种影响具有基础性，会使人刻骨铭心、终生不忘。从某种意义上讲，人们认识世界、改造世界的知识和技能的习得以及思想品德的形成等，都是从家庭开始的。家庭环境尤其是父母对子女的影响，对子女思想道德素质的形成和发展具有奠基性作用，这是其他任何教育因素或环境因素所不具备的。

第二，普遍性和长久性。一个人生活在一定的家庭中，受到家庭环境的影响是具体的，有限度的。每一个人都生活在家庭中，毫无例外地受到家庭的影响，从这个意义上讲，家庭影响又是普遍的。同时，家庭是一个人在其中生活最早最长久的群体。人一出生就在家庭中生活，一生中的大部分时间都在家庭中度过，人的一生都伴随着家庭，因而家庭对人的影响具有突出的长久性特征。普遍性、长久性特点要求我们充分注意家庭环境的影响，并注意对其进行调控，使家庭影响和学校及社会思想政治教育的影响相一致。

第三，渗透性。家庭环境对家庭成员的影响不仅体现在有意识的家庭教育中，而且也体现在家庭的日常生活中，这就使家庭生活的多方面因素都对人们产生潜移默化的影响。家长的日常言行、家庭成员之间的关系、家庭的氛围、家庭的生活习惯等，都会通过家庭成员的耳濡目染渗透到他们的思想意识中。可见，家庭成员之间的相互影响和相互制约最为直接和深刻，尤其是父母的思想道德素质及其言行举止对子女更有突出影响。这种影响不一定是自觉的，却是潜移默化、实实在在地作用于家庭成员特别是孩子的身上。

学校是一个特殊的社会组织，是有目的、有计划、有组织地向受教育者传授文化知识、劳动技能、价值观念、政治观点、社会规范，用来培养，合格社会公民的机构。从总的方面看，学校的活动更有利于大学生形成良好的思想品德。但学校又是一个复杂的社会系统，除了有组织的活动之外，还存在一些自发的活动，因而学校环境对大学生思想品德的影响也是复杂的，主要是积极影响，但也存在消极影响。学校环境对学生思想品德的影响，主要是通过教学活动、课外活动、教师榜样、校风等方面进行的，这种影响具有以下特点：

第一，阶级性。学校担负着对大学生进行人格塑造的重要职责，承担着有目的、有计划、有组织培养合格社会成员的重要任务。在阶级社会里，任何统治阶级都要利用学校教育来巩固其政治经济制度，进而维护本阶级的统治。因此，学校在系统传授科学文化知识的同时，还十分重视按一定的社会要求对大学生进行世界观、人生观、价值观的教育。这一特点不仅体现在学校有组织的教育活动中，而且也体现在整个学校环境中，阶级性是学校环境区别于家庭环境的重要特点之一。

第二，导向性。学校是遵循教育规律，根据受教育者的特点，向受教育者提供有针对性教育的机构。从总体上讲，学校环境对学生的影响具有明显的导向性，即这种影响从总体上讲与社会发展的要求是一致的，有助于学生避免和减少成长过程中的盲目性和曲折性，有助于促进学生思想品德向社会要求的方向发展。

第三，全面性。学校是社会的一个缩影，复杂的社会生活在学校环境中会有所反映。因此，学校不仅要向大学生传授知识和技能，而且更重要的是要帮助他们形成正确的世界观、人生观、价值观，使其具备在未来扮演各种社会角色、承担建设重任的素质和能力。为此，人们在营造学校环境时，往往是融合政治性、思想性、知识性、娱乐性等因素于一体，从而使学校环境对大学生产生全方位影响，这是学校环境区别于其他环境的一个重要特点。

第四，潜隐性。学校环境对学生成长的重要性，涉及学校环境的一个重要特征——潜隐性。学校环境包括教学活动、课外活动以及教风、学风、校风、人际关系、校园文化等，所有这些课内课外的活动、有形无形的因素构成特殊的学校环境。学生长期生活在这样一个环境氛围中，就会自觉或不自觉地受到这一氛围的影响，使自己的情操受到陶冶，意志得到锻炼，人格得到塑造。学校环境对学生影响的潜隐性特征，要求学校思想政治教育者一定要注意调动各方面的力量，协调各种因素，通过营造良好的学校环境氛围，促进学生优良思想品德的不断发展。

第四节 高校思想政治工作中心理教育机制的完善与对策

一、高校思想政治工作中心理学服务机构的建设

依据我国国情，建立面向 21 世纪的高校心理健康教育机构，不应局限于学校层次的零散型机构建设，而应着眼于三个层次立体网络型机构建设：首先是校级心理健康教育机构的建设。当前，我国高校以心理咨询室为基本机构，建议心理咨询室配备专门的编制，其工作要真正纳入高校教育系统和工作计划之中。学校要成立心理健康教育委员会，由主管学生思想政治工作的党委副书记或副校长任组长，相关部处和二级学院学生工作的主管领导、学校心理学家、教育评估专家等为成员负责全校心理健康教育的协调督导工作。其次是地区性学校心理健康教育机构的建设。由高校心理健康教育工作者参加，成立地区性学校心理健康教育机构，进行经常性的学术交流、合作和研究，是对高校心理健康教育机构的进一步完善。国外心理学工作者最初正是通过校际联合，组成了职业性的协会，推进了学校心理健康教育的发展。最后是全国性心理健康教育机构的建设。由地区性发展为全国性的心理健康教育机构，有利于对全国的心理健康教育进行规划、引导和信息交流。

二、高校心理教育专业人员的培养

虽然我国目前短期内难以形成一支专业化的学校心理学家队伍，但完全可以利用已有的人力资源相互配合并发挥作用。占我国心理学家队伍 70% 以上的教育心理学家和儿童心理学家，探讨变态心理、临床心理的医学心理学家，研究残疾、弱智者心理与教育的特殊教育专家，在近年来发展较快且日趋成熟的心理测量专家，这四部分人在我国当今心理学界与教育研究中实力雄厚，表现相当活跃。他们既可深入高校实践服务，又是培训高校心理学家队伍的专业力量。在他们的努力下，在不久的将来建立起一支我国高校心理学专业队伍，并且积极发挥其专业作用是完全有可能的。

另外，要重视心理健康知识的普及，加强学生的自我保健教育。心理健康教育工作作为一项发展性工作，应以预防性和发展性为指导原则，既要在工作中发现问题和解决问题，也要重视心理健康知识的宣传和普及，提升学生的心理素质和预防心理问题的发生。因此，借鉴美国一流大学心理健康教育工作的有效形式，组织培训活动、开展团体研讨、建立心理健康图书馆。大学生除学习普通心理学课程以外，还要着重开发一些诸如价值澄

清、道德判断、心理卫生、性教育、职业选择、休闲方式选择、危机处理等方面的课程，从而有效地进行自我保健教育，促进自身的健康发展。

专业化的教师需要拥有从事教育教学工作的基本技能和能力。教师的教学技能指教师在教学过程中运用一定的专业知识和经验顺利完成某种教学任务的活动方式。它可以分为教学认知能力、教学操作能力和教学监控能力三个方面。教学认知能力（cognitive skills of teaching）指教师对所教学科的定理法则和概念等的概括水平，以及对所教学生的心理特点和自己所使用的教学策略的理解水平。教学操作能力（operative skills of teaching）指教师在教学中使用策略的水平。其水平高低主要看他们是如何引导学生掌握知识、积极思考、运用多种策略解决问题的，它所要解决的不是做什么，而是如何做的问题，具体包括制定教学目标的策略、编制教学计划的策略、选择和运用教学方法、选择设计教学材料和教学技术、课堂管理策略、教学效果评价策略等。教师综合应用各种策略解决各种问题和冲突的能力常常表现为教育机制，这是教师面临复杂的教育情境时所表现出来的机敏、迅速而准确的判断和反应能力，它源于教师敏锐的观察、灵活的思维和果敢的意志，也源于他教育经验和知识的积累以及对学生的了解和关爱。教学监控能力（regulated skills of teaching）是指教师为了保证教学达到预期的目的而在教学的全过程中，将教学活动本身作为意识对象，不断地对其进行积极主动的计划、检查、评价、反馈、控制和调节的能力。在这个教学能力结构中，教学认知能力是基础，教学操作能力是教学能力的集中体现，而教学监控能力是关键。

三、高校心理教育课程建设与思想政治工作的融合

（一）我国大学生心理健康教育发展方向

我国大学生心理健康教育的工作评估刚刚起步，以北京高校心理素质教育为蓝本建立全国标准并向全国其他地区推广，这一阶段主要由党政部门组织推进。经过一段时期的建设，我国大学生心理健康教育水平将实现整体提升，从工作评估向专业认证的方向进一步发展，这一阶段应该是专业发展驱动的，由全国最高专业学术机构制定认证标准，推进伦理守则、行业规范和相关法律法案的制定与实施。事实上，我国的心理咨询师、心理督导师资格的专业认定工作已经开始，中国心理学会临床与咨询心理学专业委员会成立专门工作小组建立"中国心理学会临床与咨询心理学专业机构与专业人员注册系统"，高校心理咨询人员将逐步纳入该注册系统。

"以人为本"是核心、"以评促建"是目的，这是美国专业认证模式和中国工作评估模式的共通之处。美国高校心理咨询机构发展的根本保障是具备高标准专业资质的从业人员，对我国高校心理健康教育的启示是切实加大专业人员的队伍建设，在专业人员数量、专业人员培训以及专业人员认证等方面进行制度保障。立足我国国情和我国心理健康教育发展的现实，推动大学生心理健康教育向专门化、专业化、本土化方向发展。

认真研究 IACS 认证标准与北京市现行评估标准，结合我国高校心理咨询机构的实际情况，在尊重学科专业发展规律的前提下，发挥我国高校行政管理的优势，以评促建，切实提高高校心理健康教育工作的服务水平。在评估工作的基础上，未来再由国家专业学术机构进行资格认证，进一步提高我国大学生心理健康教育的服务水平，探索适合我国大学

生心理需求的发展模式。另外，还需要研究在目前社会变革的背景下我国高校心理健康教育的服务内容，不拘泥于美国模式，以我国大学生为本，对能够满足学校与学生需求的服务内容进行积极探索。

（二）高校思想政治教师的心理素质

"素质"这一词，是心理学的一个专有名词，原指一个人生来就有的感觉器官、运动器官、神经系统，特别是大脑的某些解剖的和生理的特点。从目前的研究来看，素质一词不仅具有上述的自然属性，同时还具有社会属性。可将它定义为，素质是先天的自然因素和后天社会因素的"合金"，它是个体一系列的自然特点、知识技能、行为习惯、文化涵养以及品质特征等方面的有机结合。教师的职业特点、社会角色和人际关系，决定了教师应具备一系列特定的心理素质。

1. 教师的教育机智

所谓教育机智，是指教师对学生活动的敏感性以及能根据新的、意外的情况快速做出反应，果断地采取恰当的教育措施的一种独特的心理素质。它是观察的敏锐性、思维的灵活性以及意志的果断性的独特结合。

教师的教育机智并非天生的，而是教师在学习教育理论、总结教育经验、努力参加教育实践的过程中逐步形成和发展起来的。乌申斯基说："不论教育者怎样地研究了教育学理论，如果他没有教育机智，他就不可能成为一个优良的教育实践者。"

教师的教育机智主要表现在以下四个方面。循循善诱，因势利导。在教育过程中，教师应充分调动学生的积极性，消除其消极因素的影响，把学生的兴趣爱好引向学习活动，引向正确的轨道。灵活果断，随机应变。由于学生的千差万别和教育情境的错综复杂，教育过程中随时会发生一些意想不到的事情。教师的机智表现为能根据当时的情况，灵活果断地处理突发事件，及时地调节和消除矛盾行为，从而有效地组织教学活动。方式多样，对症下药。学生中发生的问题，其原因是多种多样的，情况也各不相同，而学生的个性也存在着差异。教师的教育机智表现为能正确分析问题的起因，考虑学生的个性特点，采取灵活多样的方式和方法，有的放矢地进行教育。实事求是，掌握分寸。要使教育工作达到预期的效果，教师在教育学生时，应掌握分寸，把握好一个"度"。因此，教师的机智还表现为讲究教育工作的科学性，在教育学生和处理问题时实事求是、说话有度、分析中肯、判断准确、结论合理、要求恰当、方式适宜，以最小的代价取得最佳的教育效果。

2. 教师的教育能力

教育能力是指教师为成功地进行教育活动所必须具备的能力。教师的教育能力与教育效果有较高的相关，它可以概括为以下几种主要的能力：

（1）组织教学的能力

教师的主要职能是通过教学活动向学生传授知识和技能，因此，组织教学的能力就成为教师必须具备的一种特殊能力。它主要包括制订教学计划和组织课堂教学两个方面。

在制订教学计划时，教师要考虑的是：教学内容的系统性、科学性和思想性；学生的自身特点；讲授知识的容量适中。在课堂教学中，教师要考虑的是：要根据不同的教学目的和内容以及不同学生的特点，选择不同的教学方法；要创设一种情境和气氛，充分调动全体学生的学习积极性，使他们的全部心理活动都能处于一种积极状态之中；要善于在学科知识与学生原有心理水平之间建立联系，使新知识在学生原有的认知结构中找到联系点，从而内化为一种新的认知结构；要灵活妥善地处理好课堂教学过程中的突发事件，使课堂教学能顺利进行。

（2）言语表达的能力

教师的教育活动主要是通过言语来进行的，因此，教育效果的好坏，在很大程度上取决于教师言语的表达能力。同时，教师的言语表达能力，对于陶冶学生的情操、发展学生的言语都有很大的作用。

在教育过程中，教师的言语表达能力主要表现在两个方面：第一，在内容方面：要有新的思想和观念，要富于哲理，给人以新鲜感。要言之有情，言语要反映真挚的情感，以此打动学生的心灵，激发他们的情感。第二，在形式方面：准确精练。能确切地使用概念，科学地做出判断，合乎逻辑地做出推理，表述简洁清楚，干净利落，既不拖泥带水，也不节外生枝。通俗明白。说话要明白，深入浅出，善于把复杂的东西讲得简单，把抽象的东西讲得具体。生动形象。言语要有趣味性，能引人入胜，并符合形象思维的规律和形式，用学生熟悉的形象去加深他们对概念、公式、法则、定理的理解。

（3）了解学生的能力

学生是教育的对象，作为教师应具备了解学生的能力。因为了解学生是教师发现人才的关键，是因材施教的依据，了解学生的能力，与教师的观察力和注意分配力有关。

1）观察力

教师要具有了解学生个性和学习情况的敏锐而精细的观察力，既能找出某类学生共同具有的典型特点，又能发现每个学生的个性特点；既能从学生的听课、提问、回答问题中发现他们掌握了哪些知识，又能从学生的作业、考试中找出他们学习上的薄弱环节。

具有观察力的教师应有以下特点：观察细致而深入；观察迅速而准确；观察全面而客观。赞可夫说："对一个有观察力的教师来说，学生的乐观、兴奋、惊奇、疑惑、恐惧、受窘和其他内心活动的最细微的表现，都逃不出他的眼睛，一个教师如果对这些表现熟视无睹，他就很难成为学生的良师益友。"

2）注意分配能力

有能力的教师，在讲述教材的同时，还能够通过学生的外部表现，正确知觉学生的内心世界。在同一时间里，能把注意分配到两种和两种以上的不同对象和活动上面，这是有理想的教师必须具备的基本能力。他必须既能高度集中注意于自己的讲授，同时也能注意到班级情况：哪些学生精力集中，全神贯注；哪些学生貌似听课，实则神离；哪些学生搞小动作，破坏纪律；哪些学生已经理解，哪些学生还有疑惑等。一个成功的教师是能紧紧抓住学生的脉搏，调节自己的工作的。而缺乏注意分配能力的教师，则往往顾此失彼，不是讲课内容丢三落四，就是对学生的纪律不能顾及。

（4）独立创造的能力

教师的劳动是一种创造性的劳动。教育改革需要教师具有独立创造的能力。科学的发展，人类的进步，要求教育不断地进行改革。教师只有在教育思想、教育内容、教育形式、教育方法上不断创造，才能跟上教育的发展。教育情境需要教师具有独立创造的能力。对于教师来说，完全相同的教育情境是没有的，普遍适用的最佳教育模式也是不存在的。在教育过程中，教师不可能完全照搬别人的经验，也不可能全部套用自己以往的经验，而需要寻求一种新的方法和途径。教育对象需要教师具有独立创造的能力。教育的对象是一个个富有个性的学生，没有一条教育原理和方法对任何学生都适用。这就要求教师根据不同的对象，采用不同的方式，因材施教，不断地创造出新的东西。

（5）实际操作的能力

教师的实际操作能力是多方面的：在学生集体形成的过程中，教师能组织学生的力量，运用多种形式，开展多种活动，加强对学生的管理；在教学过程中，教师能自己制作教具、使用教具，进行实验演示；在课外活动中，教师能对学生做具体指导。因此，实际操作的能力，乃是教师必须具备的能力之一。

（6）教育科研能力

在当前不断变革的社会背景下，对教师提出了新的、更高的要求。教师要由原来的"教书匠"转变为创造者、研究者，要从"经验型"的人才转变为"科研型"的人才。因此，高校教师还必须具有一定的教育科研能力。

教师要达到教育学生的目的，就必须了解和熟悉学生的身心特点，研究学生各方面的成长规律，懂得采用什么样的教育、教学方法，才能取得较好的效果，这就要求教师必须善于吸取国内外教育科研的新成果、新思想，并用以指导教育实践，进行深入的研究和探索，把教学经验上升到理论高度，从而摸索新的规律。在教育教学改革的过程中，教师身在第一线，要善于发现问题、提出问题、分析问题与解决问题。教师还要熟悉科学研究的原理与方法，以便确定研究课题，设计和制订研究计划，搜集有关材料，统计和分析有关数据，从而更好地进行研究。教师边教学边研究，不仅有利于提高教育教学质量，而且也有利于提高教师自身的素质。

（三）高校思政工作要激发学生的学习动机

学生学习成绩的差异，除源于智力因素以外，非智力因素，诸如学习动机、人格特点、家庭背景以及社会文化环境等也起着不可忽视的作用。在各种非智力因素中，由于学习动机与学生的学习愿望、学习兴趣、学习积极性直接相关，因而成为影响学习行为的一种重要因素。

1. 动机与学习动机

（1）动机

所谓动机，是指引起和维持个体的活动、并使活动朝向某一目标的内部心理过程或内部动力。人的各种活动都是在动机的指引下，指向某一目标而进行的。动机具有以下功能：第一，激活功能。动机是人们从事某种活动的原因，是推动人们进行某种活动的内部动力。第二，指向功能。在动机的支配下，人的行为总是指向一定的目标或对象。第三，强化功能。当活动产生以后，动机可以维持和调整活动。当活动指向既定目标时，个体相应的动机便获得强化，因此某种活动就会持续下去。

（2）学习动机

所谓学习动机，是指推动、引导和维持人们进行学习活动的一种内部心理过程或内部动力。学习动机之所以重要，对教师来说，是因为它既可以作为教育的目标，又可以作为教育的手段。增强学生的学习动机是教育目的之一。我们要培养学生有一种强烈的求知欲和为建设祖国而不断提高自己的愿望，学而不止，奉献人类。作为手段，我们可以通过激发学生的学习动机来提高他们的学习成绩，也可以通过强化学生的学习动机来巩固其良好的学习效果。对学生来说，首先，学习动机决定着学习方向。它要求学生懂得为什么学，朝着什么方向努力。其次，学习动机决定着学习进程。在学习过程中，学生的学习是认真还是马虎，是勤奋还是懒惰，是持之以恒，还是半途而废，这些差异将取决于学习动机。

2. 学习动机的基本结构

在实际学习过程中，学习的动力因素虽是多种多样的，但促使主体从事学习活动的直接作用成分只有两个：一是作为主体学习愿望的学习需要；二是作为对主体的学习活动具有吸引作用的学习期待。因此，学习动机的两个基本成分就是学习需要和学习期待，两者相互作用，形成学习的动机系统。

（1）学习需要与内驱力

学习需要是指个体在学习活动中感到某种欠缺而力求获得满足的心理状态。它的主观体验形式是学习者的学习愿望或学习意向。这种愿望或意向是驱使个体进行学习的根本动力，它包括学习的兴趣、爱好和学习的信念等。从需要的作用上看，学习需要即为学习的内驱力。所以，学习需要对学习的作用，就称为"学习驱力"。

（2）学习期待与诱因

学习期待是个体对学习活动所要达到目标的主观估计，它是另一个构成学习动机结构的基本要素。学习期待与学习目标密切相关，但两者不能等同。学习目标是个体通过学习活动想要达到的预期结果。而在个体完成学习活动之前，这个预想结果是以观念的形式存在于头脑之中的。因此，学习期待就是学习目标在个体头脑中的反映。

诱因是指能够激起有机体的定向行为，并能满足某种需要的外部条件或刺激物。诱因可以是简单的物体，如食物、水等，也可以是复杂的事件和情境，如名誉、地位等。凡是人们希望接近的外部刺激物称为正诱因或积极诱因，如金钱、名誉等。凡是人们试图回避的外部刺激称为负诱因或消极诱因，如批评、体罚等。学习期待是静态的，而诱因是动态的，它将静态的期待转换成为目标。所以，学习期待就其作用来说就是学习的诱因。诱因与期待一样，都可以诱使有机体产生目标定向行为，因此，可以把二者看作是动机结构中起拉力作用的成分。

（3）学习需要与学习期待的关系

学习需要和学习期待是学习动机的两个基本成分，两者密切相关。学习需要是个体从事学习活动的最根本动力，如果没有这种自身产生的动力，个体的学习活动就不可能发生。所以说，学习需要在学习动机结构中占主导地位。另外，学习需要是产生学习期待的前提之一，因为正是那些能够满足个体的学习需要，与那些使个体感到可以达到的目标的相互作用，而形成了学习期待。学习期待指向学习需要的满足，促使主体去达到学习目标。因此，学习期待也是学习动机结构的必不可少的成分。

3. 学习动机的种类

（1）正确的动机与错误的动机

根据学习动机内容的社会意义，可以分为正确的动机与错误的动机，或者高尚的动机与低级的动机。高尚的、正确的学习动机的核心是利他主义，学生把当前的学习同国家和社会的利益联系在一起。例如，大学生勤奋学习，是因为他们意识到自己肩负着将来建设国家的重任。低级的、错误的学习动机的核心是利己的、自我中心的，学习动机只源于自己眼前的利益。例如，有的大学生努力学习只是为了个人的名利与出路。

（2）近景性动机与远景性动机

根据学习动机的作用与学习活动的关系，可以分为近景的直接性动机F远景的间接性动机。近景的直接性动机是与学习活动直接相连的，来源于对学习内容或学习结果的兴趣。例如，学生的求知欲望、成功的愿望、对学科的浓厚兴趣、教师生动形象的讲授以及教学内容的新颖等，都直接影响到学生的学习动机。这类动机作用的效果比较明显，但稳定性较差，容易受到环境或一些偶然因素的影响。

远景的间接性动机是与学习的社会意义和个人的前途相连的。例如，大学生意识到自己的历史使命，为了不辜负父母的期望，或争取自己在班集体中的地位和荣誉等都属于间接性动机。那些高尚的、正确的远景性动机的作用较为稳定和持久，能激励学生努力学习并取得好成绩。而那些只是为了自己的名利、地位的近景性动机作用的稳定性和持久性相对较差，容易受到情境因素的冲击。

（3）内部动机与外部动机

根据学习动机的动力来源，可以分为内部动机和外部动机。内部动机是指由个体内在的需要引起的动机。例如，学生的求知欲、学习兴趣等内部动机因素，会促使学生积极主动地学习。外部动机是指个体由外部诱因引起的动机。例如，某些学生为了得到老师或父母的奖励，或者避免受到老师或父母的惩罚而努力学习。他们从事学习活动的动机不在学习任务本身，而在学习活动之外。一般说来，内部动机比较持久，使学习者有较大的主动性，外部动机起作用的时间比较短暂，使学生的学习比较被动。

当然，内部动机和外部动机的划分不是绝对的。由于学习动机是推动个体从事学习活动的内部心理动力。因此，任何外界的要求，外在的力量都必须转化为个体内在的需要，才能成为学习的推动力。在外在学习动机发生作用时，个体的学习活动较多地依赖于责任感、义务感或希望得到奖赏和避免受到惩罚的意念。因此，从这个意义上说，外部动机的实质仍然是一种学习的内部动力。所以，我们在教育过程中强调内部动机的同时，也不能忽视外部动机的作用。教师一方面应逐渐使外部动机转化成为内部动机，另一方面，又应利用外部动机使学生已经形成的内部动机处于持续的激起状态。

（4）一般动机与具体动机

根据学习动机起作用的范围不同，可将学习动机分为一般动机与具体动机，或性格动机与情境动机。一般动机是在许多学习活动中表现出来的，较稳定、持久地努力掌握知识经验的动机。该类动机贯穿于学校生活的始终，甚至在以后的工作中或毕生都具有这类动机。另外，该类动机广泛存在于许多活动中，表现在对不同科目，不同课题，不同内容的学习都具有强烈的动机。一般动机主要产生于学习者自身，与其价值观念和性格特征密切相连，因而也称为性格动机。具有这种学习动机的学生，具有较高的稳定性，即使遇到教学能力低、教学责任感差的教师，也仍能认真努力学习。具体动机是在某一具体学习活动中表现出来的动机。由这种动机支配的学生，常常只对某一门或某几门学科感兴趣，而对其他学习内容则不予注意。这类学习动机多半是在学习过程中因学业的成败或师生关系的影响而逐渐养成的。由于这类动机主要是受到外界情境因素的影响，因而也称为情境动机，其作用是暂时的、不稳定的。

4. 激发高校学生学习动机的方法

学习动机的激发，是指在一定教学情境下，利用一定的诱因，使已形成的学习需要由潜在状态变为活动状态，形成学习的积极性。那么，在实际教学中，教师应如何激发学生的学习动机，使他们那种潜在的学习愿望变成实际的主动学习行为呢？

（1）创设问题情境启发学生积极思维

所谓问题情境，是指具有一定难度，需要学生努力克服，而又是力所能及的学习情境。简而言之，问题情境就是一种适度的疑难情境。在教学过程中，提出有一定难度的问题，使学生既感到熟悉，又不能单纯利用已有的知识和习惯的方法去解决，这时就激起了学生思维的积极性和求知的欲望，使学生进入"心求通而未通，口欲言而未能"的境界。

（2）从内部动机入手培养学习兴趣

学生的学习行为可源于内部动机，也可源于外部动机。所谓内部动机是指学习是出于对学习过程本身感兴趣，学习内容本身已具有足够的内在诱因价值，它无须再借助于其他外在强化物便足以引起学生的学习行为，就是内在动机驱动学习。所谓外部动机则是出于对学习过程的结果感兴趣，他们学习是为了在考试中获得好分数，是为了赢得教师和家长的赞扬和认可等。总之，学习内容以外的东西吸引他们去学习，就是外在学习动机。

依靠外部动机来维持学生的学习，具有以下三个潜在的危险：第一，学生会感到自己是被别人操纵的。为了获得他人的赞扬和奖励，自己必须付出努力。第二，学生会把学习看成是达到某一目标的暂时性工具。一旦学期终结，考试结束，外在目标达到以后，学生就会将所学内容抛到九霄云外，这种学习很难发生迁移，因而也不可能使学生终身受益。第三，学生会过于依赖教师，学习缺乏自觉性和独立性。

（3）激发学生的学习兴趣

成功的教学始于良好的开端。教师在导入新课以前，重要的是先使学生对新课内容感兴趣，这就要求教师在讲解新内容以前，先将新内容与学生原有的兴趣联系起来，讲清新内容在日常生活中的重要性与实际应用意义，会有助于学生把当前的学习和自己的理想与社会事业联系起来，唤醒学生的求知兴趣，由此增强学生学习新知识的内部动机。

教师在教学中越能生动、明确地阐明知识的意义，就越能使学生产生获取知识的愿望。数学家陈景润回忆自己在少年时代产生的数学兴趣时，认为是得益于中学时代的数学老师。这位老师曾这样介绍数学的结构："自然科学的皇后是数学，数学的皇冠是数论，而哥德巴赫猜想，则是皇冠上的一颗璀璨的明珠。"如此形象的描述，使陈景润幼小的心灵中立志为了祖国的荣誉而攻克数学难关。

（4）保持学生的好奇心

有经验的教师在讲授新课的过程中，常常运用各种方法来进一步唤醒并维持学生的好奇心。新异的、奇怪的、复杂的、不协调的或模棱两可的刺激，常常能产生一种观念唤醒，心理学家伯莱恩（Berlyne）称之为"认识性好奇"。这是一种目的在于获得知识以掌握和理解环境的行为。伯莱恩认为，认识性好奇来自观念性冲突，即新的信息与已有观念的冲突。有意地运用惊奇、怀疑、复杂、困惑与矛盾的方法，能唤起学生的认识性好奇，从而使学生处于动机激起状态，这种状态促使学生寻求解决冲突的办法。

（5）将教学目标转化成可达到的学习目标

依据成就动机理论，中等难度的任务对个体具有最大的诱因价值，任务太难或太易，都不利于激发个体的成就动机。因此，教学应该将教学目标分成不同的等级和层次，建立一个教学目标系统，使不同能力、不同程度的学生，都在此目标系统中找到切合自己情况的、可达到的学习目标，从而使每个学生的成就动机都有机会获得满足。这样，通过循序渐进，学生便可逐步达到教学目标。心理学的研究发现，让学生自己去选择目标要比教师为学生设立目标更能激发学生刻苦学习的动机。

（6）正确指导结果归因促使学生继续努力

研究表明，不同的归因方式将导致个体不同的认知、情感与行为反应。具体表现在以下四个方面：

1）对成功与失败的情感反应

当学生成功时会感到高兴，但只有将成功归因于内部因素时，个体才会感到自豪与满意。如果认为成功是源于他人或外部力量，则学生的情感反应是感激而不是自豪。相反，如果将失败归因于内部因素，如不努力或无能，则会感到自责、内疚或羞愧。如果归因于外部因素，则会感到生气或愤怒。

2）对成功与失败的期望

学生将成败归因于稳定因素时，对未来结果的期待是与目前的结果一致的，也就是说，成功者预期着以后的成功，失败者预期着以后的失败。例如，把失败的原因看作是自己能力差，那么个体就会担心下一次还会失败，因为能力是比较稳定的，很难在短时间内得到改变。相反，若将成败归因于不稳定因素，则对以后成败的预期影响较小。

3）所投入的努力

若学生认为失败是由于不努力造成的，如果自己努力学习，并且确实有能力取得成功，则他们在以后有可能更加努力，遇到困难也能坚持。若将失败归因于缺少能力，也就是说，即使努力也不能成功，则他们很容易放弃，尽管有些任务是他们以前成功地完成过的。研究表明，后一类学生很容易产生习得无助感。

4）自我概念

随着学生年龄的增长，他们越来越坚信能力是一个相对稳定的、不可控制的心理特性。如果不断地成功，则他们的自我概念中就会包含着较高的自我效能，否则，自我效能感就会较低。

既然不同的归因方式会影响到主体今后的行为，也就可以通过改变主体的归因方式来改变主体今后的行为。这对于学校教育工作是有实际意义的。在学生完成某一学习任务后，教师应指导学生进行成败归因。一方面，要引导学生找出成败的真正原因；另一方面，教师也应根据每个学生过去一贯的成绩差异，从有利于今后学习的角度进行归因。一般而言，无论对优等生还是差等生，归因于主观努力的方面均是有利的。因为归因于努力，可以使优等生不至于过分自傲，能继续努力，以便今后能继续成功；可以使差等生不至于过于自卑，也能进一步努力学习，以争取今后的成功。

总之，激发学生学习动机的方法和手段多种多样。只要教师有效地利用上述手段来调动学生学习的积极性，学生就有可能学得积极主动，并学有成效。

第八章　新媒体与高校思想政治教育相结合的实践探索

第一节　新媒体时代大学生网络舆情引导的依据和途径

一、网络舆情改变和重塑着社会舆论生态

(一) 网络颠覆了传统的信息传播方式

在信息社会到来和网络时代崛起之前，人们之间的信息传播主要依靠人与人之间的口耳相传、文字交流和纸质媒介等方式，呈现出点对点、单向度、被动性、线性的特征。公众掌握和接受的信息极其有限，个人发表意见、发布信息、传播思想的渠道和平台也十分狭窄，也决定了信息传播速度、传播范围和影响力的局限性与效度。社会舆论基本处于官方掌控和主导的范围内，对于一些不利于社会安定团结和有悖于国家治理的信息，政府有关部门可以轻而易举地进行防范、删除、封堵。然而，网络技术以其层级扁平性、多向互动性和交流开放性等特点，使信息传播和交流实现了自由顺畅、高度共享、即时交互的目标。

(二) 网络具有很强的舆论放大效益

在网络上，每个人都可以是信息的制造者、传播者和接受者，并且可以同时兼具三种身份、扮演多种角色。特别是随着自媒体时代的到来，"随手拍"成为常态，"微博直播"日益普及，公民记者大量涌现，标志着整个社会舆论环境已经从"大喇叭"时代转型升级为"麦克风"时代。在"麦克风"时代，无形无色网络的力量无孔不入地渗透到经济社会的各个领域和人们生活的各个方面。在网络上，一则消息、一句评论或一张图片都有可能引爆网络舆情，只言片语、点滴涟漪可以在刹那间波及全球、辐射全世界，引发网络社会甚至是现实社会的轩然大波和广泛反响。正是凭借着便捷性、平民化、普泛化、自主化和快速性等压倒性优势，网络的强大互动功能推动着信息传播朝着社会的广度和深度扩散与渗透。网络舆论以其跨越时空的强大生命力、渗透力演绎了社会舆论世界和现实生活中的"蝴蝶效应"。更为重要的是，网络的这种舆论放大功能和效应并未止步，而是在持续强化和加剧。

(三) 网络日益成为社会舆论的"发酵器"和主推手

随着我国网民队伍的日益壮大，网站、网页的成倍增长，互联网已经成为人们生活不可缺少的重要部分。人们在网上或"指点江山"或"激扬文字"或"隔网喊话"……网

络世界众声喧哗，网络舆情风起云涌，网络社会枪林弹雨。在这样多元而复杂的网络舆论生态下，许多与公众切身利益相关的社会热点难点问题，尤其是社会关注、百姓关切的消息一经"上网"，就会立刻被无所不在、无时不在的网民迅速"围观""转载"和"追踪"。评论者有之，爆"内幕"者有之，添油加醋者有之……网络上关于某一现象或特定问题所给予的关注、所形成的讨论也随之向现实社会渗透、扩散和影响。很多社会舆论事件往往发端于网络信息，许多现实生活中的集体行动或群体性事件最初都是在网络中酝酿和发酵。

二、网络舆情的新特点及其对当代青年的影响

由于网络打破信息传播主体的一元化和垄断性地位，网民既不是传统意义上的"受众"，更不是人云亦云、毫无主见的"应声虫"，而是集信息的挖掘者、发送者、接收者、加工者、使用者于一体。每个网民对网络事件的围观、点赞、转载或评论，都有可能直接影响网络舆情的发展方向，甚至是对现实社会的影响。网络舆情表现出与传统社会舆情大相径庭的新特点。

（一）网络舆情内容丰富但复杂化

网络的开放性为求知欲极强的当代青年打开了知识宝库的大门，网络海量的信息和形式多样的服务功能给当代青年带来了极大便利的同时，也面临着许多问题和挑战。一方面，由于网络公共理性发育不足，尚未形成规范有效的网络参与秩序。网民对网络信息的关注往往止于表面，通常按照自己既有的思维去认识、了解，容易忽略甚至不愿相信事件背后的真相。另一方面，当前正处于社会利益结构重大调整的转型时期，各种社会问题层出不穷，各种社会矛盾趋向激化，各种社会情绪此起彼伏。得意者、得益者、得利者可以在网上尽情潇洒，失意者、失败者、失利者也可以在网络上找到属于自己的"领地"。在网络这个对任何人、任何事几乎都可以畅所欲言的缥缈空间里，既有积极健康向上的意见，又有消极偏激虚假的蜚语，既有理性审慎、科学严谨的态度，又有无理取闹、无中生有的"奇葩"，网络虚假信息防不胜防，各种网络闹剧层出不穷，整个网络秩序呈现出无秩序的混沌状态。甚至"可以发现，互联网中网络暴力现象大量存在，不少网络舆论质量低下，很难找到理性探讨的网络空间"。由于大多数青年尚处于世界观、人生观、价值观从幼稚到成熟转型的关键阶段，极易受到外界思想观念的影响，良莠不齐、鱼龙混杂的网络信息，在使网络舆情趋于复杂化的同时，也深刻影响着青年的价值判断和价值选择。

（二）网络舆情传播迅速、难控性强

当碰到新奇的情况或一个热点事件发生时，网民可以在第一时间于微信"好友圈"、微博、QQ群、社交网站等网络平台中发表看法、高谈阔论，尽情享受、挥霍网络赐予的言论自由，使其形成网民关注的焦点，使得个体零散的意见快速聚合，不同见解或意识形态的舆论剑拔弩张，就在这种汹涌澎湃的舆论"拉锯"中，迅速形成初具规模的舆情声势。在网络知名人物、"意见领袖"和主流媒体等。日后，网络舆情对事件的影响力度将以指数级倍增，影响范围将呈波浪状向外扩散、放大，很快就形成了"滚雪球式"的传播效果。

（三）网络舆情成为思想文化渗透的重要手段

敌对势力"西化""分化"我国的战略图谋始终存在，更利用网络无孔不入的条件，在"无边际"的虚拟社会中大胆积极地扩大鼓吹"马克思主义过时论""社会主义失败论"，大肆宣扬"中国威胁论""意识形态终结论"等，从文化、思想、价值观念及政治制度等方面，制造出许多干扰我国社会主义主流意识形态的"杂音"和"噪音"。一方面，西方敌对势力利用其在网络技术发展方面的主导地位和网络无边界、无国界的特点，通过各种如影视、音乐、游戏、娱乐等文化渗透的方式抓住人们眼球的方式，极力宣传其所谓的"民主""自由"和"人权"意识形态，并试图通过文化渗透、思想诱惑、制度嫁接等手段，不遗余力地夺取我国社会主义主流意识形态的舆论宣传阵地；另一方面，随着改革开放的全面深化和社会利益格局的深刻调整，部分社会成员出现利益受损，一些消极腐败现象多发易发，风险社会的到来助长了人们的压力感、危机感和焦虑感。这种特殊的网络舆情渗透和攻击行为具有很强的隐蔽性、渗透性和欺骗性，它通过制造吸入眼球的话题，策划轰动网络事件，进行蛊惑宣传、造谣欺骗和煽动攻击，企图以潜移默化的方式影响或动摇青年对中国共产党的信任、对中国特色社会主义的信心。于是，网络中到处充斥着各种居心叵测、似是而非的思想、观点，个人主义、功利主义、享乐主义逐渐渗透网络，形成非主流意识信息洪流。青年作为社会生活中思想最为活跃、热情最为高涨的群体，自我意识极强、表现欲突出、对新生事物充满好奇心，一旦进入互联网的"自由空间"的界域，在无人监督的情况下，个人道德防线和自律防线很容易崩溃，继而成为西方敌对势力思想文化渗透的"俘虏"，导致部分青年出现思想迷惘和价值取向紊乱。进而造成社会主义主流意识形态渗透受到冲击，诱发中国特色社会主义理论、制度和道路信任危机。

三、大学生网络舆情引导的基本策略和实现途径

（一）抢占网络舆论阵地，牢牢把握网络舆情引导权

当前，社会意识形态领域的竞争、斗争和博弈日趋复杂，各种思想文化交流交融交锋此起彼伏，网络作为各种社会思潮宣扬和兜售其"价值秘方"的重要市场，是各方势力竞相争夺的敏感地带。在网络社会，一些热点话题和敏感问题极易被居心叵测的人利用，通过歪曲事实、挑拨离间、添油加醋等手段，造成"波涛汹涌"的网络舆情，网络舆情对大学生的思想、思维、性格、道德和日常行为的影响与日俱增。从这个意义上讲，互联网已然成了宣传思想战线和意识形态领域争夺人心、争夺大学生的主战场。要赢得未来必须赢得大学生，而只有贴近网络，方可赢得大学生。对此，高校各级党委、各个部门和思想政治教育工作者必须牢固树立阵地意识，及时跟上互联网发展的步伐，做好官方网站、官方微博的建设和应用，积极促进传统媒体和新兴媒体融合发展，通过创建校务微信、思政专家微博、公众微信平台等方式，全面进军新媒体舆论场，主动抢占网络舆论阵地、网络舆论空间，做到平时"润物细无声"，重大问题不缺位，焦点问题不迟钝，关键时刻不失语，牢牢把握网络舆情引导权、主动权。

（二）加强预警机制建设，正确引导网络舆情走向

由于网络信息鱼龙混杂、良莠不齐，因而在网络世界里，既能"乱花渐欲迷人眼"，又如"黑马激起万里尘"。网络在给人们带来便利的同时，也对网络谣言、网络暴力的产生蔓延起到推波助澜的作用。网络谣言扭曲事实真相、颠倒是非黑白、混淆舆论视听，而网络暴力则会破坏社会正常秩序、颠倒社会主流价值。由于 00 后大学生网民年龄偏小、认知受限、经验不足，缺乏鉴别网络谣言、抵制网络暴力的定力，极其容易被网络谣言所误导、被网络暴力所俘获。这些"网络病毒"毒性极强、危害极大，并且具有隐蔽性和传染性，一旦"中毒"即被毒害思想、侵蚀灵魂、腐蚀情操，导致大学生道德崩溃、精神颓废、信仰缺失、心灵物化、物欲横行，进而侵蚀社会的主流价值观和道德观，最终掏空国家和民族长远发展的精神根基。因此，做好大学生网络舆情引导工作意义非凡，关键是要建立一套反应灵敏、响应快速、运转顺畅、应对有力的网络舆情预警机制，建设完善网络舆情收集、分析、研判、应对工作机制。通过经常性、不间断获取网络舆情信息，全面分析、科学甄别，合理研判网络舆情中苗头性、倾向性问题。宣传思想战线和青年工作者要增强政治鉴别力、政治敏感性、政治敏锐度，对涉及政治立场、社会思潮、重大问题等网络舆情，要及时迅速捕捉热点焦点，掌握全面、准确、详细的信息，做到率先发声、权威发声、引导发声，努力抢占舆论先机、舆情制高点，通过主动回应社会关切、满足大学生网民关注心理，引导网民在互动参与、真诚对话和理性讨论中发现事实真相、辨明是非曲直，消除公众的疑虑和不安，稳定和安抚网民情绪，杜绝网络谣言的产生和扩散，引导网络舆情从无序、混沌的状态朝着正常、有序、可控和建设性的方向发展。

（三）掌握基本规律和方法艺术，提升对大学生网民的网络舆情引导力

在复杂多变的网络舆论生态中，"舆论导向正确的刚性要求，与讲求良好的传播效果和引导效果的柔性做法，力求实现和谐统一"。而要达成这种统一，必须以熟悉网络舆情形成特点、传播规律和掌握驾驭网络舆论的艺术，提高防范和化解网络舆情危机的能力与水平。一是要深入研究大学生网民的网络心理、行为习惯、网络偏好，以及大学生网络沟通、联络、交流和聚集方式，通过主动设置议题、利用舆论领袖、增强人性化关怀等手段巧妙、灵活地引导网络舆情，做到网络舆情引导有方、有术、有力、有效。二是要贯彻尊重包容、平等互动的原则。宣传思想战线的同志和广大思想政治教育工作者与大学生网民进行对话、交流，要坚持理性的精神和谦卑的态度，抛弃高高在上、盛气凌人的姿势，用真诚、坦诚、热诚赢得大学生网民的认可、信任和支持，建立起与大学生网民有效沟通和良性互动的长效机制，努力实现对大学生的引导、吸引和凝聚；三是要善于用大学生的语言、大学生的思维、大学生的逻辑以及大学生乐于接受的方式与大学生网民进行交流，准确掌握大学生普遍关心、高度关注的现实问题，对接大学生网民多样性、多元化的网络需求、心理问题、思想困惑，广泛运用微博、微信、手机媒体等新媒体工具，认真做好解释说明、分析论证和网络舆情引导工作，引导广大学生树立网络文明意识，帮助大学生培育积极向上的价值观。

（四）激发网络正能量，进一步强化社会主义核心价值观对网络舆情的引导功能

做好大学生网络舆情引导工作，必须高扬社会主义核心价值观的旗帜，传播"好声音"，激发正能量。一方面，要依托网络技术和网络平台，在网络上设论坛、定主题、立专栏，讴歌真善美，鞭挞假恶丑，传递真善美、传递向上向善的价值观，引导大学生树立和实践正确的利益观、权利观、道德观，自觉抵制庸俗、低俗、媚俗之风，增强道德判断力和道德荣誉感，向往和追求讲诚信、尊道德、守戒律的生活。另一方面，要根据当代大学生的特点、兴趣和爱好等，把文学、影视、音乐、艺术乃至生活，赋予网络的表达形式和展现途径，把社会主义核心价值观的内涵和要求活灵活现、淋漓尽致地充分镌刻在网络作品之中，做到春风化雨、润物无声，最大限度地增强广大青年对社会主义核心价值观的价值认同、情感认同和理论认同度，不断提升社会主义核心价值观在网络舆情中的影响力、渗透力和主导力。

第二节　新媒体时代背景下高校共青团工作模式创新

一、新媒体时代背景下高校共青团传统工作模式面临新挑战

在中国网民构成当中，知识层次较高的高校大学生是网民构成中普及率最高的群体之一。高校完备的互联网基础设施建设与个人电脑、平板电脑和智能手机在高校大学生中的普及，从技术层面消除了现实物理世界和网络虚拟世界的边界，大学生的上网活动在变得随时随地、随心所欲的同时，也客观上增强了他们对于互联网的黏性与依赖性。"身在校园，心在网"成为对大学生工作对象的最生动描述。如今，高校中占主体的00后团员青年是在网络伴随下成长起来的一代，新媒体与网络空间已经成为他们生活中不可或缺的一部分，也已成为他们获取信息的最主要来源。高校团组织传统工作模式，例如板报宣传、主题团日、面对面的宣讲讨论等形式，虽然曾经在引领学生团员成长、服务青年团员、提升参与者的感性认识等方面起到不容置疑的促进作用，但随着网络与新媒体时代的到来，高校共青团传统工作模式正面临诸多新的挑战。

（一）新媒体的自由性和选择性对高校共青团宣传教育职能的挑战

互联网的发明和新媒体的应用引发了全球的信息化浪潮，它不但超越了民族、国家和语言等界限，而且打破了时间和地域上的限制，正以其对时空的绝对和相对抽离而改变着整个世界和人类社会。一方面，新媒体与网络空间是一个限制极少的虚拟空间，但又具备海量存储功能，例如谷歌，号称有80亿的存储页面，百度号称有十几亿的存储页面。在这个大熔炉里，任何组织和个人都可以随意在网络上写博客、发帖子、写留言、发表评论，宣传自己的思想，表明自己的观点，宣泄自己的情绪；另一方面，网络上的内容繁杂多样、丰富多彩，信息良莠不齐、鱼目混珠，不乏色情、迷信、暴力甚至反动的内容充斥其中，特别是某些非法组织和反动势力通过极力利用一些社会问题和现实矛盾在网络上蓄意制造是非、非法传播谣言以吸引人们的猎奇心理来达到他们的非法目的。由于监管技术的不完善，新媒体与网络的自由性和选择性削弱了信息的可控性。当团员青年置身于新媒

体与网络空间，面对鱼龙混杂的海量信息时，难免避免思想困惑、认识模糊、行为偏差，干扰和破坏了共青团思想政治教育与正面宣传教育的效果。

（二） 新媒体的开放性和交互性对高校共青团吸引凝聚职能的挑战

以互联网为主体的新媒体平台是一个全球性的开放、互动系统，它既无地域中心也无空间边界，并且具有无限的扩张性和随意性，在平台上的任何一个网点所引起的涟漪都会快速波及全球、辐射全世界。新媒体尤其是互联网开放性和交互性的优势和特点消除了时差和距离的障碍，为人们的自由交流和交往提供了便捷通道，使之日渐成为青年宣泄情绪、交流思想、沟通感情的重要场所。

（三） 新媒体应用的广泛性和便捷性对高校共青团组织动员职能的挑战

发布号召、召开会议、布置任务、组织活动等是共青团组织动员青年的传统模式和工作法宝，在共青团组织团结带领广大青年投身革命、建设、改革和发展的实践中发挥了统一思想、凝聚人心、集中智慧和汇聚力量的重要作用，然而，当新媒体以其独特优势和魅力吸引越来越多青年的时候，这些传统方式的作用便显得捉襟见肘了。因为新媒体在移动互联网时代具有广泛覆盖、快捷传播、多点沟通、直接互动和广泛影响等特点和优势，具备了很高的传播效率和极强的快速组织动员功能，所以正逐渐成为一种全新的号召动员和组织行动的新方式。如今，手机网民占全体网民的九成以上，而新媒体是手机与互联网的最重要媒介，成为网民关注社会热点问题的重要方式。

（四） 网络的虚拟性和匿名性对高校共青团服务大学生成长成才职能的挑战

竭诚服务大学生成长成才是高校共青团组织的一项基本职能和重要任务，网络具有身份虚拟性、地位平等性和交往匿名性等特点，许多大学生可以在网上交流娱乐、表达需求、展现自我和反映问题等，许多在现实中无法实现的需求却可以在互联网上得以暂时满足。但是，网络又是区别于现实的虚拟世界，如果大学生过度依赖网络和沉溺网络，对他们的成长成才极为不利。一是网络的虚拟性会使大学生容易放纵自己的行为，导致道德和法律意识的淡化；二是网络加夹着消极颓废、低级趣味和庸俗无益的内容，一些意志不坚定的青年往往经不住诱惑而难以自拔，以至于价值判断迷失，是非观念混淆；三是长期习惯于人机对话，会导致大学生精神世界空虚、社交能力低下、集体意识淡漠；四是大学生过度依赖网络，会弱化甚至丧失自主学习、独立思考和调查研究能力。例如，学校要求学生在假期进行实地调查研究的基础上提交一份社会调查报告，许多大学生习惯于在网上"搜索－复制－粘贴"而敷衍塞责。鉴于此，如何通过网络、利用网络来服务大学生的成长成才是新形势下高校共青团组织必须深入研究和认真解决的重大课题。

二、新媒体时代背景下高校共青团工作新模式探析

（一） 创新：高校团组织三级网络工作模式的提出

学校团委针对当前团员青年喜欢运用新媒体凝聚、交流的特点，结合工作实际，大胆创新，借助博客这一载体，以网络分团委和网络团支部建设为突破口，创造性地建立了团

组织三级网络工作模式，大力加强互联网团建。把团组织三级网络作为反映工作和联系青年、凝聚青年、服务青年的主渠道建设，大力推进团组织网络化，不断强化利用互联网团组织对团员青年实行全时段、全地域的覆盖，让互联网成为团组织思想引领、组织动员、服务学生、开展工作的四位一体综合信息平台，从而实现共青团网上、网下"两线作战、联动并进"的战略转型，并从结构形式、建设内容、运行机制三方面进行了有益尝试，创新性地建立了团组织三级网络。

（二）超越：团组织三级网络对高校传统工作模式的重构

团组织三级网络的建立为共青团工作的开展翻开了新的篇章，带来了新的工作理念与思维方式。以往主要以板报、展板、现场面对面的讲座、谈话、报告、讨论等为主体的传统工作模式被具有创新性的团组织三级网络所超越，并且团组织的工作环境也因此被改变和重塑：摆脱了物理时空的限制，使信息传递表现形式更为多样化，信息内容对视听感官具有更强的调动性与冲击力。

1. 团组织三级网络互动的时空特性

互联网技术的迅猛发展，注定会深刻地改变人们开展社会互动与人际交往的习惯与方式，如果把互联网技术支持下的网络空间看成人类社会的一个组成部分，那么在这片疆土中，人们可以持续地展开一对一、一对多以及多对多的社会互动。众多的学者对于这片"疆土"场域特性的主要研究可以归纳为"非场所""流动空间、即他们认为网络空间具有流动性、过渡性、暂时性一方面能感受到它"真实"的存在，另一方面它却又不断变化着位置，互动的可延续性差。正是由于网络空间的这些特性，所以以往我们在利用网络空间组织开展共青团工作中总会感觉难以找到与团组织传统工作模式的最佳契合点。以往高校共青团工作的"上网"往往形式大于内容，为"上网"而"上网"，既没有把共青团工作的传统工作模式中的优势在网络空间里发挥出来，也没有真正通过网络技术和新媒体促进高校共青团工作的突破与超越，校团委系统借助博客这一特点鲜明的网络互动工具，很好地规避了网络空间不利于共青团开展工作的特性，并形成了自身独特的网络互动的时空特性。

2. 团组织三级网络互动形式的超越

由于受到场地、时间、载体等因素的制约，高校共青团传统工作模式在形式上表现单一，沟通向度上自上而下，具体表现为单向性与不对等性。一方面，高校共青团传统工作模式在思想政治教育方面的信息输出都是单向的，无法形成真正意义上的互动，比如在宣传上我们主要依靠校园广播、校报、黑板报、横幅、展板、传单、海报等形式来开展工作，这些形式只能传递信息，起到简单的告知说教作用，没法接收到受众即我们的教育对象——团员学生的互动与反馈。由于没有大量详细的信息反馈，我们的宣传效果与活动组织往往容易陷入吃力不讨好的窘境。另一方面，高校共青团传统工作模式中主要依靠依托物理空间的现场集会、宣誓签名、讲座、谈话、报告、讨论等互动形式，由于是面对面的，从形式本身就确定了互动双方地位不对等的状态，上级与下级、老师与学生的关系对位中，下级团组织与学生出于所处位置和身份的考虑往往不愿甚至不能与上级团组织和老师形成实质性的互动交流。

3. 团组织三级网络互动内容的超越

三级团组织网络在解决传统团组织开展大学生思想政治工作的载体和方式问题上进行了超越，但团组织开展高校思想政治教育的传统工作模式，例如开主题班会、利用团属新闻媒体宣传等，形式感较强，团员自发性不积极，且学习方法单一、工作载体单一，内容以文字、图片和团干的说教为主，可延续性也不强，无法保证思想政治教育真正入脑、入心。

（三）回馈：三级网络工作模式对团组织功能的完善

团组织三级网络工作模式，在网络互动的时空性、互动主体的范围、互动方式、互动内容等诸多方面都实现了对高校共青团传统工作模式的超越。这种超越，从表面上看是对高校共青团传统工作模式的否定，是先进网络技术对原有工作方式的取代，而就其本质而言，团组织三级网络工作模式恰恰正是建立和依托于高校共青团传统工作模式基础之上，更好地利用了网络博客这个抓手，对原有的工作模式进行了有益补充和回馈。因为高校共青团工作的对象始终是人——团员学生，所以工作的最终落脚点与归宿归纳起来仍然是：落实"两个全体青年"，推进"两大战略任务"，履行"四项基本职能"。

第二节 新媒体视域下创新高校校园文化建设的原则与对策

一、新媒体对高校校园文化的影响

（一）新媒体对高校校园精神文化的影响

新媒体具有音乐、收音、录音、照相、摄像和上网浏览和发送信息等众多功能，随着移动互联网时代的到来，新媒体视域下的高校校园生活更容易在网络的海量信息中搜索到自己需要的学习资料和生活信息，真正做到了"足不出户，尽知天下事"，极大地方便了师生的学习生活，大大拓展了他们的视野。在当前中国特色社会主义事业蓬勃发展的新时期，新媒体的广泛发展有利于社会主义主流思想的传播和正能量的传递，能很好地帮助学校开展德育教育，帮助学生树立正确的世界观、人生观和价值观，直接或间接地促进着中华民族伟大复兴的中国梦的实现。但是，由于整个世界意识形态及思想环境的多样化和复杂化，特别是西方国家亡我之心不死，通过各种途径尤其是新媒体途径加速其腐朽思想和错误价值观的传播，特别是个人主义、拜金主义和享乐主义的输入，使人们对个人利益的要求成了社会生活的基本动力，久而久之大大地削弱了社会主义核心价值观的主导地位，导致了部分老师和学生缺乏爱国主义、集体主义、责任心、奉献精神等，相反投机主义和个人主义却一度盛行，严重地损害了社会主义核心价值体系。另一方面，由于大多数的学生都处于一个思想尚未成熟的阶段，认知体系比较片面，没能拥有一个辩证全面看待问题的态度，导致负面的思想弥漫整个大学校园，比如之前的"学生为老师撑伞"事件，被一些媒体恶意炒作，影响了整个校园主流文化发展。

（二）新媒体对高校校园行为文化的影响

大学作为人们心中的"象牙塔"，是培养高层次人才的摇篮，学习是大学生的第一要务，课堂是老师传递知识的主阵地。以往师生的课堂都只局限在三尺讲台上的黑板和粉笔，但随着新媒体应用日益普遍，促使高校的教学方式和学习方式等多种校园行为文化发生了深刻的变化。多媒体、视频、图片等技术在课堂上得到广泛应用，课余时间同学们也可以在网络上查阅下载学习资料，甚至通过网上寻找答案排疑解难，极大地方便了师生的学习和生活，大大提高了学习的效率，彻底改变了传统单一枯燥的学习方式。另一方面，新媒体视域下校园网络的日益发展和新媒体技术的迅速普及，突破了不同国家、地域、民族之间的制度、观念、语言和风俗等传统束缚，把整个世界连成为一个小小的"地球村"，世界的时空界限变得日益模糊，几乎消除了社会交往的"社会藩篱"。在大学校园，人与人之间的交往非常频繁，各种活动的组织，恋爱的发展和交际的拓宽都离不开新媒体技术传播，以往人与人之间单纯的书信和面谈已经不能满足现代人交流的需要，特别是随着智能手机的出现和普及，还有 QQ 和微信时代的到来，人与人之间的交往打破了时空的限制，提高沟通的效率，降低了沟通的成本。但同时也让人与人之间的交往增添了许多的陌生，交往中缺乏了真感情的流露，变得敷衍甚至虚伪。

（三）新媒体对高校校园制度文化的影响

随着新媒体在校园新闻中的广泛应用和迅速发展，使得在传统媒体意义上建立的校报、广播站等逐渐退出了校园文化的中心地位，取而代之的是跟新媒体技术息息相关的一些新兴机构，如校园网、官方微信、官方微博、网络电视台、易班等，这些管理机构正在出现并发展壮大，已经成为校园生活及新闻宣传不可或缺的文化重要平台。这些平台的产生一方面是为了更好地服务学校的教学工作，打破了传统的教学模式，丰富了教学手段和形式，拓展了教育渠道和途径；另一方面是为了保证社会主义核心价值体系得到正确地传播，加强正能量的输送，更好地帮助师生树立正确的"三观"。在这些平台产生的同时，相应的管理制度也要应运而生，逐步形成和丰富适应于新媒体环境的制度文化。加强对这些平台的监督和引导以及对新媒体制度文化的建设，才能保证校园文化的主流思想得到发展，保证学校成为社会主义人才培养的基地。

二、新媒体视域下创新高校校园文化建设的原则

随着新媒体发展步伐的不断加快，加强对新媒体视域下高校校园文化建设是绝不容忽视的重大问题。新媒体确实给师生们带来了很多的方便，改变传统的教学模式，提高了学习和交往的效率，但是也带来了很多负面的影响，如果我们不能很好地引导和规范新媒体技术的应用，不仅影响大学生的健康成长，而且还关系到我国高等教育事业的科学发展移动互联网和媒介融合时代，繁荣发展高校校园文化需要牢牢把握以下几项原则：

（一）坚持传承和发展相统一

高校校园文化是高校在长期办学实践的过程中，经过历史积淀而逐步形成的一种特殊的社会文化形态，这种积淀的过程既是传承的过程，也是发展的过程。新媒体的快速发展

和普及应用，开辟了高校校园文化建设的新领域。一方面，高校作为创造知识、培育人才的重要摇篮，是传承优秀传统文化的重要平台。高校校园主体可以结合各自学科的不同理念、专业特点、办学特色和历史传统等，运用新媒体手段积极传播中华文化的历史价值、优良传统和知识体系，充分展现高校校园文化的独特魅力和发挥其引领社会风尚的功能；另一方面，新媒体的出现使得发展高校校园文化比任何时候都显得更为重要和迫切。高校应按照高校校园文化的独特价值和发展规律，充分发挥高校师生的思想文化创造活力，广泛运用新媒体打造更多的校园文化精品，推动高校校园文化在传承中创新、在创新中发展，使高校校园文化成为我国社会主义文化"百花园"中的一朵艳丽奇葩。

（二）坚持开放与融合相统一

高校校园文化是一种依托于社会文化又区别于社会文化和其他亚文化的相对独立的文化体系，它随着社会文化的发展而变化。媒介融合的加速，新媒体的应用普及，促使高校对外联系互动的渠道、方式和形式变得日渐丰富且推陈出新，对外开放的广度愈广和深度愈深，变得越来越便捷、快速而富有效率，构筑出一种全新的文化交流和传播方式，赋予了高校校园文化建设新的内涵和发展方向。高校校园文化与社会文化之间的融合程度、趋同性、互动性日臻明显，例如，高校学者在其微博上发布其对某个社会问题或事件的看法和意见，可以在瞬间把信息传达到其"粉丝"和其他用户手中，广播、电视、报纸等传统媒体纷纷跟进，就会在现实生活和网络社会之间掀起对这一问题或事件的轩然大波，进而影响社会管理和政府决策：因此，在移动互联网和媒介融合时代，高校校园文化建设应该坚持开放性和融合性相统一，努力借助新媒体的强大力量，积极吸取和借鉴一切社会优秀文明成果，古为今用、洋为中用、让高校校园文化绽放绚丽光彩。此外，新媒体对经济社会发展和人们生产生活的影响已经远远超越了纯技术或某一学科的研究范式，必然要求对人才培养和科学研究的理念与模式进行调整，这是社会生活网络化、信息化在高等教育领域中的新确证和新影响。高校应适时调整学科设置和专业结构，敢于打破学科间的壁垒，更加注重不同学科之间的融合与渗透，增设新媒体应用、管理和对经济社会发展影响方面的课程，积极搭建产学研一体化、跨学科融合研究等各类平台。

（三）坚持多元化与主导性相统一

高校校园文化对大学生的成长成才具有潜移默化的熏陶作用，对于社会主义文化发展进步及社会风尚具有明显的导向和引领作用一在移动互联网和媒介融合时代，高校师生不仅可以随时随地利用各种终端在网络上开博客、发微博、玩微信、聊QQ，参与各种讨论，进行信息交流，甚至在网络上开展各种商业活动，铸就了一种全新网络社会文化。这种文化作为高校校园文化的重要组成部分，致使高校校园文化更加多元化：一方面来自于高校不同学科、专业和办学理念的差异和历史传统的不同，形成形态各异、种类万千的文化风格和品位，另一方面也来源于媒介融合造就网络文化的多样性。尽管高校校园文化具有多元化的特征，但是，我国高等教育的性质、根本任务和社会主义办学方向，决定了高校园文化建设必须坚持主导性，即必须坚持马克思主义指导思想在高校校园文化建设中的主导地位，用社会主义核心价值体系引领高校校园文化繁荣发展，善于占领网络信息传播和网络舆论的制高点，毫不动摇地坚持用社会主义荣辱观引领网络舆情，引导大学生知荣耻、明是非、识美丑、辨善恶，坚决抵制庸俗、低俗、媚俗之风，积极营造文明和谐、健康向上的高校校园文化环境，使网络成为宣传党的主张、弘扬社会正气、创造先进文化的重阵地 L 因此，坚持坚持多元化与主导性相统一，是新媒体视域下高校校园文化建设必不可少的一个重要原则。

三、新媒体视域下创新高校校园文化建设的对策

今天，我们正处于移动互联网和媒介融合时代，媒介融合是以计算机技术、移动通信技术和互联网技术等多种技术相融合为基础，众多传播媒介汇集一体发挥多种功能的媒介传播形态。随着媒介技术、媒介业务的融合程度不断加深，新媒体获得迅猛发展，这对校园文化产生了巨大的影响。为了更好地营造积极向上的校园文化氛围，在坚持"三统一"的原则上打破传统思维，根据新媒体发展的规律和校园文化建设的特点寻找新的对策。

（一）完善新媒体应用管理制度，营造积极向上校园文化环境

首先，新媒体在大学校园的广泛应用是社会进步的体现，是高等学校发展的需要，但是新媒体带来的各种思想广泛传播对健康校园文化的塑造带来了很大的冲击，这需要我们在思想上重视新媒体这把"双刃剑"，使之在校园中更好地服务我们的学习和生活，另一方面也需要我们警惕新媒体带来的负面思想冲击校园健康生活，加强对新媒体应用管理制度的完善，使风险得到有效管控，积极营造高雅和谐的校园文化其次，新媒体视域下西方资本主义国家宣扬的各种拜金主义、享乐主义和个人主义思想迅速传播，大大削弱了学校开展德育教育的积极影响，学生的健康思想受到了侵蚀，这需要对信息源头进行监管、筛选、过滤健康的思想，阻止、隔离腐蚀的落后文化，同时建立师生互动的公共平台，并且做到身份公开、信息交流真实，及时发现和过滤各种庸俗、反动和低级的信息，尤其是西方敌对势力进行渗透活动而发布的有害信息，建立起校园网络文化的安全"防火墙"，必要时运用技术、行政和法律手段及时制止。再有，学校层面要加强对新媒体管理人员进行教育培养，完善新媒体管理人员的选拔、管理和考核制度，使之成为一名校园文化主流思想的传播者，同时相应新媒体平台例如校园新闻网站、官方微博、官方微信、易班等需要在相关老师指导下开展工作，规范他们的日常管理制度，把好新闻报道的出口关，提高他们对事情的认知能力，减少负面思想的传播，保证整个校园文化积极向上。

（二）加强媒介素养教育，增强文化自信

媒介素养教育就是指导公众正确理解、建设性地享用大众传媒资源的教育。为了更好地运用新媒体技术，使之成为我们学习和生活的好帮手，必须加强师生的媒介素养教育，也就是增强师生对网络媒介的认知能力、对网络信息的解读和评估能力、创造和传播能力、利用网络媒介信息发展和完善自我的能力，只有增强了媒介素养教育，才能保证校园主流文化得到发展，保证青少年学生的身心不受西方腐朽思想的影响，保证学校的各项教学工作沿着社会主义方向进行，在提高师生的媒介素养教育中必须坚持"引进来"和"走出去"相结合战略。"引进来"即引进一些新媒体教育的专家和学者通过学术论坛、交流会、报告会等各种形式，教会学生如何提高自己对信息的辨别能力，如何抵制腐朽思想的影响，做到更好地运用新媒体技术服务我们的生活和学习；"走出去"即通过引导学

生走出校园，走入社会，用心去了解新媒体技术的发展对社会带来的利弊，认真去揭露西方腐朽思想通过新媒体技术毒害人们心灵的真面目，只有坚持"引进来"和"走出去"战略，才能真正提高师生的媒介素养能力，才能帮助学生树立正确的"三观"，才能真正了解中华民族五千年的灿烂文化，从而增强了对社会主义文化建设的自信心。

（三）传播社会主义核心价值观，维护社会的正能量

网络具有开放性、自由性和无边界性的特点，在给人们带来方便和快乐的同时，也为各种谣言和错误思潮的传播"插上了翅膀"，是一把锐利无比的双刃剑。面对世界范围思想文化交流交融交锋形势下价值观较量的新态势，面对改革开放和发展社会主义市场经济条件下思想意识多元多样多变的新特点，积极培育和践行社会主义核心价值观，对于巩固马克思主义在意识形态领域的指导地位、巩固全党全国人民团结奋斗的共同思想基础，对于促进人的全面发展、引领社会全面进步，对于集聚全面建成小康社会、实现中华民族伟大复兴中国梦的强大正能量，具有重要现实意义和深远历史意义。由于现在青年学生处于一个思想尚未成熟的阶段，再加上对网络媒介的认知能力、对网络信息的解读和评估能力、创造和传播能力、利用网络媒介信息发展和完善自我的能力都较为薄弱，往往容易被社会上一些负能量思想的侵蚀，对问题的了解停留在表面，缺乏对新媒体商业属性和政治属性的分析，进而导致主流思想传播受到阻碍，负能量在校园粉墨登场。"网络垃圾"毒害大学生的思想、侵蚀他们的灵魂、腐蚀他们的情操，冲击、淡化大学生的主流价值观和道德观，甚至扭曲马克思主义主流意识形态。社会主义核心价值观是社会主义核心价值体系的内核，体现社会主义核心价值体系的根本性质和基本特征，反映社会主义核心价值体系的丰富内涵和实践要求，是社会主义核心价值体系的高度凝练和集中表达。党的十八大以来，中央高度重视培育和践行社会主义核心价值观。习近平总书记多次做出重要论述、提出明确要求。所以新媒体视域下的校园文化建设一定要坚持社会主义核心价值观，维护社会正能量，教会学生从历史和现实的角度去批判西方腐朽文化，教会学生懂得如何抵制负能量的传播，教会学生如何掌握中华文化的优秀成果，要让学生懂得今天西方国家利用新媒体的技术在极力推行文化殖民主义实行文化霸权主义，必须加强对西方国家腐朽思想的警惕，坚定共产主义的理想信念，保证整个社会正能量的传递。

第四节 新媒体时代开展大学生马克思主义意识形态教育的依据与要求

一、新媒体时代开展大学生马克思主义意识形态教育的主要依据

（一）新媒体时代意识、形态问题更加突出

新媒体时代我高校面临的另一挑战是在全球正愈演愈烈的人才争夺战，在人类跨入21世纪以来，由科技革命和全球化、网络化所催生的知识经济得到了充分发展，日渐成为21世纪的主导型经济形态，知识经济时代已经向我们蹒跚而来。在知识经济时代条件下，知识就是财富，人才作为掌握和创造知识的主体，尤其是高素质高层次人才成了最为宝贵的

全球性稀缺资源，成为各国"争夺"的焦点。以美国为首的西方国家早就意识到了这一点，因此，在这一历史新时期到来之初，他们对社会主义国家的意识形态渗透的重点就已经转移到争夺高层次高素质人才上来。在这个不见硝烟的意识形态战场上，我国高校无可避免地成为在意识形态领域里反和平演变和人才争夺战的重要前沿阵地。

应该说，加强和改进高校思想政治教育，发挥社会主义主流意识形态的功能，提高大学生的思想政治素质，把他们培养成中国特色社会主义事业的建设者和接班人，是我国高校的神圣使命，更是广大思想政治教育工作者义不容辞的重要职责

（二）对大学生进行马克思主义意识形态教育的主要依据

1. 时代背景

在当前经济全球化、信息网络化不断深入发展和我国改革开放向纵深推进的背景下，我国社会进入加速转型的新阶段，社会经济成分、组织形式、就业方式、利益关系和分配方式日益多样化，人们思想活动的独立性、选择性、多变性和差异性日益增强。在这种复杂的时代背景下，我国大学生难以置身世外，正面临着全球化、网络化和社会转型等多种因素的挑战与冲击。在意识形态领域，各种意识形态涌向校园，涌向网络，冲撞涤荡，致使以新生代为主体的大学生群体中的马克思主义信仰危机、社会主义信念危机日益突出。意识形态领域产生的问题，就需要用意识形态的方式来解决。因此，用开展马克思主义意识形态教育的方式解决高校大学生意识形态方面的问题，成了时代的呼声，更是应对时代变革的创举。

2. 本质规定

从理论的角度来看，意识形态性是思想政治教育的本质属性，意识形态功能是思想政治教育的主导功能。因此，开展马克思主义意识形态教育是思想政治教育的本质规定。脱离意识形态教育的思想政治教育，因为缺乏核心，注定会显得苍白无力；而脱离思想政治教育的意识形态教育，因为漫无边际，也注定难有作为。

3. 现实需要

在新媒体时代，当代大学生存在着信仰选择的非理性化、多元化和功利化，以及政治信仰迷茫和人生终极信仰缺乏等不容忽视的问题。

4. 育人要求

从实践的角度来看，开展马克思主义意识形态教育，是执政党赢得青年赢得未来的需要。

二、新媒体时代开展大学生马克思主义意识形态教育的基本要求

（一）坚持马克思主义在大学生意识形态教育中的主导地位

在新媒体时代，互联网上信息的海量性、思想的多元化和选择的多样化，极容易冲击马克思主义在意识形态中的主导地位。因此，在新媒体时代，坚持和巩固马克思主义在意识形态领域中的主导地位显得十分重要和紧迫。对我们教育者而言，坚持马克思主义在意

识形态中的主导地位，首先体现在坚持马克思主义在大学生意识形态教育中的主导地位，也就是说，把大学生意识形态教育要以马克思主义为主导，聚焦到马克思主义意识形态教育上来，通过马克思主义意识形态教育引导大学生树立坚定的马克思主义信仰和社会主义信念，引导大学生相信人民群众的力量和信任共产党的领导。这显然是由我国的社会主义国家属性和社会主义大学培养人才的根本任务所决定的，同时也是应对新媒体时代互联网对主流意识形态冲击与挑战的策略选择，更是马克思主义自身本质的内在要求。

马克思主义是崇高的科学信仰。马克思主义不仅仅是一种科学的世界观，更是一种无产阶级的价值观，是一种将科学的世界观方法论、彻底的唯物主义、无产阶级的党性原则、全心全意为人民服务的精神融为一体的崇高信仰。坚持科学与价值的统一，理想与现实的统一，理论与实践的统一，是它有灵有肉的精髓彰显；有真理、有正义、有精神、有人性关怀，这是它超凡脱俗的品质体现，符合客观规律，顺应人类良知，追求公平正义，这是它与众不同的信仰追求。正因如此，信仰马克思主义，能给人以睿智和坚毅、高尚和文明，使它的信仰者脱胎换骨，成为脱离了低级趣味的人，顶天立地的人。这正是我们开展马克思主义意识形态教育，引导大学生树立马克思主义信仰的根本目的所在。

（二）新媒体视域下开展马克思主义意识形态教育的基本取向

马克思主义意识形态教育的内容十分广泛丰富，要全面涉及不太现实，也不容易出实效，因此，我们在开展马克思主义意识形态教育时，把意识形态教育放到高校思想政治教育视域中，以问题为导向，针对当前大学生信仰危机等严峻现实和问题，把马克思主义意识形态教育集中聚焦到马克思主义信仰教育、社会主义信念教育、共产党信心教育之上，并作为马克思主义意识形态教育的核心加以实施，从而形成大学生马克思主义意识形态教育的三个基本取向：

第一，坚持用中国化的马克思主义来武装大学生头脑。

用中国化的马克思主义武装广大学生的头脑，引导他们树立坚定的马克思主义信仰，这是马克思主义意识形态教育的首要任务。而马克思主义只有与具体国情相结合，才具有强大的生命力。

第二，坚持引导大学生确立对社会主义必胜的信念。

引导大学生树立社会主义信念，是马克思主义意识形态教育的目的之一，也是马克思主义信仰教育的一个指针。用马克思主义武装大学生的目的不仅是为了让大学生用这一思想武器来认识世界，更重要的是用它来改造世界——建设社会主义现代化强国。

第三，坚持引导大学生相信人民群众的力量和信任中国共产党的领导。

办好中国的事情，必须紧密依靠人民群众的力量和党的正确领导，两者缺一不可。因此，开展马克思主义意识形态教育的一个重要任务和取向便是教育和引导好当代大学生相信人民群众的力量和信任中国共产党的领导。人民群众是历史的创造者，这一最简单的历史唯物主义观点，当前在大学生群体中能发自内心地相信的并不多见。由于受官场潜规则、腐败以及享乐主义等不良风气影响，大学毕业生多数不愿到最底部的广大人民群众中去——到农村到基层去建功立业了，千军万马挤考研、考公务员在中国早已经是司空见惯的现象了。同样，互联网的去中心化倾向和扁平化特点也无时不在削弱政府和党在网民中的权威形象和中心地位。要应对这些进前中的挑战，显然只有通过广大思想政治教育工作者主动担当，勇于开展包括网上网下协同的马克思主义意识形态教育在内的多种教育来解决。

第九章 新时代高校思想政治教育工作机制的创新建设

第一节 高校思想政治教育价值的创新

一、以人为本的理念

（一）用先进的思想武装学生

坚持以人为本的高校思想政治教育理念就是要引导大学生坚持真理、传播先进文化、倡导社会正气、弘扬民族精神、塑造美好心灵，不断提高文化鉴赏水平和文化品位。为此，高校思想政治教育必须坚持正面教育引导，坚持社会主义意识形态的主导地位，以爱国主义教育为重点，深入进行民族精神教育；以基本道德规范为基础，深入进行公民道德教育；以大学生全面发展为目标，深入进行素质教育。牢牢把握思想政治工作的政治方向，坚持思想文化的多样性与主导性的统一，坚持广泛性与先进性的辩证统一。

（二）一切服务学生

坚持以人为本，就是要以学生为本、为学生服务、解决学生实际困难。要坚持一切为了学生，一切为了学生的发展，围绕育人目标，培养有理想、有道德、有文化、有纪律的全面发展的社会主义事业的建设者和接班人，把教育人与关心人结合起来，把塑造人与服务人结合起来，把解决学生的思想问题与解决实际困难结合起来，多做得人心、暖人心、稳人心的工作，把好事办实，把实事办好，只有这样才能提高思想政治教育工作的针对性、实效性，增强思想政治教育的吸引力、说服力和感染力。

（三）激发学生学习动力

坚持以人为本，就是要围绕激发大学生学习动力开展思想政治教育工作。当今，世界正处在知识信息时代，高新科技迅猛发展，科技进步日新月异，只有掌握先进的科学文化知识，才能在发展经济、巩固国防、提高人民生活质量中发挥更大的作用。作为科技队伍的预备队、未来科学技术发展生力军的大学生，在大学有限的学习时间里，要努力打下坚实的理论功底，为将来投身社会做好充分的准备。社会对高学历、高素质、高技能的需求以及成功者的经历，也客观地反映了学习与未来工作的关系。因此，高校思想政治教育要围绕激发大学生的学习动力，把他们从厌学或巨大心理压力中解脱出来，把大学生喜闻乐见、丰富多彩的校园生活开展起来，将青年学生的热情引导到勤奋学习、立志成才上来，让知识性、科学性、先进性融到活动当中去，让大学生在这些活动中既陶冶性情，又丰富知识，增长才干。

（四）探索有效的教育方式

坚持以人为本，就是要从大学生思想实际出发，以增强实效性为目标，积极探索高校思想政治教育的新形式、新方法、新手段。高校思想政治教育不能囿于已有的思想观念和手段，而应适应新形势和新需要，努力使思想观点、目标宗旨、方法与机制有所创新和突破。要创造条件，组织大学生参加必要的社会实践活动，加强思想道德和意志作风的培养。要通过校园文化建设，传播科学文化知识，培养科学精神，营造健康向上、积极进取的校园氛围，陶冶情操，倡导科学、文明、健康的生活方式。要采取有效措施，拓展思想政治教育的覆盖面，使思想政治教育进公寓、进社团、进网络。要积极推动在高校青年学生中发展党员的工作，在学生党员中开展针对性强的先进性教育活动，使学生思想政治教育同党的建设工作有机结合起来。要把大学生思想政治工作和教师思想政治工作以及学风、校风、教风建设结合起来，形成齐抓共管、全员育人和全程育人的机制。

高校思想政治教育要坚持以人为本，围绕中心，拓宽领域，强化功能，不断扩大思想政治教育的覆盖面，不断提高思想政治教育的针对性和实效性。

二、全面发展的理念

全面发展理念是当今社会的一个基本的发展理念，在经济社会发展中的作用越来越重要。在思想政治教育中，必须用全面发展的理念教育大学生。

促进大学生全面发展，对促进人的全面发展、提高全民族素质具有重大意义。大学生是十分宝贵的人才资源，是民族的希望、祖国的未来，中华民族的伟大复兴和中国特色社会主义事业的兴旺发达，迫切需要大学生健康成长、顺利成才，即需要大学生全面发展，成为有理想、有道德、有文化、有纪律的社会主义新人。当今大学的思想政治教育正是以追求大学生的全面发展为根本目标，努力使大学生的整体素质不断提高。大学生的整体素质包括思想道德素质、科学文化素质和身体健康素质等方面，这几个方面相互依存。

思想政治教育要服务服从于大学生的全面发展。要以学生思想政治素质的提高为核心，为大学生成长成才提供强大精神支撑。要以人为本，把学生的全面成长成才放在首位，把思想政治教育与学生成长成才需要结合起来，引导广大学生坚持学习科学文化与加强思想修养的统一，学习书本知识与投身社会实践的统一，实现自身价值与服务祖国人民的统一，树立远大理想与进行艰苦奋斗的统一，为振兴中华作出更大贡献。

思想政治教育要以大学生全面发展为出发点和落脚点。思想政治教育要根据社会发展和大学生思想变化的实际，总结一切符合大学生全面发展规律的文明成果，不断扩展新视野，作出新概括，丰富大学生思想政治理论教育，以多渠道、多方式促进大学生全面发展。

思想政治教育要服务于大学生的健康成长。要以促进学生成长成才为目标，积极创造条件，优化资源，为学生的学习提供好的条件和环境，开展丰富多彩的科技文化活动，寓教于乐，使学生的身心得到良好的发展。要做好大学生的心理健康咨询和辅导工作。随着高等教育的改革和社会经济的发展，市场竞争日趋激烈，在这种新的背景下，在学生中存在不同程度的心理障碍和疾病。学校要高度重视大学生的心理教育工作，对学生进行心理挫折教育，引导学生加强自我心理调节，学会合理宣泄，保持乐观情绪，形成健全人格，帮助有心理问题的学生走出阴影，回归正常的学习生活。

三、和谐发展的理念

（一）人际和谐

人际交往就是个体与周围人之间的一种心理和行为的沟通过程；而人与人之间通过交往与相互作用形成的直接心理关系又称为人际关系，它是在人们直接的交往中形成的，主要包括朋友关系、同学关系、同事关系、同乡关系、邻里关系、师生关系、夫妻关系、亲子关系等内容。在社交工具越来越丰富的今天，人际交往与沟通也显得越来越重要了。社会中的人总是处于一定的社会关系之中，大学生同样离不开与人交往。大学生将主要精力投入到学习，而且自己的大部分时间是在校园里渡过的，因此这使得大学生较少或者不愿关注人际交往，交往的范围比较狭窄，有些人则表现得相对自闭。这并不利于大学生自身的成长，应加以改变。首先，应进行内在调整，要先从自我开始，毕竟主观的因素是最主要的，要重新认识自我，尊重自我，接受自我，能够正视和包容自己的缺陷和不足。一个人越是尊重自己，就越可能以宽容的态度对待他人。其次，对人要诚恳真切，没有人愿意和一个虚情假意的人进行心与心的沟通。再次，要有一颗开放的心灵，经常留意周围的同学，在自己遭遇麻烦时，学会找到正确的途径和合适的人寻求帮助，疏导自己的苦闷；留意周围的环境，要培养对自然与社会的好奇心与热情。最后，要努力提高自己的人文涵养，这样才不至于在交往中迷失自我，而自身散发的气息也同样能感染别人。周围的人要给予在人际交往方面有困难的同学以帮助，学校是一个大家庭，社会也不例外，只有互相尊重、互相谅解、互相鼓励、互相倾吐，人与人之间的交往与沟通才会和谐，社会才会充满阳光。

（二）环境和谐

和谐环境的构建在高校思想政治教育中具有广阔的应用前景，它对培养大学生的政治认知、实践能力、分析问题和解决问题的能力以及大学生思想政治素质起着重要作用，是加强和改进高校思想政治教育系统中不可分割的，起相互协调、平衡、互为作用的重要因素。用和谐的方法培养人、培养和谐的人，促进学生的和谐发展，是构建社会主义和谐社会对高校思想政治教育的基本要求。和谐的人要靠和谐的教育来培养，和谐的教育是指教育的各个构成要素相互协调、有机统一，形成一种结构合理、功能齐全、关系协调、程序严密、运转高效的和谐机制。

（二）管理和谐

建立和谐的管理理念和机制，坚持教育与管理相结合的原则，把思想政治教育融于学校管理之中，建立长效工作机制，使自律与他律、激励与约束有机地结合起来，有效地引导大学生的思想和行为。要实现管理和谐，就是要努力做到以下五点。一是要明确加强和改进高校思想政治教育的主要任务，把和谐管理体现在实际工作的指导思想、基本思路和工作方法之中，体现在实际的工作成效上，既注重学生的全面发展，又重视学生个性和特长的发挥，将人性化与制度化管理有机地结合起来，切实提高思想政治教育的感染力、影响力和实际效果。二是高校思想政治教育管理要实现从传统管理向现代管理的转变。建立开放务实的管理机制，做到思想政治教育的管理决策、管理权力、管理运作、管理方法、管理责任、管理利益一体化。要学习和借鉴国外优秀的德育管理经验和方法，实行开放式管理，把民主性管理与制度性管理、自律性管理与他律性管理有机统一起来。三是高校思想政治教育管理要运用现代工程建设的办法来抓。思想政治教育本身就是一项大系统工程，我们可以借鉴工程建设中的科学程序与办法来抓好思想政治教育管理。四是高校思想政治教育管理应实行责任制。思想政治教育是精神文明建设的基础性工程，必须坚持重在建设的方针，要抓好落实，这就首先要求责任到位。在高校思想政治教育管理中，应把管理的各个环节具体规划并加以分解，具体落实到每一个基层组织，做到思想政治教育管理权力、任务、投入、利益、效果责任到人。五是注重培养高素质的思想政治教育管理人才。当代高校思想政治教育应注重培养人才，善用人才，重用人才，尤其要建设好一支富有创新精神和懂得现代管理与网络技术的高素质的思想政治教育队伍。当前最为重要的是抓稳定、优培养、重选拔、严管理，在培养思想政治教育管理人员素质上下工夫。

（四）和谐文化

和谐文化建设是我国构建社会主义和谐社会的重要组成部分，也是构建我国和谐社会的思想基础。在文化多元化发展的背景下，高校的思想政治教育工作必须有着清醒的文化价值立场，从开展和谐文化建设的视野思考大学生的思想政治教育工作。一是加强社会主义意识形态教育，用社会主义核心价值体系引领文化生活。文化的要义在于提升文化品位，丰富心灵境界，这与思想政治教育育人的宗旨相契合。思想政治教育工作的关键是促进学生接受与认同属于意识形态核心成分的社会价值规范。思想政治教育的过程主要是人文的过程，或者说是一个文化过程。文化多元化背景下高校思想政治教育必须不断强化社会主义意识形态。二是既要坚持先进文化的前进方向又要努力发挥多种文化的作用。我国社会主义和谐文化建设坚持先进文化的前进方向，坚持一元主导与多样发展的统一。思想政治教育的文化属性规定了自身必须对和谐文化建设的原则作出合理借鉴，确立清醒的文化价值立场。文化的一元性与多元性的关系，反映在高校思想政治教育领域就是要坚持社会主义意识形态的一元主导与多元共存的辩证统一。高校思想政治工作必须摒弃"训导观"，倡导"指导观"，绝不能回避多元化文化中存在的高校无法回避的多元价值观，应当指导学生在对各种价值取向与道德规范的社会价值进行分析、比较与鉴别的基础上，自主、合理地选择真正符合时代要求的价值观。

四、可持续发展理念

可持续发展要求人们超越狭隘和短视的利益优先观念，以崇高的思想境界和广阔的视野把人与自然、社会发展与生态发展融合在一起，它不仅改变现代人的物质生活，也改变现代人的精神生活。对大学生进行思想政治教育要适应可持续发展的要求，改变大学生观念，树立正确的指导思想，把可持续发展的整体观念、持续观念和平等观念注入大学生的思想观念中。

树立大学生的持续观念。所谓持续观念，就是要求人们确立新的生态自然观，把未来的发展作为当代发展的前提来对待。持续观念要求大学生转变自然资源是"取之不竭，用之不尽"的传统观念，代之以"资源有限""资源有价"的新观念；要求人们用人与自然和睦相处、共存共荣的生态自然观代替人是自然主宰的强权自然观。人类只有在与自然的和谐关系中才能获得健康而完美的生存。以确立人与自然这种新型关系为基础的可持续发展理论具有重要的伦理价值，它极大地延伸了人的利益关系，对人的权利义务作了新的阐释，确立了在人与自然的和谐统一中寻找人生价值和意义的正确定位。这无疑意味着人类精神领域的一次重大变革和深化。

树立大学生的整体观念。所谓整体观念，就是整体发展的观念，它要求人类从强调理性主体的主客二分式思维方式向现代突出整体论的系统思维方式的转变，这必将导致更深层次的作为人类文化现象本质的思维方式的又一次巨大变革。可持续发展思想认为世界上任何事物都是处于一个相互联系的整体之中，实施可持续发展战略，要求以整个地球、整个人类（包括人类的今天和明天）作为大的生态系统。人及其他生物、非生物是这一大系统下并列存在的子系统，它们处于相互依存的有机结构中。地球环境是所有人（包括现代人和后代人）和所有生物共有的财富，任何国家、地区或任何一代人都不能为了局部小团体利益而置生态系统的稳定和平衡于不顾。大学生必须树立经济、生态、社会效益相统一的整体发展观。

树立大学生的平等发展的观念。人与自然之间、个人与社会之间、当代人与后代人之间处于一种平等的地位。人类不应当为了自身的发展而无限制地掠夺自然，也不应当为了自身的发展而无限制地掠夺后代人的权益。可持续发展战略的实施将促使人们的生活方式、行为方式，特别是消费方式上的变革。要求人们转变毫无节制的消费观念，树立物质享受与精神文化需求相统一的适可而止的消费新观念。可持续发展战略的实施将在抵制不健康、不文明的消费行为和消费方式，破除人们超前消费、过度消费和炫耀式消费等病态消费观念，树立保护环境、可持续消费的道德观念等方面发挥重要的作用。在地球资源有限的情况下，当代人超前消费，就意味着大量消耗本属于后代人的资源。能否自觉遵守适度消费的种种规范，将成为衡量人的素质、人的文明程度的重要标尺，这也是社会主义精神文明的基本要求。

第二节　高校思想政治教育模式的创新

一、高校思想政治教育的主体性教育模式

（一）主体性教育的内涵

主体性教育并非一种教育类型，不是说我们的教育可分为主体性教育和非主体性教育两种，主体性教育仅仅是指一种教育思想或教育理论。这一思想最重要的是体现在教育内容上，强调对知识结构的不断优化，强调提高受教育者的主体能力，提高他们的学习和创造能力；这一理论也体现在教育方法上，强调启发式的教育，要求民主教学，强调教学双方要相互尊重、相互信任、相互配合、形成一种民主平等的师生关系。

主体性教育的核心是强调承认并尊重受教育者在教育活动中的主体地位，将受教育者

真正视为能动的、自主的、独立的个体，通过启发、引导受教育者内在的教育需求，创设和谐、宽松、民主的教育环境，有目的、有计划地组织、规范各种旨在提高和发展受教育者主体性的教育活动，从而使他们成为自主地、能动地进行认识和实践活动的社会主体。在中外教育史上，人们一直十分重视主体性教育思想的研究与实践。在西方，早在古希腊时期，苏格拉底教学法便是运用对话，列举出机智巧妙的问题进行教学，其目的不是为了传授知识，而是探索新知。

（二）高校思想政治教育主体性教育模式重点内容把控

对于多数高校来说，现今在大学生教育过程中实行的既不是以教师为主体的教育，更不是以学生为主体的教育，而是以教材、制度为"主体"的教育。高校要很好地完成培养高素质创新型人才的任务，必须充分运用主体性教育模式，在这一过程中着重强调学生学习的主体性和教师教育的主体性。

1. 注重学生学习的主体性

学生在教育过程中，既是学习的客体，同时也是学习的主体，其主体性表现在：学生对教师所施加的教育是有条件、有选择地主动接受；学生是以积极的状态还是以消极的状态来接受教师的教育，直接影响着教育的最终成效；学生的成长具有一定的规律，教师必须要遵守并服从这一规律。

学生学习的主体性主要包括对学习的主动精神和积极态度，以及对所学专业、所学课程以及所用教材的选择权利，还包括他们对所教老师和学习时间的自主选择权。教育的首要目标就是充分发挥学生的学习主体精神。

就高校思想政治教育现状来看。许多学生仍然面临着学习主体性不足的问题。究其原因，一方面是学生对社会现状缺乏深刻了解，没有树立科学的世界观、人生观。面对社会问题，没有社会责任感，没有向上的进取心。另一方面是现行的教育机制不甚合理，这直接导致学生缺乏自我进取的精神，他们一旦进入学校，就失去了对学习时间的把控，失去了对专业、教材、课程甚至是教师的选择权。因此，我们需要反省这样一种现象：那些在高考考场上一路搏杀过来的佼佼者，却在进入大学校门之后失去人生的方向。这固然有一部分原因是因为个体缺乏进取心，但是究其本质，更深层次的原因是机制的不合理，进而导致学生产生很大的心理迷茫。

主体性教育模式告诉大学生一个最基本的道理：大学，不是一个结果，只是一个过程，是一个对价值和目标追寻的过程，并且在这一过程中他们所收获的一切将会受用终身。如今，淘汰制、辅修制、双学位制、完全学分制等弹性学制已以迅雷不及掩耳之势出台了，学生对专业、课程以及老师的选择权也迅速扩大，不但拓宽了他们的发展空间，更有利于他们践行思想政治教育内容，使大学生从内心深处对思想政治教育的各项内容积极主动去了解，进而内化为自身的行动。

2. 强调教师教育的主体性

在进行教育的过程中，教师总是将学生作为实践的对象，将自身活动引发的教育影响作为手段，进而促进学生身心得到发展。教育活动所显示的特点，例如目的性、计划性、组织性等，都通过教师在教育过程中的活动来体现，这就是我们所说的教师教育的主体性。

教师教育的主体性对于进行教育来说具有十分重要的意义，教师在进行教育过程中体现出来的主体意识和主体性精神的现状会对学生产生巨大影响。高校出现过这样的局面：许多学生只为考试而学，使高校教学质量的提高缺乏动力，当然形成这一局面的原因有很多，但教师教育的主体性的缺乏是造成这种状况的重要原因之一。教风与学风之间具有一种天然的联系，许多学生的学风不正，其背后是部分教师的教风不严。

（三）高校思想政治教育主体性教育模式的程序

1. 提高大学生的主动性，促使他们积极主动参与学习过程

进行高校思想政治教育，实施主体性的教育模式，一个最为基本的前提就是大学生已经充分意识到自身的主体地位。因此，在具体实施过程中，首要任务就是要激发出大学生的主体意识，这是激发他们的自觉性，提高他们的主动性，增强他们的自觉性的基础。对学校的教育活动，采取主动参与的方式，而非游离于活动之外的态度，生动活泼地发展自己的最大潜能，不断发挥自身的创造能动性，接受理解并积极实践的要点，成为自我发展的主体。从大学生开始进入到大学殿堂的那一刻开始，教师就要通过多样的渠道，引导学生主动参与到教育活动中，这是最终实现其主体性教育模式的基础和前提。

2. 增强大学生的能动性，提升他们的实践能力

探索活动是一项需要充分发挥主体性的活动，主动探索这一活动本身就对影响着大学生主体性的发挥，尤其是对大学生实践能力的培养，对大学生创造能力的发掘有着不可忽视的作用。

3. 开发大学生的创造性，增强他们的知识创新能力

对大学生进行思想政治教育有一个最为重要的目的，就是要全面实现大学生的自我发展。对人的社会性发展，不仅仅是社会的客观要求，同时也是进行高校思想政治教育的目标。进行高效教育的最终目的，是要促进人的发展，培养大学生的自我发展主体性，实现他们社会发展的主体性。在这一过程中，要不断在探索过程中实现主动发展，不断在实践过程中实现主动创新，采用不同的实现方式，不断发掘并探索隐藏在大学生思想政治主体性教育中的更深层次的知识。

二、高校思想政治教育的体谅模式

（一）体谅模式的主要观点

1. 教育的基础——自己和他人快乐

麦克菲尔主张价值观教育的基础是使自己幸福和快乐。他强调体谅和关心他人的时候，重点是要让自己快乐、幸福和满意，而他人的快乐和满意是附属品。关心和体谅他人的行为首先是一种自我激励的利己行为。

在高校思想政治教育中，教师要帮助学生发现使学生快乐的源泉，让大学生知道快乐源于健康的生活，源于祖国和社会的稳定。快乐和幸福源于利他的行为。高校思想政治教

育的另外一个目的就是将大学生从互相不信任的模式之中解放出来，正常地同他人进行交往。

2. 教育的目的学会关心

道德是有感染力的，能让人明白什么是好，什么是坏。麦克菲尔还从人与人之间的影响论证了价值观教育的目的是在寻找人与人之间的共性。道德之间的感染，使人们相信人们之间有很多共性的价值观念，这也是人们能够相互关心、相互理解、相互信任、相互体谅的根本原因。人们之间的这一共通点并不是表面的，而是深层次的。在高校思想政治教育中，教师应使大学生相信社会中的相互交流源于对社会一些共通价值观念的认同，而这些共通的价值观念正是高校思想政治教育的内容。大学生要在学习的思想政治教育内容的基础上关心和体谅他人，并在这个过程中收获自己的快乐和满足。

3. 教育的重点引导大学生与人友好相处

拥有良好的人际关系，是人具有健康心态和价值观念的重要标志。一旦失去了融洽的人文环境和健康的精神氛围，一个人的价值观念必然受到影响。麦克菲尔认为，价值观教育的目的就是要让儿童学会互相帮助，使他们在学习的过程中用有益的理论摆脱那些破坏性的和自我损害的冲动。在教育之中，教师要教育大学生摆脱那些以自我为中心、自私、粗暴或者其他不健康的价值观因素。高校思想政治教育要引导大学生建立良好的人际关系，摆脱那些不健康的价值观因素。

（二）高校思想政治教育体谅模式的建构

1. 设身处地为公民、社会、国家着想

《生命线》丛书的第一部分是《设身处地为别人着想》，分别是敏感性、后果和观点。麦克菲尔的设计围绕普通人的问题，在家庭、学校、邻里这些情境中展开。他认为这些做法有以下特点。

第一，材料是有情景的。

第二，这些情景来源于对青少年的调查，因此，这就是他们所处的情景。

第三，对这些情景的陈述很简要（通过提供个人的详情），促进他们融进情景当中，使他们做出各自不同的反馈。

第四，一般来说，提出的问题多涉及实际行为，而不是讲道理。

第五，所提出的行动课程中的角色扮演以及戏剧性的表演一般比较容易引起情感上的共鸣和增加理智，因而提高了学生对人类行为的更现实的欣赏与理解。

第六，有助于激发青少年对社会活动的自然倾向。

第七，材料中所提供的为他人着想的基本动机是关心他人的素质，这种素质会产生应得的反馈。

第八，事件的一览表是不固定的，表明教师与学生可自愿地做其中的项目。

第九，这些情景在用完之前不应逐一地试用或不断地使用，可能时应指导学生进行选择，因为能否置身于环境中是至关重要的。

第十，设身处地为他人着想的情景永远也不应该被用于惩罚或增加额外的负担。

从高校思想政治教育的需要出发，教师可以设计一些相类似的情境，使大学生思考一

些关于公民、社会、国家的问题。关于爱国的材料应尽量来自历史和社会之中，具有真实性，这样才能够达到设身处地的目的。

2. 证明公民、社会、国家所应具备的规则

《生命线》丛书的第二部分是《证明规则》，包含五个单元，分别是规则与个性、你期望什么、你认为我是谁、为了谁的利益、为什么我应该做。这一部分涉及比较简单的个人的压力和冲突的实例，也涉及比较复杂的群体利益冲突和权威问题。学生在这一部分探讨各种社会背景之中自己所应面对的一些难题，这一部分要求学生形成健全的统一性，使其成为对社会有贡献的人。

3. 付诸行动

行动永远是价值观教育的终极指向。在采用体谅模式对大学生进行教育时，教师可以组织大学生进行讨论，从不同的侧面帮助大学生全面认识社会主义核心价值观。例如，教师可以组织学生讨论"键盘侠"的社会影响与公民道德问题，从而为大学生确立网络价值规则。教师也可以组织学生开展医患纠纷问题的讨论，围绕医生道德问题与患者举止的合理性展开。

第二节　高校思想政治教育内容的创新

一、高校思想政治教育内容构建的原则

（一）科学性原则

思想政治教育内容的科学性源自教育内容的真理性、教育方式的有效性以及指导思想的科学性，要保证思想政治教育内容的科学性，就是要有科学的知识支撑，科学的理论基础以及科学的组织实施。

科学理论在思想政治教育中的基础性作用，根本在于科学理论的真理性和革命性。马克思主义是一个完整而严密的理论体系，包括马克思主义哲学、政治经济学和科学社会主义，它们有着内在的有机的逻辑联系，马克思主义哲学是整个理论体系的灵魂，马克思主义政治经济学是其主要内容，科学社会主义是其重要结论。

（二）系统性原则

思想政治教育的内容是一个系统的结构，思想教育内容的系统性是指思想政治教育的内容不是简单的堆砌，而是各个要素按照一定的方式进行有机的组合，这种组合不是简单的罗列或是无序的拼凑。并且这些内容的实施并不是一朝一夕就能实现的，它是一个精心组织并且长期持续的过程。思想政治教育内容的系统性主要是指教育内容的全面性。

人的全面发展理论是思想政治教育内容全面性的理论依据。马克思主义经典作家通过分析资本主义劳动过程中由于分工造成了人片面的、畸形的发展，揭示了自在自发的存在、异化受动的存在和自由自觉的存在是人的存在的基本状态，提出了人的全面发展的学说。思想政治教育的内容是一个结构系统。教育内容的全面性是指思想政治教育内容构成

要素具有全面性、整体性和统一性。全面是相对于片面而言的，是指系统各个方面有机联系的总和，系统整体所具有的质不同于系统各要素具有的质，整体大于它的各部分的总和。教育内容的全面性基于人的整体性、教育的整体性和生活的整体性，依据人的全面发展理论，源自社会对其成员的全面要求，遵循思想政治教育内容生成发展的规律。

（三）稳定性原则

思想政治教育内容是相对稳定性与动态变动性的统一。所谓的稳定性，是指依据教育目标、教育方针以及受教育者自身的特征而体现出的相对静止的特性。变动性是指根据社会形势和受教育者思想发展变化的实际确定教育内容而体现出的相对变动的特性。稳定性即思想政治教育内容本质中的永恒性和固有的质的规定性部分，具有普遍性、超越性的属性；变动性即思想政治教育内容的时代性、现实性和针对性等随社会变化而变化的部分，具有特殊性、适应性的属性。

（四）针对性原则

1. 根据社会环境和时代特点确定思想政治教育的内容

从政治上说，在不同的年代，思想政治教育内容是不同的。在革命战争年代，思想政治教育内容服务于革命、战争和阶级斗争；在社会主义建设时期，思想政治教育内容要服务于社会主义的建设事业。从社会环境来说，从"以阶级斗争为纲"到"以经济建设为中心"，社会环境已发生了根本性变化，由此要求思想政治教育内容也必须加以改变。这已成为不争的事实。因此，当前的思想政治教育内容就不得不顺应这一时代特点和社会环境，确定符合社会主义建设事业需要的内容。

2. 根据大学生的思想实际确定思想政治教育的内容

高校思想政治教育是以教育者和教育对象为主客体，以思想政治教育内容、方法、手段等为中介，以传递思想政治教育内容为主要要素的活动过程。要想活动过程有积极效果，特别需要思想政治教育内容对作为教育对象的大学生具有可接受性。因此，坚持思想政治教育内容的针对性原则，需要从大学生的实际出发来确定思想政治教育的内容。

针对性原则不是被动的原则，而是主动的原则。这是指从思想政治教育目标和大学生的特点、需要出发来确定思想政治教育的内容，不是消极地被动地迎合学生的需要，不是不作任何分析地认为"学生需要什么就给什么"，而是积极主动地适应和引导学生的需要。思想政治教育的本性之一是主动性，就是从思想政治教育目标出发主动引导学生向着正确的方向前进。

二、大学生社会主义核心价值观教育

大学生是社会主义建设事业的接班人和主力军，其健康成长关系到党和国家的前途命运，是中国特色社会主义事业兴旺发达的关键。了解和把握社会主义核心价值观教育的内涵及相关理论，明确社会主义核心价值观教育的意义，对推进大学生社会主义核心价值观教育具有重要的作用。

社会主义核心价值观，是在长期的社会实践中逐渐形成与发展起来的，适应时代发展要求及经济、政治、文化建设需要的在社会主义价值体系中居统治地位、起主导作用的价值理念。这一理念，科学地回答了社会主义本质属性这一根本问题。社会主义核心价值观是在我们党在深刻总结历史经验，在全面把握国际国内形势的基础上做出的主体价值选择。

富强、民主、文明、和谐、自由、平等、公正、法治、爱国、敬业、诚信、友善，短短二十四个字概括了全部的社会核心观念。在此之后，中共中央办公厅发文为这二十四个字的核心价值观内容正式确定了三个不同的层面。其中，富强、民主、文明、和谐，是国家层面的价值目标；自由、平等、公正、法治，是社会层面的价值取向；爱国、敬业、诚信、友善，是公民个人层面的价值准则。

社会主义核心价值观的二十四个字是与中国特色社会主义发展要求相契合的，与中华民族的优秀传统文化内容和全世界古老文明传承的核心内容是一致的，是我们党凝聚新时期全社会价值共识而做出的重要论断。这二十四个字虽然简短，但内容却是非常丰富，是一个完整有机结合的整体，对我国今后一个时期社会建设方向具有重要的指导作用。

三、高校思想政治教育的内容拓展

思想政治教育内容是一个既相对稳定又不断发展的体系。时代的新变化和社会对人的全面发展的新要求，促使我们不断扩展思想政治的内容，思想政治教育内容体系要始终保持与时俱进的品质。

(一) 网络道德教育

现在网络已经成为大学生学习和生活的重要组成部分。网络在为大学生提供丰富的资源的同时，也产生了如沉迷网络游戏、网络交友甚至网络犯罪等问题。在高校思想政治教育过程中，很多教育工作者认识到了这一点，主动对大学生进行网络道德教育，及时纠正大学生因沉迷网络而导致的一些错误观念和行为，有利于大学生身心健康发展。

(二) 革命精神教育

1. "中国革命精神"的含义

"中国革命精神"，是指中国共产党人领导人民为着理想目标打破旧世界、建立新社会、实践新生活的过程中体现的意志、心理、情绪和牺牲精神，具体说来，是中国共产党领导中国革命、建设和改革开放过程中体现出的一往无前、努力奋斗、无私奉献、勇敢牺牲精神。这种革命精神发生在老一代革命者身上，也发生在我们同时代的优秀共产党员、共青团员、普通民众，乃至大学生群体之中，是与我们密切相关的近现代历史、民族传统、时代精神的内容，是我们生存其中的政治文化、精神文明的组成部分，因此其成了我们社会教育特别是大学生和青少年思想政治教育的内容。

2. 大学生对中国革命精神的认同

大学生对中国革命精神的认同，主要包括三个层面。

其一，对中国革命精神的认知。一是了解某些精神相关的人物事迹。二是知道五四运动是"彻底地反对帝国主义和封建主义的运动"，是体现"爱国、进步、民主、科学"精神的运动，知道井冈山精神的内容是"坚定不移的革命信念，坚持党的绝对领导，密切联系人民群众，一切从实际出发，艰苦奋斗"。这一层的认知可以称作"精神实质的认知"。

其二，是指对中国革命精神的认可或赞同。其中又包含三层内容：一是在了解革命精神的人物事件情节内容的基础上，赞同其在历史上产生过重大影响，或有重要的价值，如激发了党领导革命军队人民群众斗争的热情勇气，鼓舞了革命者的信心，推动或保障了革命胜利等。二是认为或赞同革命精神有永恒的价值，在今天对党加强自身建设、领导改革开放现代化建设仍有意义，在社会上有广泛传播号召多数人关注学习的价值。三是认为革命精神对于个人的学习工作生活成长成才等，都有一定的价值。

其三，是指大学生将革命精神的人物事件情节内容内化于记忆情感意志，愿意并且能够时时以革命精神鼓舞或指导自己做人做事，有着较为稳定的理想信念和积极认知践行革命精神的内在动力；或者由此产生兴趣和愿望，愿意深入了解中国共产党领导革命建设改革开放的历史，更为深入地了解中国革命精神及其与民族传统、人类文明精神的关系。

3. 加强大学生革命精神教育的对策

对大学生进行革命精神的教育任重道远，要从多方面努力。

（1）充分发挥教师和学生的主体性作用

第一，要重视教师的主体性作用。首先，思想政治理论课教师对学生具有重要的师范作用，所以教师要加强自身素质修养，以健康的人格感染学生，以渊博的知识引导学生，这是教师进行教育的基础。

第二，充分发挥学生的主体性作用。学生主体性的发挥主要表现在自觉认同教育目标和教育要求，不断完善自身品德，丰富和发展社会道德规范。教师在对学生进行教育的过程中，要注重激发学生的主体性，要树立"以学生为本"的教育理念。

（2）充分重视现代传媒载体的作用

现代传媒对革命精神的宣传较多，学生可以通过传媒途径加深对革命精神的了解与认识。在进行革命精神教育时，除要在课堂上进行宣讲外，还要注重通过指导学生阅读报刊、书籍，收听广播、收看电影电视节目等创新教育方式。

（3）发挥实践教学基地、爱国主义教育基地和革命精神纪念日的作用

在进行革命精神教育时，可带领学生深入社会，访问英雄人物、参观爱国主义教育基地、进行服务活动等，使学生在活动中受到教育，从而提高判断能力、选择能力和践行能力，树立正确的世界观、人生观和价值观。

（三）生态道德教育

生态道德也称环境道德，是调节人与自然之间关系的行为准则总和。生态道德教育的核心在于引导受教育者正确认识和处理人与自然的关系，培养人的生态意识、生态智慧和生态德行，形成生态良知、生态审美、生态责任等生态人格。生态道德的萌生和建构，是新时代人类处理环境问题的新视角，是重建人与自然和谐关系的新理念，是人类在自然界领域里思想道德的升华和文明进步的新成果。

第三节　高校思想政治教育过程的创新

一、思想政治教育过程的内涵

　　思想政治教育过程是教育者根据一定社会的思想品德要求和受教育者思想品德形成发展的规律，对受教育者施加有目的、有计划、有组织的教育影响，促使受教育者产生内在的思想矛盾运动，以形成一定社会所期望的思想品德的过程。这一过程的实质就是把一定社会的思想观念、价值观点、道德规范转化为受教育者个体的思想品德。对思想政治教育过程概念的理解，应包含如下三方面。

　　第一，思想政治教育过程是一种活动过程，是思想政治教育活动的展开、运行、发展的流程。活动是思想政治教育过程的基础，思想政治教育过程可以看作由教育活动或单独或先后衔接或横向呼应所构成的。

　　第二，思想政治教育过程是一种有目的的活动过程。与一般的活动特别是自发活动不同，思想政治教育活动是根据教育目的即依据一定的社会要求和受教育者精神世界发展的需求及其思想实际所确定的思想政治教育目标组织起来的。思想政治教育过程就是教育者和受教育者借助一定的教育手段、方式进行互动，实现思想政治教育目的的过程，也就是通过教育，使受教育者在思想品德上逐渐达到社会要求的过程。

　　第三，思想政治教育过程是教育者和受教育者共同参与、相互作用的过程。教育者和受教育者是思想政治教育过程的两个主要因素，无论离开了哪一方面，教育过程都不能成为完整的过程。过去在对思想政治教育过程进行研究时，人们常常强调教育者的主导作用，这无疑是正确的，今后也还要继续强调；然而由此而忽视受教育者在这一过程中的主体能动性，却是不对的。因为教育者施加的教育影响，只有在受教育者发挥主观能动性予以积极接受的情况下，才能真正产生作用。因而在思想政治教育过程中，应特别重视教育者的组织、引导、教育与受教育者能动的认识、体验、践行相结合，使之成为内在的统一过程。

二、思想政治教育过程的客观依据

（一）思想品德形成发展的外在要素

　　人们思想品德的形成与发展离不开外在要素的作用。这些外在要素主要有：其一，社会经济制度及其社会经济生活条件，社会政治制度及其社会政治状况，社会文化及其社会文化状况。其中社会经济制度和社会经济生活条件对人们的思想品德起着根本性的制约作用，社会政治制度则直接影响和规范着人们的政治立场、政治观点与政治态度。包括社会传统文化和外来文化因素在内的社会文化，对人们思想道德面貌的锻造则起着潜移默化的重要影响。其二，受教育者所生活的社会环境，包括自然条件、人文环境、日常生活和生产活动的特点等。因为每个人实际上生活在社会的一个具体的特定的社区之中，所以其思想必然要受到特定的社区环境中各种因素影响。其三，受教育者的出生和成长的家庭。家庭是一个人生命中生活得最早、最长的社会空间，家庭对人的思想品德的形成和发展具有非常深远的重要影响。其四，受教育者接受教育的学校。学校是教育人、培养人最基本的、重要的环境，学校的活动具有计划性和目的性，所以它对人的思想品德的形成更具有重要的指导意义。其五，受教育者从事工作的社会组织。工作组织是人们在社会上的立足之地，工作组织的效益、风气、组织内人际关系等方面，对其成员的思想品德同样有着持久而深刻的重要影响。其六，各种非正式的交往环境，包括邻居、朋友、熟人等各式各样的非正式群体。非正式交往环境对人的影响往往具有自发性、随意性和复杂性等特点，它的影响也是不可忽视的。其七，大众传播媒介，包括报纸、杂志、书籍、广播、电视、电影、录音、录像、电脑、网络等。在现代社会，大众传媒对人的思想影响的直接性和快速性是其他要素难以超越的，千万不可等闲视之，而必须引起高度重视。

（二）思想品德形成发展的内在机制

1. 内化的机制

所谓的内化，指的是人们对外部事物通过认知转化为自身内部思想的过程。最早提出这一概念的是法国的社会学家迪尔克姆，他指出：道德是一个命令的体系，而个人的良心只不过是这些集体命令内化的结果。他认为社会本身具有超越于个人意识而独立存在的规范体系，这些规范通过内化的过程，进而植根于个人的意识之中。思想品德的内化过程就是个人真正接受社会发展所要求的思想、观念和规范，并将它们纳入自己的态度体系，使其变为自己意识体系的有机组成部分，成为支配、控制自己思想、情感与行为的内在力量的过程。内化的机制是很复杂的，从整体上来看是一个感受、分析与选择的综合过程。

受教育者在社会实践的过程中，会接触到来自各方面包括思想政治教育的大量有关思想、道德方面的信息。这些信息会引起人们的感官反应，形成有关的表象，此是感受阶段。在此基点上，受教育者会进一步分析接触到的思想观念、价值观点、道德规范的内涵及其社会价值，形成新的思想品德方面的认识，此是分析阶段。然后在新的品德认识的基础上，受教育者将社会要求的思想观念、道德准则与自己原有的思想品德基础加以比较，进行判断、筛选、接纳，此是选择阶段。

2. 外化的机制

所谓的外化，指的是人们把内化形成的思想品德意识外化为相应的行为表现和行为习惯的过程。首先，必须明确思想道德的指向。个人主体在一定思想道德动机的驱使下指向思想道德活动的对象，这是思想道德活动的起点。

其次，必须在思想道德动机制约下选择行为途径和形式。思想道德动机要想转化为行为必须选择相应的行为途径和方式。动机必须找到相应的行为方式，才能转化为行为，才会在正在形成的个人特性中起到作用。所以选择合适的行为方式是思想品德外化过程中不可忽视的重要环节。

再次，必须在活动过程中将思想道德动机外化为行为，并在行为的多次反复强化中变成习惯。这是因为道德行为往往带有偶然性与情境性，只有经过反复的训练形成习惯后，才能成为个人的思想品德，成为稳固的行为模式。所以可以把习惯的养成看作思想品德形成的标志。行为习惯在很大程度上能比较全面、综合、客观地反映一个人的思想品德状况，所以培养受教育者形成良好的行为习惯是思想政治教育过程的基本归宿，认知、情感和意志的培养最终都必须落实到行为习惯上来。

三、思想政治教育过程的特征

（一）明确的计划性和鲜明的正面性

与一般的社会环境的影响相比，思想政治教育过程对人的思想品德的影响具有明显的计划性和正面性的特征。

与计划性密切相关的另一个特征是正面性。所谓正面性是指思想政治教育影响总是选择积极的价值内容和最有利于受教育者发展的教育方式。思想政治教育要促进社会的繁荣进步和人的全面发展，其价值内容体系必然是由既有利于社会发展又有利于个人生活幸福的部分所组成。在思想政治教育过程中，我们坚持用马克思主义理论、共产主义理想和集体主义价值观教育人民，引导人民，培育有理想、有道德、有文化、有纪律的公民，集中体现我国思想政治教育的积极的正面的思想道德价值。教育内容的正面性是区别于一般环境影响和思想政治教育影响的一个重要标志，舍此便无所谓思想政治教育。

（二）突出的复杂性和广泛的社会性

思想政治教育是一种教育实践活动，它和智育、体育、美育等有着密切的联系；同时又有明显的区别。与智育、体育、美育等教育过程相比较，思想政治教育过程有什么特征呢？学者们一般认为，复杂性和社会性是其重要特征。

相比较而言，智育、体育、美育过程较为单纯，它们的主要任务是向受教育者传授一定的知识、技能，发展其智力和身体素质以及审美意识、审美情操等。而思想政治教育过程则较为复杂，其任务主要是通过解决受教育者思想品德发展现状和社会要求之间的矛盾，促使受教育者观念、态度的改变，行为习惯的养成，有时甚至涉及对个体利益的调整。因此，思想政治教育过程的影响因素、影响过程、影响结果都具有复杂性。就影响因素而言，党组织、工会、共青团等群众组织，学校、工厂、家庭、社区以及各种非正式组织，包括报刊、书籍、广播、电视、网络在内的大众传播媒介等都对受教育者发生作用。

复杂性的另一个表现是思想政治教育过程的多端性。一般来讲，智育主要从认知出发，美育主要从情感出发，体育主要从行为出发开始教育过程。而思想政治教育则可以从知、情、意、信、行任何一端开始进行教育。就是说，根据特定教育对象的实际情况和教育因素的变化等条件，思想政治教育既可以从传授思想、道德知识开始，也可以从陶冶情感开始，还可以从磨炼意志或训练行为习惯开始。这种多端性特点，要求思想政治教育要开辟多种渠道，因人、因时、因势确定教育开端，有的放矢地使受教育者在知、情、意、信、行等方面都得到相应的发展，从而取得更好的教育效果。

与智育、美育、体育相比，思想政治教育过程的社会性特征在我国也表现得极为突出。首先，在我国社会的各个领域都存在思想政治教育过程，其对象具有广泛性，涉及老、中、青以及儿童等各个年龄群体，涉及社会的各个阶层、各种群体。其次，思想政治教育的主体也具有广泛的社会性。就是说，思想政治教育的主体不限于学校等教育组织中的教师及其他教育者，党组织、工会、共青团、妇联等人民团体、工厂以及其他各种社会组织、家庭等都具有一定的思想政治教育的职能，其中的很多人在一定条件下、在一定的场合都是思想政治教育的主体。要而言之，无论是领导干部还是一般职工，无论是教师还是家长都是直接或间接的教育者。

（三）积极的引导性和明显的长期性

从思想政治教育过程和个体思想品德形成过程关系的角度，可概括出思想政治教育过程的引导性和长期性特征。

当代思想政治教育特别注重发挥受教育者的主体能动性，因为非如此就不能有实质性的教育效果，因此，思想政治教育过程应充分注意实现教育对象主体的思想、道德建构与思想政治教育主体的思想、道德价值引导的统一。然而，如果将思想政治教育过程与个体思想品德形成发展过程本身进行比较，我们就应该承认，是否存在"思想道德价值引导"是两者的一个重要区别所在。现代思想政治教育理论认为，在思想政治教育过程中，存在教育者和受教育者两个主体，只有发挥两个主体的主观能动性，教育才能取得好的效果。

参 考 文 献

[1] 查伟大著. 高校大学生思想政治教育工作实践案例分析与研究［M］. 西安：西安交通大学出版社. 2017.

[2] 陈鹏编著. 高校思想政治教育工作创新研究［M］. 武汉：武汉大学出版社. 2017.

[3] 王伟著. 高校思想政治工作与素质教育研究［M］. 吉林出版集团股份有限公司. 2017.

[4] 臧宏玲著. 高校思想政治教育前沿问题研究［M］. 长春：吉林人民出版社. 2017.

[5] 张建著. 高校思想政治教育工作中实践育人机制构建研究［M］. 沈阳：沈阳出版社. 2018.

[6] 贾晓阳，赵望锋，刘晓宇著. 高校思想政治教育工作质量与有效性提升研究［M］. 延吉：延边大学出版社. 2018.

[7] 官桂香，陈昊楠，李婷婷著. 互联网背景下高校思想政治教育工作研究［M］. 北京：中国文史出版社. 2018.

[8] 徐永周. 高校思想政治教育工作网络生态研究［M］. 北京：九州出版社. 2018.

[9] 何姗，崔建，霍连娟著. 社会转型时期高校思想政治教育工作的反思与构建［M］. 哈尔滨：哈尔滨工业大学出版社. 2018.

[10] 李申申，李志刚，陈永强，李小妮著. 河南省高校思想政治教育工作实证研究 2017 – 2018［M］. 北京：社会科学文献出版社. 2018.

[11] 黄瑞新，康乐，赵婷著. 传播学在高校思想政治教育工作中的应用与研究［M］. 成都：电子科技大学出版社. 2018.

[12] 胡忠玲著. 新形势下高校思想政治教育工作的若干维度研究［M］. 中国原子能出版社. 2018.

[13] 李庆瑞著. 社会工作视角下高校思想政治教育创新［M］. 成都：电子科技大学出版社. 2018.

[14] 邹泉著. 高校思想政治工作中的心理教育机制的构建研究［M］. 沈阳：辽宁大学出版社. 2019.

[15] 魏晓笛. 高校思想政治教育与教学工作创新研究［M］. 北京：中央编译出版社. 2019.

[16] 邓军，毛茂林主编. 新时代高校思想政治教育工作研究［M］. 桂林：广西师范大学出版社. 2019.

[17] 吕开东主编. 新时代高校思想政治教育工作探索［M］. 北京：光明日报出版社. 2019.

[18] 马晓红，杨英华，崔志林著. 高校思想政治工作与素质教育研究［M］. 长春：吉林文史出版社. 2019.

[19] 章忠民，魏华著. 高校思想政治工作研究文库新时代思想政治教育论要［M］. 北京：人民出版社. 2019.

[20] 陈胜国著. 新时代高校思想政治教育创新发展研究［M］. 北京：印刷工业出版社. 2019.